高等学校法学实验教学系列教材

U0674338

劳动争议仲裁实验教程

LAODONGZHENGYIZHONGCAISHIYANJIAOCHENG

刘焱白 ◎编著

经济科学出版社
Economic Science Press

图书在版编目（CIP）数据

劳动争议仲裁实验教程/刘焱白编著. —北京：
经济科学出版社，2010.7
（高等学校法学实验教学系列教材）
ISBN 978 - 7 - 5058 - 9328 - 3

Ⅰ.①劳…　Ⅱ.①刘…　Ⅲ.①劳动争议 - 仲裁 -
中国 - 高等学校 - 教材　Ⅳ.①D922.591

中国版本图书馆 CIP 数据核字（2010）第 077413 号

责任编辑：赵　敏　袁　潋
责任校对：杨晓莹
版式设计：代小卫
技术编辑：邱　天

劳动争议仲裁实验教程
刘焱白　编著
经济科学出版社出版、发行　新华书店经销
社址：北京市海淀区阜成路甲 28 号　邮编：100142
总编部电话：88191217　发行部电话：88191540
网址：www. esp. com. cn
电子邮件：esp@ esp. com. cn
汉德鼎印刷厂印刷
德利装订厂装订
787 × 1092　16 开　15.5 印张　270000 字
2010 年 7 月第 1 版　2010 年 7 月第 1 次印刷
印数：0001—3000 册
ISBN 978 - 7 - 5058 - 9328 - 3　定价：23.00 元

高等学校法学实验教学系列教材编委会

主编： 杜承铭

编委： 邓世豹　房文翠　纪宗宜　孙占利　陈建清

总　　序

　　法律人才的职业性特点，决定了法学实验实践性教学在法学教育中的不可或缺的地位，实验教学应当成为与理论教学紧密衔接、相互促进的教学内容与环节。基于这一理念，我们在进行课程教学时，始终将实验教学贯穿于理论教学之中，突出实验教学的地位和功能，实现理论教学与实验教学的有机结合。在理论教学基础上，通过法学实验教学进一步深化学生对法学专业知识的理解，训练学生法律实践技能，强化对学生的法律职业伦理教育，塑造法科学生的法律人格，从而实现法律人才素质的法律知识、法律能力、法律职业伦理和法律人格四者的统一。

　　法学实验教学改革应当以培养学生法治理念、实践创新能力和提高法律职业素养与技能为宗旨，以高素质实验教学队伍和完备的实验教学条件为保障，融知识传授、能力培养、素质提高为一体，通过实验教学培养学生探寻法律事实的能力、法律实务操作能力和综合表达能力，培养其法律思维能力与创新思维能力，最终实现法律知识、法律能力、法律职业伦理和法律人格四者的统一。然而，在我国的法学教育中，较普遍地存在理论与实践脱节的现象，学生难以在短期内适应法律实务部门的工作。近年来，法学教育中的实验实践性教学环节的重要性越来越受到法学教育界的重视，教育部"教学质量与教学改革工程"中开展的国家级法学实验教学中心的建设就清楚地表明了这一点。通过法学实验教学改革，我们力求达到如下目标：

　　一是促进法学理论与实践相结合。通过实验教学，使学生直接面对将来的工作环境与工作要求，促使学生将所学理论知识运用于实务之中，使学生在校时就具备适应未来法律工作所必需的心理素质、知识结构和操作能力。

二是构建模拟法律职业环境，为学生提供充分的动手操作机会。通过建立仿真实验环境，使学生在分析案件事实、收集证据、人际交往和沟通、起草法律文书等技能方面的训练得到强化，培养学生从事法律职业所需要的专业技能。

三是提供师生互动平台，变"填鸭式"教学为学生主动学习。实验教学是以学生主动学习为基础展开的，在实验教学模式下，学生也被赋予了一定的责任，在实验过程中，学生可以同指导教师就实验中遇到的问题进行无障碍的沟通。

四是提高师资队伍的教学水平。要进行法学实验教学，仅有书本知识、没有丰富的实践经验是远远不够的，这就要求指导教师必须深入法律实务部门，掌握相应的专业技能。实践经验的丰富，无疑可以帮助教师更好地讲授相关法律专业知识，促进教学水平的提高。

我校历来重视法学实验教学在法学教育和法律人才培养中的重要地位，早在1993年法学本科专业设立之初就着手法学实验室和实验教学的设计和规划，1996年竣工的法学实验室（包括模拟法庭和司法技术实验室）是当时广东省唯一的法学专业实验场地，1997年实验教学正式纳入教学计划，在物证技术学、法医学、侦查学、刑事诉讼法、民事诉讼法、行政诉讼法学等六门课程开设28个实验项目。2007年学校整合全部法学实验教学资源，成立了由法律实务实验室、法庭科学综合实验室、开发设计实验室、网络学习实验室和模拟法庭组成的法学实验教学中心。15年来，我们开展了法律实务实训教学（如案例分析诊断、庭审观摩、法律实务模拟等）、法庭科学实验教学（如法医学、物证技术学和侦查学实验）、社会专题调查（地方立法调查、法律援助调查、乡村法律服务等）、实践与实习（包括法律诊所、社会实践和毕业实习）等四种模式组成的实验教学活动，形成了有我校特点的"两大部分、三个层次、四大模块"法学实验教学的内容体系：（1）从实验教学的空间来看，包括校内实验和校外法律实践两大部分；（2）从实验教学的性质来看，包括基础型实验（如课程实验）、综合型实验（如专项实验、仿真实验）和法律实践（如见习、实习等）三个层次；（3）从实验教学的类型来看，包括实验、实训、调研和实习四个模块。其中，实验模块主要由法庭科学的实验课程组成，包括法医学、侦查学、物证技术鉴定等；实训模块主要包括：庭审观摩、案例诊断、司法实务（民事法律实务、刑事法律实务、行政法律实务）、企业法律实务、警察行政执法程序、调解与仲裁等组成；调研模块包括地方立法、法律援助等专题调研；实习模块包括法律诊所、基于经济与管理实验教学中心平台的"企业法律实务仿真实习"和毕业实习等内容。

　　通过多年的努力建设和广大教师的辛勤劳动，我校法学实验课程和实验项目体系建设取得了较为丰硕的成果，建设了包括基础型、综合设计型、研究创新型等实验类别在内的129个实验项目，18门实验课程，涉及相关知识内容的课程28门。所有这些实验项目体系，通过作为实验课程建设直接成果的法学实验教学系列教材公开出版。本套法学实验教学系列教材是我校教师长期从事法学实验教学改革和研究的直接成果。我们相信，这些成果的出版将有力地推动我校法学实验教学改革和法律人才培育目标的实现，我们也希望能够得到广大从事法学教育特别是从事法学实验教学的专家、学者的鼓励、交流、批评和指正。

　　　　　　　　　　　　　　　　　　　　　　杜承铭

　　　　　　　　　　　　　　　广东商学院法学实验教学中心

　　　　　　　　　　　　　　　　　二〇〇九年十一月八日

前　言

"法律的生命历来不是逻辑，而是经验。"

——［美国］霍姆斯

　　法学作为一门应用性、实践性很强的学科，不能脱离社会实践。对从事法学教学的教师而言，如何通过教学使学生胜任日后的法律实务工作，是教学的重要任务；而对学习法律的学生而言，如何才能学以致用，如何在实践中运用法律知识保护当事人的合法权益，是学习的意义所在。

　　然而，纵观我国近几十年法学教育的发展历程，高等院校的法学教育一直与法律实践相脱离，沿袭着以理论知识传授为主的自我发展模式，造成当前的法学教育与社会实践严重脱节。一个显而易见的例子就是，即便是勤奋苦读的法学学生，一旦在生活中碰到活生生的案例，都会感到手足无措或心中无底。也就是在这种时候，学生才会真切感受到自己在学校所学与社会需求相距甚远。造成这种状况的原因关键在于，学生在学校时缺乏必要的有针对性的实操训练，他们少有机会亲手处理类似的法律事务，在实践中自然也就无从着手了。因此，给学生提供这种实操的机会，指导学生进行相关训练，把法律实务的处理过程完整地展现在学生面前，让学生以实验的方式演练几遍，不仅能够传授法律知识，更能培养学生的法律职业技能。

　　劳动法的教学亦是如此。劳动法是一门实践性很强的部门法，而其中的劳动争议仲裁法律制度更是以程序性规定为其主要内容，极具操作性。因而对劳动争议仲裁法律制度的教学，不仅应当从理论上来进行，更应当让学生在实践中自我体会，不断积累实践经验。劳动争议仲裁实验课程就给学生提供了这样一个平台，借助这个平台，可以让学生亲身体验作为法律职业人（律师、仲裁员等）的角色，强化学生的感性认识和理性认识，增强学生对律师、仲裁员等法律职业人是如何处理劳动争议仲裁的了解和认知。同时，通过对劳动争议仲裁各环节的完整实验，可以让学生熟悉劳动争议仲裁流程，掌握相关法律文书的写作模式，了解劳动争议仲裁规则，领悟劳动争议仲裁技巧，较好地将劳动实体法与劳动程序法融会贯通，为日后从事劳动争议仲裁相关工作积累宝贵的实战经验。

　　劳动争议仲裁实验课程具有不同于其他教学方式的一些特点，主要包括：第一，学习过程的实践性。劳动争议仲裁实验课程是理论与实践的结合，是学生在教师的指导下，将所学的劳动法理论知识具体运用到劳动争议仲裁活动之中，学生具体扮演各种劳动仲裁角色，学生自己进行实际操作，按照法定程序和实体法律的相关规定实际演绎劳动仲裁的全过程。第二，角色安排的模拟性。劳动仲裁中的法律职业人角色都由学生担当，主要包括仲裁员、书记员、律师、当事人、证人、鉴定人等。在实验的每一过程，都由学生来扮演这些角色，由他们进行模拟劳动仲裁的演出活动，而指导教师就像导演，通过对学生演出活动的指导，锻炼学生的实际操作能力。

　　劳动争议仲裁实验课程的开展不仅需要专门场地的建设，还有赖于教师的组织指挥。教师的组织指挥主要涵括以下几个方面：第一，组织学生进行角色分配。根据劳动仲裁模拟案件的不同，尽量让更多学生都能参与到劳动仲裁活动之中。可以将学生分成几个小组，学生根据自己所担任的角色去准备材料。对于那些不能担任角色的学生，也将他们分配到某些小组，协助其他学生做好准备。第二，建立劳动仲裁案例库，选择适当的案例。用于劳动仲裁实验的案例，不宜太复杂，否则学生难以把握，一般应当明确、简单且典型，同时，案例应具有一定的争议性和可辩性。第三，指挥学生进行具体演练。在做好相关准备后，教师应当组织学生进行初步演练，选择表现较好的小组进行最后的模拟实验。第四，点评与总结。每次实验结束后，教师应当就本次实验过程和表现进行全方位点评。点评时，既要肯定好的一面，对表现优秀的学生予以表彰，又要找出不足之处，具体指出哪些方面存在欠缺以及如何改进。第五，教师应当组织学生对整个实验活动进行总结，撰写总结报告。

　　本书对于劳动争议仲裁实验课程的研究只是一种初步尝试。本书以我国《劳动争议调解仲裁法》等法律法规为基本蓝本，对其关键环节设置实验流程，通过实验获得对劳动争议仲裁法律制度的掌握，为整个劳动法的学习创造实践条件与经验证明。当然，囿于学识和研究的局限，本书尚存不足之处，敬请各位同人和广大师生不吝指正。

刘焱白

2009 年 11 月

目　录

第一部分　劳动争议仲裁概述

劳动争议的概念与特点

一、劳动争议的概念

劳动争议，亦称"劳动纠纷"或"劳资纠纷"，其含义有广、狭义之分。其广义是指劳动关系双方当事人或其团体之间关于劳动权利和劳动义务的争议。其狭义是指劳动关系双方当事人在执行劳动方面的法律、法规和劳动合同、集体合同的过程中，因实现劳动权利和履行劳动义务而发生的纠纷。此处仅指狭义。

二、劳动争议的特点

1. 劳动争议是基于劳动关系而发生的

如果双方当事人之间不存在劳动关系，也就不可能产生劳动争议。因此，劳动争议的主体是特定的，即一方是用人单位，另一方必然是与之有劳动关系的劳动者。用人单位和劳动者双方存在管理和被管理的关系，双方并不是处于平等的主体地位。用人单位俗称"雇主"，是劳动合同关系中与劳动者相对应的主体。在我国，雇主只能是单位，因而不存在自然人雇主，也就是说，自然人不能成为用人单位。根据法律规定，用人单位既包括企业、个体经济组织、民办非企业单位等组织，也包括国家机关、事业单位和社会团体。劳动者，也称"职工"、"员工"、"雇员"，是指达到法定最低就业年龄，具有劳动能力，已被用人单位录用的自然人。如果争议的当事人不是用人单位与劳动者，而是用人单位与用人单位，或者是劳动者与劳动者，那么彼此之间的争议就不能称之为劳动争议。

2. 劳动争议的内容是劳动权利义务方面的

劳动争议是因为执行劳动法律、法规或者订立、履行、变更、解除和终止劳动合同而引起的争议，因而劳动争议的内容必须是劳动权利和义务方面的。用人单位与劳动者之间发生的争议不一定都是劳动争议，只有当涉及劳动关系双方当事人之间的劳动权利和义务时，才是劳动争议。劳动权利、义务的内容很广泛，主要包括如下事项：关于职工入职、辞退、辞职的事项；关于劳动报酬的事项；关于工作时间与休息休假的事项；关于女职工保护的事项；关于未成年工保护的事项；关于职业培训的事项；关于社会保险与职工福利的事项，等等。用人单位与劳动者之间发生的争议如果不是上述劳动权利、义务的内容，就不属于劳动争议，而仅是一般的民事争议或其他争议。

劳动争议处理制度

劳动争议处理制度，就是国家通过劳动立法的形式，将劳动争议处理机构、处理原则、处理程序、受案范围等确定下来，用以处理劳动争议的一项法律制度。自1987年以来，我国确立了处理劳动争议的"一调一裁二审"① 的基本制度。

一、劳动争议处理机构

我国劳动争议的处理机构，主要包括企业劳动争议调解委员会、劳动争议仲裁委员会、各级人民法院。根据规定：在用人单位内可以设立劳动争议调解委员会，负责调解本单位的劳动争议，劳动争议调解委员会由职工代表、用人单位代表和工会代表组成；在县、市、市辖区设立劳动争议仲裁委员会，劳动争议仲裁委员会由劳动保障行政部门的代表、同级工会代表、用人单位方面的代表组成；各级人民法院的民事审判庭负责劳动争议案件的审理工作。

二、劳动争议处理原则

《劳动争议调解仲裁法》第三条规定："解决劳动争议，应当根据事实，遵

---

① 所谓"一调一裁二审"，即指发生劳动争议后，当事人可以向调解组织申请调解（一调）；不愿调解、调解不成或者达成调解协议后不履行的，可以向劳动争议仲裁委员会申请仲裁（一裁）；对仲裁裁决不服的，可以向人民法院提起诉讼，诉讼可以经过二审（二审）。

循合法、公正、及时、着重调解的原则，依法保护当事人的合法权益。"此条确立了劳动争议处理的基本原则。具体包括：第一，合法原则，即指以事实为依据，以法律为准绳，在查清案件的基础上，依照劳动法律、法规处理劳动争议。第二，公正原则，即指在处理劳动争议过程中，对劳动争议当事人中任何一方，在适用法律上一律平等，一视同仁，对违法行为加以追究和制裁，对合法权益给予平等保护。第三，及时原则，即指劳动争议当事人在法定时效内向劳动争议处理机构提出申请、申诉或诉讼请求时，劳动争议处理机构应当依照法律、法规所规定的时限，抓紧调查和处理工作，使争议及时得到解决。第四，着重调解原则，即指在处理劳动争议的全过程，都要坚持调解，在尊重当事人自愿的前提下，由第三方主持，依法劝说争议双方当事人通过协商，在互谅互让的基础上达成协议，消除争议。此外，劳动争议处理还要坚持合议原则、回避原则、一次裁决原则、强制执行原则等。

三、劳动争议处理程序

《劳动争议调解仲裁法》、《劳动法》和《企业劳动争议处理条例》等法律法规对劳动争议处理程序作出了明确规定。《劳动争议调解仲裁法》第五条规定："发生劳动争议，当事人不愿协商、协商不成或者达成和解协议后不履行的，可以向调解组织申请调解；不愿调解、调解不成或者达成调解协议后不履行的，可以向劳动争议仲裁委员会申请仲裁；对仲裁裁决不服的，除本法另有规定的外，可以向人民法院提起诉讼。"《劳动法》第七十九条规定："劳动争议发生后，当事人可以向本单位劳动争议调解委员会申请调解；调解不成，当事人一方要求仲裁的，可以向劳动争议仲裁委员会申请仲裁。当事人一方也可以直接向劳动争议仲裁委员会申请仲裁。对仲裁裁决不服的，可以向人民法院提起诉讼。"《企业劳动争议处理条例》第六条规定："劳动争议发生后，当事人应当协商解决；不愿协商或协商不成的，可以向劳动争议仲裁委员会申请仲裁。当事人可以直接向劳动争议仲裁委员会申请仲裁。对仲裁不服的，可以向人民法院起诉。"可见，我国劳动争议处理的程序基本没有改变，一般都要经过调解、仲裁、诉讼三个程序（劳动争议处理流程如图1-1）。

1. 调解程序

即企业调解委员会或其他调解组织对发生的劳动争议进行调解。调解程序并非是法律规定的必经程序，然而对于解决劳动争议却起着很大的作用，尤其是对于那些仍希望在原单位工作的职工，通过调解来解决劳动争议当属首选。

2. 仲裁程序

即当事人从知道或应当知道其权利被侵害之日起1年内，以书面形式向劳动争议仲裁委员会申请仲裁。仲裁委员会应当自收到申请之日起 5 日内作出受理或者不予受理的决定。仲裁庭处理劳动争议应当自组成仲裁庭之日起 45 日内结束。案情复杂需要延期的，经报仲裁委员会主任批准，可以适当延期，但是延长的期限不得超过 15 日。

3. 诉讼程序

对一裁终局的仲裁裁决，如果劳动者不服，可以自收到仲裁裁决书之日起 15 日内向人民法院起诉；对非一裁终局的仲裁裁决，如果当事人不服，可以自收到仲裁裁决书之日起 15 日内向人民法院起诉。人民法院民事审判庭根据《民事诉讼法》、《劳动争议调解仲裁法》、《劳动合同法》和《劳动法》等规定，受理和审理劳动争议案件。审理期限为 6 个月，有特殊情况需要延长的，经法院院长批准可以延长。当事人对法院一审判决不服，可以提起上诉，二审判决是生效的终审判决，当事人必须执行。需要强调的是，劳动争议当事人未经仲裁程序不得直接向人民法院起诉。

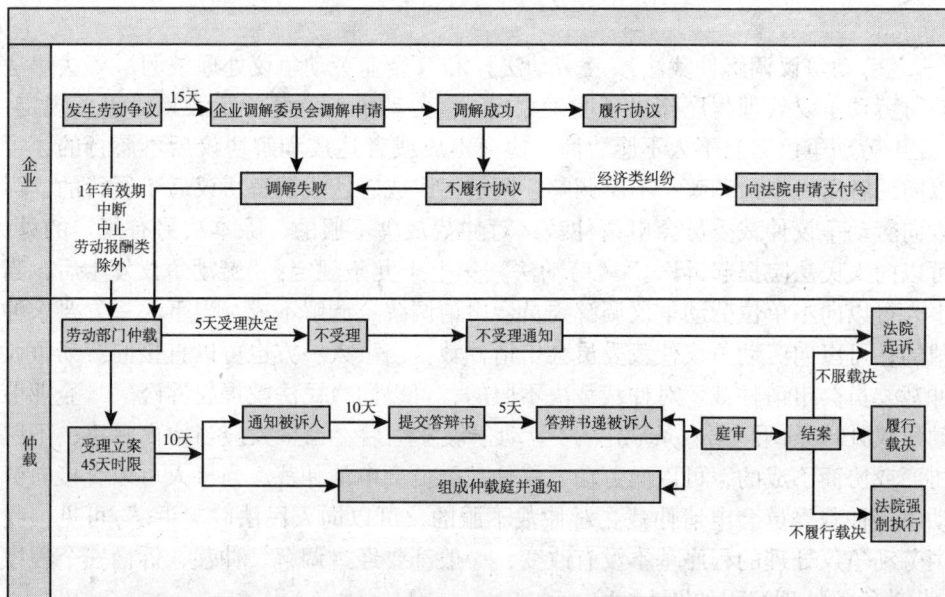

图 1-1 劳动争议处理流程

四、劳动争议受案范围

我国法律以列举方式规定了劳动争议的受案范围。《劳动争议调解仲裁法》第二条明确规定下列纠纷属于劳动争议：（1）因确认劳动关系发生的争议；

（2）因订立、履行、变更、解除和终止劳动合同发生的争议；（3）因除名、辞退和辞职、离职发生的争议；（4）因工作时间、休息休假、社会保险、福利、培训以及劳动保护发生的争议；（5）因劳动报酬、工伤医疗费、经济补偿或者赔偿金等发生的争议；（6）法律、法规规定的其他劳动争议。

《最高人民法院关于审理劳动争议案件适用法律若干问题的解释（二）》明确规定下列纠纷不属于劳动争议：（1）劳动者请求社会保险经办机构发放社会保险金的纠纷；（2）劳动者与用人单位因住房制度改革产生的公有住房转让纠纷；（3）劳动者对劳动能力鉴定委员会的伤残等级鉴定结论或者对职业病诊断鉴定委员会的职业病诊断鉴定结论的异议纠纷；（4）家庭或者个人与家政服务人员之间的纠纷；（5）个体工匠与帮工、学徒之间的纠纷；（6）农村承包经营户与受雇人之间的纠纷。

劳动争议仲裁与民商事仲裁的区别

仲裁，亦称"公断"，是指由当事人双方以外的第三者对争议作出裁决。第三者可以是仲裁人，也可以是仲裁机构。对劳动关系领域发生的争议进行仲裁与对民商事领域发生的争议进行仲裁是不同的，需要作出明确界分。

一、两者调整范围、当事人主体地位不同

我国《仲裁法》第二条规定："平等主体的公民、法人和其他组织之间发生的合同纠纷和其他财产权益纠纷，可以仲裁。"第三条规定："下列纠纷不能仲裁：（一）婚姻、收养、监护、抚养、继承纠纷；（二）依法应当由行政机关处理的行政争议。"可见，民商事仲裁裁决的是平等主体的公民、法人和其他组织之间发生的合同纠纷和其他财产权益纠纷，即民商事纠纷，而民事部分涉及人身关系的纠纷和商事管理部分涉及不平等主体之间的行政争议除外。因此，当事人的主体地位是平等的。

劳动争议仲裁是我国劳动法律规定的劳动争议处理制度的一种，是一种协调市场经济条件下的劳动关系和解决劳动纠纷的劳动法律制度。因此，劳动争议仲裁所裁决的仅是在中华人民共和国境内的用人单位和与之形成劳动关系的劳动者之间的劳动争议。用人单位和劳动者之间存在管理和被管理的关系，当事人的主体地位是不平等的，用人单位处于强势地位，而劳动者处

于弱势地位。因此，劳动争议仲裁法律制度一定程度上需要体现对劳动者的倾斜保护。

二、受案方式、管辖、结案方式不同

1. 受案方式

我国劳动争议处理制度包括调解、仲裁、诉讼三部分。劳动争议要由人民法院审理，必须经过劳动仲裁，因此，劳动仲裁成了人民法院受理劳动争议案件的必经程序。无论劳动关系双方是否有仲裁协议，任一方都可以向劳动争议仲裁委员会申请仲裁。而民商事仲裁实行协议制度，当事人向仲裁机构申请仲裁，必须以双方当事人协商一致所达成的仲裁协议为依据，没有仲裁协议，仲裁机构不予受理。当事人达成仲裁协议，一方向人民法院起诉的，人民法院应不予受理，但仲裁协议无效的除外。

2. 管辖

我国的劳动争议仲裁实行地域管辖原则，一旦发生劳动争议，当事人应当向劳动者工资支付地或劳动合同履行地的劳动争议仲裁委员会申请仲裁，跨地区的劳动仲裁委员会无管辖权。而民商事仲裁则奉行自愿原则，当事人可以任意约定选择仲裁委员会，不受地域限制。

3. 结案方式

我国劳动争议仲裁以非一裁终局为原则，以一裁终局为例外。即只对部分劳动争议，在劳动者不起诉的情况下，实行一裁终局。而对于其他的劳动争议仲裁，当事人不服的都可以向法院起诉。而民商事仲裁则不同。《仲裁法》第九条明确规定："仲裁实行一裁终局的制度。"即仲裁机构受理并经仲裁庭受理的纠纷，一经裁决即发生终局的法律效力。当事人就同一纠纷再申请仲裁或向法院起诉的，仲裁委员会或法院不予受理。

三、组织机构和仲裁员组成不同

在劳动争议仲裁中，劳动争议仲裁委员会由劳动行政部门代表、同级工会代表、用人单位方面的代表组成。劳动争议仲裁委员会主任由劳动行政部门代表担任。这是因为劳动争议仲裁委员会是国家授权依法设立的，代表国家行使仲裁权并由国家强制力保证其生效裁决实施，三方联合处理劳动争议的准司法性的国家仲裁机构。所以，劳动争议仲裁委员会主任由劳动行政部门代表担任，负责主持仲裁委员会的日常工作。仲裁员是劳动争议仲裁委员会聘任的处理劳动争议的工作人员，分为专职仲裁员和兼职仲裁员。专职仲裁员来源于劳动行政部门从事劳动争议处理工作的人员和劳动争议仲裁委员会成员。兼职仲裁员来源于劳动行政部门或其他行政部门的人员、工会工作者、专家、律师等。被聘任的仲裁员必须是已取得仲裁员资格的人员。

　　在民商事仲裁中，仲裁委员会是独立的民间性组织，与行政机关之间没有任何隶属关系。仲裁委员会的仲裁员来自民间的各行业，由专家、学者、专业技术人员出任，按不同的专业设立仲裁员名册。仲裁员名册中记载了仲裁员的姓名、年龄、性别、文化程度、资历、技术职称、擅长专业等情况，该名册还分专业设立，并公之于众，便于当事人选择自己合意的仲裁员。

　　可见，劳动仲裁与民商事仲裁是由两个不同的职能机构来裁决，各有自己的受理范围和程序规则，差别较大，不能混淆。

高等学校法学实验教学系列教材

第二部分 申请劳动仲裁

劳动仲裁是劳动争议案件进入诉讼的必经前置程序。一旦发生劳动争议,当事人可以协商解决或通过劳动争议调解委员会调解解决,也可以不经调解,直接向劳动争议仲裁委员会申请劳动仲裁,但是不能未经劳动仲裁而直接向人民法院提起诉讼。未经仲裁直接起诉的,人民法院不予受理。

实验一 委托律师

实验项目一 律师与当事人初步交流

一、实验目的

通过律师与当事人初步交流的实验,训练学生掌握在申请劳动仲裁阶段,作为律师,如何与当事人会面交流,如何确定案件的性质,如何引导当事人客观准确地叙述案情,如何对案件做初步分析。学生通过模拟与当事人进行初步接触的律师,全面了解和掌握与当事人交流的技巧,独立完成劳动争议案件的初步分析。

二、实验要求

(1)在进行实验前,要求学生复习和掌握劳动法律的基本知识,熟悉《劳动法》、《劳动合同法》、《劳动争议调解仲裁法》等重要法律法规，以便对实验内容有清楚的认识。

（2）识别各种劳动争议以及分辨出非劳动争议。

（3）独立处理与当事人的会面，准确记录当事人的案情叙述。

（4）独立完成劳动争议案件的初步分析。

（5）学生在实验前提前熟悉实验素材，为实验做好准备。学生也可以自行设计案例，开展律师与当事人初步交流的实验。

三、实验步骤

（1）律师接待当事人。

（2）当事人叙述案情，律师做好记录。

（3）律师对案件做初步分析。

（4）了解案件的基本情况，识别与确定案件相关的事实。

四、实验原理

1. 律师接待当事人

在劳动仲裁案件代理过程中，始终存在律师接待委托人的工作。之所以把委托前的接待作为一个重要阶段，理由如下：一是尽管这时还没有建立委托代理关系，但一旦双方建立委托代理关系，委托前律师所进行的接待工作就是整个案件的组成部分；二是这个阶段的接待对于能否建立委托代理关系以及律师在委托关系存续期间能否受到委托人的尊重和工作上的配合起着至关重要的作用。

在委托前的接待中，律师应完成以下几项任务：一是树立独立和良好的职业形象；二是了解案情并依法剖析案件；三是和当事人协商办理委托代理手续。

一般而言，当事人委托律师代理时，应由律师事务所统一接待。当事人指定律师的，由被指定律师接待；被指定律师不在律师事务所时，由律师事务所另行约定时间予以接待。接待前，律师应当做好相应的工作安排。如果当事人是打电话来咨询，律师在电话里与当事人沟通案情应尽量简短，应当约当事人面谈。通过面谈，既可以给当事人留下良好的印象，也可以复印当事人的身份材料和案件材料存档。如果需要与当事人面谈，律师应当做好以下几项工作安排：

第一，根据当事人自身和案件的不同情况，选择合适的接待场所。对当事人的接待，可以选择多种不同的场所，比如在律师的办公场所接待当事人，律师到当事人所在的场所（办公室或者家里）或律师和当事人双方约定的其他地点。一般来说，约当事人到律师办公室谈话是最好、最常见的方式。当然，在特殊情况下，为了满足案件代理的需要，也可以到当事人所在场所会谈。

第二，为了提高接待效率，告知当事人做好接待前的准备工作。律师在接待当事人之前，没有告知当事人事先应做好哪些准备工作，以至于在接待时出现当事人没有准备好相应的案件材料的情况，这样就不得不进行第二次甚至更多次的接待。作为律师，在建立委托关系之前固然还无义务帮助当事人整理案件材料，但为了提高接待效率，节省自己和当事人的时间，应该在接待之前告知当事人做好相应准备。这种提醒，对律师来说并不难，但对于接待效率的提高，却是很重要的。

第三，设计接待模式。接待当事人是一项极具艺术性的工作。实践中，可以采取"望闻问切"或"先看后听再问"的接待模式。除了极其简单的法律问题可以当场提出解决方案外，最好采取先进行简短谈话的方式，让当事人把材料留下，经仔细阅读分析后，再约当事人面谈，听取当事人陈述有关事实，并在当事人陈述时，有针对性地问一些当事人认为并不重要但律师认为会影响案件处理结果的问题。这样，律师就有阅读材料、查找资料、进行思考的时间。当对案件思考成熟后，就可以从容地询问当事人并对当事人的一些观点进行评判。

第四，注意接待细节。作为律师，应当从细微处入手，在可能的情况下，尽量替当事人着想，通过这些细节的处理树立起良好的职业形象。例如，律师应当着正装。又如，律师应确保与当事人的沟通不受打扰，所以，律师接待当事人最好是在封闭的会议室内，以便让当事人在谈论案情时不受打扰且能畅所欲言。再如，如果律师决定收咨询费，应告知当事人收费标准，明确咨询开始的时间，并控制好咨询时间。①

2. 当事人陈述与律师记录

律师与当事人会面，一个非常重要的工作就是听取当事人的案情陈述。这是律师熟悉案件的第一步。所以，律师应当做好记录工作。律师做好了记录工作，就可以了解案件第一次接待的情况，为接受委托后书写法律文书做准备。同时，为防止当事人因某种原因出尔反尔或恶意投诉，可能的情况下，应填写律师接待当事人报告表。

---

① 参见尹西明、司莉：《律师代理民事案件的策略与技巧》，引自北大法律信息网。

附 律师个人接待当事人报告表（样本）：

××律师事务所律师个人接待当事人报告表							
当事人	姓　名		性　别		民族		职　业
	案　由		住　址				
基本案情							
律师接待情况概述							
初步分析							
接待律师							
时间							
主任审批							

备　注：1. 本报告单仅限律师接待完当事人向所领导报告使用；
2. 本报告单须直接报告所主任，需要办理的案件按照收、结案登记制度规定进行，填写《律师承办案件批办单》；
3. 本报告单必须如实填写，不得弄虚作假，否则按不正当竞争或律师私自办案论。

　　在当事人陈述过程中，由于当事人往往并不熟悉法律，也不知道什么事实与案件有关，如果律师放任当事人讲述很多与案件无关的、没有任何法律价值的话，可能整个谈话无法涉及案件的关键问题。这时，就需要律师对当事人的陈述进行积极引导。律师应当注意引导当事人用简洁的话语在最短的时间内把涉及法律关系的事实说出来，主要包括以下一些要素：时间（案件发生于什么时间）、地点（什么地点发生的）、人物（案件的当事人及主要人物、有关人员）、事件（什么性质）、起因（什么原因引起）、发展（整个案件过程）、结果（案件现在的状态）、目的（当事人希望达到的目的）。例如，律师可以告诉当事人，"为了能够清楚全面地了解案件情况，请你告诉我什么时间、什么地点、什么人与什么人发生了什么事情，希望律师解决什么问题。"经过律师的引导，当事人可能将陈述的重点放在关键的事实上，而不是按照事情的发生、发展、结束的惯常思维模式来谈。这样，律师就可以有目的地从当事人陈述中收集案件的法律关系的构成要件、可能取得的证据等重要信息。

需要注意的问题是，律师接待当事人，是使用法言法语还是附庸当事人使用通俗的语言？律师是专门的法律工作者，与委托人说话必须注意以事实为根据，以法律为准绳，充分体现律师的语言特点。所以，对案件的分析、对法律关系的阐述，要尽量使用法律语言，而尽量避免日常用语和地方俗语。使用规范的法律语言，可以体现一个律师的法律水平，增强当事人对律师的职业好感。另外，律师说话时还需注意：一是要用词准确；二是律师应提出妥善解决争议的方法和途径，不得诱导或鼓励当事人进行仲裁；三是不得向当事人作虚假承诺；四是不得泄露未公开的案件材料，不得公开当事人的隐私。

3. 律师对案件做初步分析

通过当事人陈述或者阅读相关资料，律师应当对案情有一个初步了解，同时应做出初步的分析判断，并据此决定是否接受当事人的委托。这种初步的分析判断主要涵盖以下一些问题：

第一，关于胜诉与败诉的问题。一般来说，当事人聘请律师代理劳动仲裁案件，都是为了争取有利于自己的仲裁结果，使自己的权益得到保护。因此，在接待阶段，当事人往往会问："我这官司能打赢吗？"面对这样的问题，律师回答时应把握好两点：一是律师通过与当事人谈话了解案件情况后所做的判断只是初步的判断；二是个案的处理结果往往会受许多因素的制约。因此，律师可以回答："如果你所陈述的情况是事实，根据现有的材料，这个官司从法律的角度讲应该是一个胜诉（或败诉）的官司。"

第二，关于是否接受委托的问题。当事人有选择律师的权利，律师也有选择案件的权利。当律师对案件的结果有了初步判断时，就应考虑是否接受委托。这种考虑，就是对案件的选择。实践中，有些律师为了争取案源，往往不考虑案件的审理结果是否会有利于自己的当事人，不考虑自己代理案件之后是否会陷入被动局面，而是一味地接受委托。这种做法并不妥当。因为这会使律师陷入极尴尬的局面，一方面无法维护委托人的合法权益，另一方面使律师的职业形象受到损害。

第三，提出代理费用以及收费标准的问题。在当事人愿意委托而律师也接受委托的情况下，律师为了保护自己的合法权益，就可以按照有关规定，根据案件情况和当事人的经济状况，合理地提出代理费用的标准和收取方法。从现行的收费方法来看，大致有四种：一是按司法行政管理部门和物价行政管理部门规定的标准收取；二是协商收费，即由律师和当事人根据案件的难易程度及律师代理这一案件可能付出的劳动量，再加上当事人自身的经济状况来确定当事人应支付的代理费；三是风险代理，即律师只有在其所代理的案件胜诉后或执行后，才能获得代理费；四是协商收费加风险代理，即先交一部分代理费，这部分代理费不管仲裁结果如何都不退，然后再约定按胜诉标的一定比例收取代理费。第四种方法一般适用于标的数额大，但当事人又暂时经济困难的情况。当然，一般性的劳动仲裁案件不得适用风险代理。①

五、实验范例

1. 实验素材

陈某于 1985 年参加工作，在广东省某市电机厂上班（原属国企员工）。1994年实行劳动合同制度后，被单位调派到某市 A 公共汽车公司（也是国企）工作，职位是司机。2008 年 1 月正常上班期间，陈某因遇险急刹车而导致一乘客摔伤，之后，A 公汽公司以陈某出事后没有配合公司处理事故为由，给予陈某停工处理，停工期间不支付其在司机岗位应得的正常工资。2008 年 10 月，A 公汽公司以双方劳动合同期满为由，与陈某终止了劳动关系，A 公汽公司不支付任何经济补偿金。陈某不服 A 公汽公司的上述举动，与 A 公汽公司发生争议，准备聘请律师以 A 公汽公司违法停工及终止劳动关系但未支付经济补偿金为由申请劳动仲裁。陈某委托前特地与律师进行初步交流。

2. 实验准备

（1）实验流程的准备。

陈某准备聘请律师，并就其案情咨询律师。律师应当了解接待当事人的流程：

第一，尽量约陈某到律师事务所面谈。

第二，在与陈某面谈前，要求陈某尽量带齐相关材料。

第三，设计合理的接待模式，尽快熟悉案情。

第四，引导当事人的陈述，使得当事人的陈述与案情紧密相关。

第五，对案件做初步分析，并将分析结果告知当事人。

（2）法律规定的准备。

《劳动合同法》第十四条："无固定期限劳动合同，是指用人单位与劳动者

---

① 参见尹西明、司莉：《律师代理民事案件的策略与技巧》，引自北大法律信息网。

约定无确定终止时间的劳动合同。用人单位与劳动者协商一致，可以订立无固定期限劳动合同。有下列情形之一，劳动者提出或者同意续订、订立劳动合同的，除劳动者提出订立固定期限劳动合同外，应当订立无固定期限劳动合同：（一）劳动者在该用人单位连续工作满十年的；（二）用人单位初次实行劳动合同制度或者国有企业改制重新订立劳动合同时，劳动者在该用人单位连续工作满十年且距法定退休年龄不足十年的；（三）连续订立二次固定期限劳动合同，且劳动者没有本法第三十九条和第四十条第一项、第二项规定的情形，续订劳动合同的。用人单位自用工之日起满一年不与劳动者订立书面劳动合同的，视为用人单位与劳动者已订立无固定期限劳动合同。"

《劳动合同法》第三十九条："劳动者有下列情形之一的，用人单位可以解除劳动合同：（一）在试用期间被证明不符合录用条件的；（二）严重违反用人单位的规章制度的；（三）严重失职，营私舞弊，给用人单位造成重大损害的；（四）劳动者同时与其他用人单位建立劳动关系，对完成本单位的工作任务造成严重影响，或者经用人单位提出，拒不改正的；（五）因本法第二十六条第一款第一项规定的情形致使劳动合同无效的；（六）被依法追究刑事责任的。"

《劳动合同法》第四十条："有下列情形之一的，用人单位提前三十日以书面形式通知劳动者本人或者额外支付劳动者一个月工资后，可以解除劳动合同：（一）劳动者患病或者非因工负伤，在规定的医疗期满后不能从事原工作，也不能从事由用人单位另行安排的工作的；（二）劳动者不能胜任工作，经过培训或者调整工作岗位，仍不能胜任工作的；（三）劳动合同订立时所依据的客观情况发生重大变化，致使劳动合同无法履行，经用人单位与劳动者协商，未能就变更劳动合同内容达成协议的。"

《劳动合同法》第四十四条："有下列情形之一的，劳动合同终止：（一）劳动合同期满的；（二）劳动者开始依法享受基本养老保险待遇的；（三）劳动者死亡，或者被人民法院宣告死亡或者宣告失踪的；（四）用人单位被依法宣告破产的；（五）用人单位被吊销营业执照、责令关闭、撤销或者用人单位决定提前解散的；（六）法律、行政法规规定的其他情形。"

《劳动合同法》第四十六条："有下列情形之一的，用人单位应当向劳动者支付经济补偿：（一）劳动者依照本法第三十八条规定解除劳动合同的；（二）用人单位依照本法第三十六条规定向劳动者提出解除劳动合同并与劳动者协商一致解除劳动合同的；（三）用人单位依照本法第四十条规定解除劳动合同的；（四）用人单位依照本法第四十一条第一款规定解除劳动合同的；（五）除用人单位维持或者提高劳动合同约定条件续订劳动合同，劳动者不同意续订的情形外，依照本法第四十四条第一项规定终止固定期限劳动合同的；（六）依照本法第四十四条第四项、第五项规定终止劳动合同的；（七）法律、行政法规规定的其他情形。"

《劳动合同法》第八十七条："用人单位违反本法规定解除或者终止劳动合同的，应当依照本法第四十七条规定的经济补偿标准的二倍向劳动者支付赔偿金。"

《劳动法》第二十条："劳动合同的期限分为有固定期限、无固定期限和以完成一定的工作为期限。劳动者在同一用人单位连续工作满十年以上，当事人双方同意续延劳动合同的，如果劳动者提出订立无固定期限的劳动合同，应当订立无固定期限的劳动合同。"

《劳动法》第二十三条："劳动合同期满或者当事人约定的劳动合同终止条件出现，劳动合同即行终止。"

《广东省劳动合同管理规定》第十四条："劳动合同期限分为：（一）有固定期限的（临时工合同期不得超过1年）；（二）无固定期限的；（三）以完成某一项任务为期限的。劳动者在同一用人单位连续工作满10年以上，当事人双方同意续延劳动合同的，如果劳动者提出订立无固定期限的劳动合同，应当订立无固定期限的劳动合同。无固定期限劳动合同，适用于常年性技术岗位和工种。签订无固定期限劳动合同，必须明确终止和解除合同的条件。"

《广东省劳动合同管理规定》第二十七条："符合下列条件之一的，劳动合同即告终止：（一）劳动合同期限届满的；（二）劳动合同所约定的工作任务已经完成的；（三）无固定期限劳动合同约定的终止合同条件出现的；（四）企业关闭或依法宣告破产的；（五）劳动争议仲裁委员会裁决终止合同的；（六）法律、法规、规章另有规定终止合同的。"

《广东省劳动合同管理规定》第二十九条："对本单位转为合同制职工的1986年9月30日（含本日）以前参加工作的原固定工（含干部，下同），其劳动合同期满时，用人单位不愿意以原劳动合同约定的劳动报酬和劳动条件作为最低标准续签劳动合同的，应按其在本单位的工作年限一次性发给生活补助费。"

3. 实验结果

根据实验范例的素材撰写如表2-1所示的律师与当事人初步交流的报告表。

表 2 – 1　　　　　　广东中元律师事务所律师个人接待当事人报告表

当事人	姓　名	陈某	性　别	男	民族	汉	职业	司机
	案　由	劳动争议	住　址	广东省广州市×区×街×号				
基本案情	陈某于 1985 年参加工作，在广东省某市电机厂上班（原属国企员工）。1994 年实行劳动合同制度后，被单位调派到某市 A 公汽公司（也是国企）工作，职位是司机。2008 年 1 月正常上班期间，陈某因遇险急刹车而导致一乘客摔伤，之后，A 公汽公司以陈某出事后没有配合公司处理事故为由，给予陈某停工处理，停工期间不支付其在司机岗位应得的正常工资。2008 年 10 月，A 公汽公司以双方劳动合同期满为由，与陈某终止了劳动关系，A 公汽公司没有支付经济补偿金，双方发生争议。							
律师接待情况概述	1. 陈某于今日下午 2：30 左右到达本律所 2 号会客室； 　2. 陈某应要求已带来基本材料（但一些重要的原始证据没有带）； 　3. 陈某的陈述比较杂乱，在有效引导下才把主要法律事实讲清楚； 　4. 对陈某的材料及其陈述已做初步分析，并将主要事项（包括有否胜诉的可能性）告知陈某； 　5. 陈某表示将委托我所律师为其劳动仲裁的代理人； 　6. 本人口头表示接受委托，并告知其代理收费标准； 　7. 没有收取咨询费。							
初步分析	1. 陈某与某市 A 公汽公司的劳动争议有较大胜诉可能； 　2. 陈某与某市 A 公汽公司应当形成无固定期限劳动关系； 　3. 陈某应当获得经济补偿金。							
接待律师	李某							
时间	2009 年 1 月 8 日							
主任审批								
备　注：	1. 本报告单仅限本律师事务所律师接待完当事人向所领导报告使用； 2. 本报告单须直接报告本所主任，需要办理的案件按照收、结案登记制度规定进行，填写《律师承办案件批办单》； 3. 本报告单必须如实填写，不得弄虚作假，否则按不正当竞争或律师私自办案论。							

六、自主实验

　　素材一：王某系某技校酒店专业毕业生，2006 年 3 月到某合资酒店工作，并与该酒店正式签订了为期二年的劳动合同。2008 年 2 月，在劳动合同终止前的一个月，王某就合同到期后不再与酒店续订一事向酒店提出了请求，酒店人事部表示同意并答复王某过一个月后来办离职手续。一个月以后，王某手持接收单位的商调函找到酒店要求办理调离手续时，人事部负责人却突然提出："要调走可以，但必须交齐后三年的培养费 2 000 元，然后才给办理调动手续。"王某认为，与酒店签订的是为期二年的劳动合同，自己既没有经过酒店培训，又没有提前解除合同，酒店收取培训费是非法的。酒店根据其制定的《酒店员工须知》第 18 条"凡到酒店工作的人员至少应服务五年"的规定则认为：王某与酒店签订的二年劳动合同虽然已经到期，但至少还应与酒店续签三年的劳动合同，如果王某不再为酒店服务，则应赔偿酒店培训费 2 000 元。此后，王某又多次与酒店交涉，得到的答复仍然是"要调离，必须交齐 2 000 元培训费，否则不能办理调离手续。"在这种情况下，王某不得不交了 2 000 元培训费，办理了离店手续。但是，对于酒店这种违背职工意愿，合同到期后职工不再续签劳动合同，酒店强行收取培训费的做法，王某无法接受。王某到某律师事务所咨询并准备聘请律师。

素材二：2006 年，广州市某公司拟招聘一名办公室文员。即将从某大学毕业的张某得到招聘信息后，便持所在大学发给的《2006 届毕业生双向选择就业推荐表》前去招聘会上报名应聘。公司审核完张某的求职材料、面试，遂决定签约。双方于 2006 年 2 月签订了《劳动合同协议书》，约定：张某担任职务为办公室文员；合同期限为一年，从 2006 年 2 月至 2007 年 2 月止；其中试用期三个月，从 2006 年 2 月至 2006 年 5 月止；试用期月薪为 500 元；试用期满后，按张某技术水平、劳动态度、工作效益评定，根据评定的级别或职务确定月薪。此时张某尚未毕业，属在校生，正在撰写毕业论文期间。合同订立后，张某便到公司上班，其间利用业余时间完成毕业论文。2006 年 4 月，张某去公司上班途中遇交通事故，被送往医院救治。张某在治疗、休息期间，经学校同意以邮寄方式完成了毕业论文及答辩，于 2006 年 7 月拿到毕业证书。2006 年 8 月，伤愈后的张某多次向公司交涉，认为双方既然签订了劳动合同，其身份属于公司员工，应该享受工伤待遇，但遭到公司拒绝。2006 年 11 月，张某向劳动部门提出认定劳动工伤申请。张某到某律师事务所咨询并准备聘请律师。

实验项目二　签订委托代理合同和授权委托书

一、实验目的

通过签订委托代理合同和授权委托书的实验，训练学生掌握在申请劳动仲裁阶段，作为律师，如何与当事人签订委托代理合同和授权委托书，如何撰写委托代理合同，如何撰写授权委托书，如何以合同形式有效维护律师和当事人双方的合法权益。通过模拟与当事人签订委托代理合同和授权委托书的律师角色，使学生全面了解和掌握实践中如何与当事人签订委托代理合同和授权委托书。

二、实验要求

（1）在进行项目实验前，要求学生复习和掌握民法和劳动法的基本知识，熟悉《民法通则》、《合同法》、《律师法》、《民事诉讼法》、《劳动争议调解仲裁法》等重要法律法规，以便对实验内容有清楚的认识。

（2）能够熟练撰写委托代理合同和授权委托书。

（3）能够根据劳动争议当事人的不同要求，撰写特别的委托代理合同和授权委托书。

（4）学生在实验前提前熟悉实验素材，为实验做好准备。学生也可以自行设计案例，模拟进行律师与当事人签订委托代理合同和授权委托书的实验。

三、实验步骤

（1）律师与当事人协商一致。

（2）撰写委托代理合同和授权委托书。

（3）律师事务所与当事人签订代理合同和授权委托书。

（4）当事人缴纳代理费。

四、实验原理

1. 委托代理

律师应当以律师事务所的名义与当事人签订委托代理合同。承办律师应当谨慎、客观、诚实地告知委托人拟委托事项可能出现的法律风险，不应为了建立委托代理关系对委托人进行误导。签订委托代理合同前，律师事务所应审查是否存在利益冲突，只有在与委托人之间没有利益冲突的情况下才可以建立委托代理关系。委托人应按照律师事务所收费标准缴纳代理费，律师事务所应出具正式发票。律师办案需要的其他费用应由律师事务所统一收取，案件办结后经律师事务所审核，与委托人结算。

委托代理是指代理人依据被代理人的委托，以被代理人的名义实施的民事法律行为，其效力直接归属于被代理人。当事人、法定代理人和法人的法定代表人，都可以委托他人代理诉讼。接受委托代理诉讼的人为委托代理人。根据《民事诉讼法》的规定，具有诉讼行为能力的当事人近亲属（配偶、父母、成年子女、成年兄弟姐妹）、律师、社会团体和当事人所在单位推荐的人、经人民法院许可的其他公民，都可作为委托代理人。

《民法通则》第六十五条规定，民事法律行为的委托代理，可以采用书面形式，也可采用口头形式。但法律规定用书面形式的，应按法律规定，采用书面形式。例如，诉讼代理合同就应采用书面形式。书面委托代理合同应当载明代理人的姓名或单位名称、代理事项、权限和期限，并由委托人签名或者盖章。法人参加代理关系一般采用书面形式，如果因被代理人授权不明而使第三人遭受损失，应由被代理人与代理人共同担负对第三人的赔偿责任。

委托代理由本人授权意思产生，性质上属于意定代理。其基础关系可以是委托合同，也可以是职务代理。委托代理和职务代理等意定代理的基础关系可以各不相同，但共同特点是代理权皆产生于授权行为。因此，即使委托合同等基础关系由于某些原因不能成立或失去效力，也不影响代理人的代理权。这既是为了充分发挥代理制度的作用，又有利于维护正常的社会经济秩序和善意第三人的利益。

委托代理，依照被代理人的授权范围不同，又可分为：（1）一次性委托代理。即被代理人委托代理人办理一次性民事法律行为，该民事法律行为完成，代理即告终止；（2）持续性委托代理。即被代理人在较长的时间内委托代理人持续性办理同种类或者不同种类的民事法律行为；（3）总委托代理。即被代理人在一定时间内，委托代理人办理对某种事务或某种标的物的各种代理活动。

委托代理的特点主要有：（1）委托代理是基于受托人的委托授权而产生的。委托授权在委托代理中具有决定性的意义；（2）委托代理中的代理人，既可以是自然人，也可以是具有法人资格的代理机构。有时，不作为专业代理机构的法人，也可以接受委托进行代理行为；（3）委托代理通常是有偿的。专业代理机构都是以营利为目的的，自然人受委托进行代理行为也可以是有偿的。

委托代理人为被代理人的利益需要转托他人代理的，应当事先取得被代理人的同意。事先没有取得被代理人同意的，应当在事后及时告诉被代理人，如果被代理人不同意，由代理人对自己所转托的人的行为负民事责任，但在紧急情况下，为了保护被代理人的利益而转托他人代理的除外。

有下列情形之一的，委托代理终止：（1）代理期间届满或者代理事务完成；（2）被代理人取消委托或者代理人辞去委托；（3）代理人死亡；（4）代理人丧失民事行为能力；（5）作为被代理人或者代理人的法人终止。

高等学校法学实验教学系列教材

委托人与律师之间签订的委托代理合同是特殊的代理合同。《律师法》第二十九条规定："委托人可以拒绝律师为其继续辩护或者代理，也可以另行委托律师担任辩护人或者代理人。律师接受委托后，无正当理由的，不得拒绝辩护或者代理，但委托事项违法，委托人利用律师提供的服务从事违法活动或者委托人隐瞒事实的，律师有权拒绝辩护或者代理。"因此，委托人可以拒绝律师为其继续代理，不承担违约责任。当然，委托人还需根据代理工作的具体进度，给付律师合理的工作费用。

2. 授权委托书

当事人可以委托一至二名律师或者其他人代理参加仲裁活动。《民事诉讼法》和《律师法》中对委托律师代理诉讼的规定同样适用于劳动仲裁。根据相关规定，委托代理人必须向劳动争议仲裁委员会提交由委托人签名或者盖章的授权委托书，授权委托书必须注明委托事项和权利。

授权委托书是委托和接受委托的证明文书，是委托代理人代为仲裁的依据。当事人及其法定代理人要委托他人代为仲裁的，要与委托人签订委托合同，在委托合同的基础上产生授权委托书，约定委托的事项及授权的范围等。同时，必须向劳动争议仲裁委员会提交书面形式的授权委托书。劳动争议仲裁委员会根据授权委托书确认代理人的代理资格和代理权限。授权委托书要写明被委托人的基本情况、委托的事项和授权的范围等内容。

委托代理合同与授权委托书的区别主要在于：第一，委托代理合同是双方当事人确定委托事项、确定权利义务内容的协议，而授权委托书是委托人给受委托人确定权限办理案件的，是法院或仲裁委开庭时需要对法院或仲裁委出具的。第二，委托代理合同是双方意思表示一致的结果，合同里应明确约定双方的权利义务以及违反合同的法律责任等。在签订委托代理合同后，双方形成代理关系。当事人出具授权委托书给律师，只是单方行为，律师持授权委托书在权限内对外代表当事人行事。

授权委托书上必须载明代理人的权限。根据《民事诉讼法》的规定，授权委托有两种：（1）一般代理。即代理人代为参加仲裁活动，但其权限仅限于支持仲裁请求，却没有代为放弃实体权利、变更、和解、调解等权限。（2）特别代理。代理人代为参与仲裁活动，其权限具体为：代为参与仲裁活动，承认、放弃、变更仲裁请求，代为和解、调解，代为提出反请求，代为领取仲裁文书等。当然，具体的委托权限，还取决于委托人的具体意思表示。两相比较可知，特别代理的权限大于一般代理的权限，特别代理涉及实体权利，一般代理并不涉及实体权利。因此，特别代理大多是委托给当事人的近亲属，律师代理的大多是一般代理。当事人在填写代理人权限时，不用写得很详细，只要写明是一般代理还是特别代理即可。

由于授权委托书并没有标准格式，加之大部分当事人对授权委托书的法律性质缺乏认识，造成在实践中授权委托书的写法五花八门，使得授权委托根本不具备应有的法律特征。例如，有的授权委托书写道："××劳动争议仲裁委：现委托××同志配合你委处理××一案。"还有写："××劳动争议仲裁委：现委托××律师前来全权办理××一案事务。"这样的授权委托书，其委托事项不明，委托权限不明，委托期限也不明，为仲裁案件的处理留下了严重隐患。因此，当事人在授权委托书上只笼统写上"全权代理"，这种说法的法律意义不明确，容易产生误解。仲裁员在接受当事人递交的授权委托书时应认真审查，对授权不明的，应要求当事人加以明确。同时，授权委托书必须有委托人、代理人的签名或盖章才能有效。如果当事人自己不愿参加仲裁活动，完全由代理人代替其参加，代理权限必须包括实体权利在内的仲裁权利，否则，劳动争议仲裁委员会认为必要时得传唤当事人亲自到庭参加仲裁活动，而不能由代理人完全代理。

另外需要注意的就是，如果当事人居住在中国领域外，其委托代理人的授权委托书需从中国领域外寄交或是托交给我国仲裁委员会或我国法院时，《民事诉讼法》对其规定的程序因当事人是中国人还是外国人而有所不同。《民事诉讼法》第五十九条规定："侨居在国外的中华人民共和国公民从国外寄交或者托交的授权委托书，必须经中华人民共和国驻该国的使领馆证明；没有使领馆的，由与中华人民共和国有外交关系的第三国驻该国的使领馆证明，再转由中华人民共和国驻该第三国使领馆证明，或者由当地的爱国华侨团体证明。"《民事诉讼法》第二百四十条规定："在中华人民共和国领域内没有住所的外国人、无国籍人、外国企业和组织委托中华人民共和国律师或者其他人代理诉讼，从中华人民共和国领域外寄交或者托交的授权委托书，应当经所在国公证机关证明，并经中华人民共和国驻该国使领馆认证，或者履行中华人民共和国与该所在国订立的有关条约中规定的证明手续后，才具有效力。"

附　授权委托书（样本）：

授 权 委 托 书
××劳动争议仲裁委员会： 　　你委受理＿＿一案，依照法律规定，特委托下列人员为我方代理人： 　　1. 姓名＿＿性别＿＿年龄＿＿工作单位＿＿职务＿＿住址＿＿联系电话＿＿邮政编码＿＿ 　　2. 姓名＿＿性别＿＿年龄＿＿工作单位＿＿职务＿＿住址＿＿联系电话＿＿邮政编码＿＿

续表

委托事项和权限如下： 1. 2. 3.   　　　　　　　　　　　　　　委托人：　　　　　　（签名或盖章） 　　　　　　　　　　　　　　受委托人：　　　　　（签名或盖章） 　　　　　　　　　　　　　　　　　年　　月　　日
注：本委托书一式三份，一份在接到受理通知书或应诉通知书后向劳动争议仲裁委员会提交，一份委托人留底，一份交受委托人。
说明： 一、本文书是供劳动争议双方当事人参加仲裁活动委托代理人时填用的。 二、委托人或委托单位应按照有关法律规定写明委托的事项和权限。 三、委托人是单位的，应写明单位全称并加盖公章；委托人是个人的，应由委托人签名或盖章；受委托人应签名或盖章，然后递交劳动争议仲裁委员会。

3. 律师收费标准

律师服务收费是律师事务所接受委托办理法律事务，向委托人收取的服务报酬。律师服务收费是委托代理合同中的重要内容，双方必须对此予以明确。律师服务收费属中介服务收费，实行政府指导价与市场调节价分类管理，每个省市的指导价有所不同。以广东省为例，根据《广东省物价局、司法厅律师服务收费管理实施办法》的规定，广东省实行政府指导价的律师服务收费的基准价及浮动幅度由广东省物价局和司法厅共同制定，律师事务所应在规定的基准价及浮动幅度内与委托人协商确定具体收费标准。

律师收费方式主要有计时收费、计件收费和风险代理收费三种。根据《广东省物价局、司法厅律师服务收费管理实施办法》第十条的规定："办理涉及财产关系的民事案件时，委托人被告知政府指导价后仍要求实行风险代理的，律师事务所可以实行风险代理收费，但下列情形除外：（一）婚姻、继承案件；（二）请求给予社会保险待遇或者最低生活保障待遇的；（三）请求给付赡养费、抚养费、扶养费、抚恤金、救济金、工伤赔偿的；（四）请求支付劳动报酬的。"另外，群体性的劳动争议案件也不能适用风险代理收费。

　　律师服务费和办案费由律师事务所统一收取。律师个人不得向委托人收取任何费用。律师事务所收取律师服务费，必须使用税务部门规定的合法票据。预收办案费必须出具书面确认单据，并严格按约定用途合理使用。委托事项办结后，必须开列办案费使用清单，提供税务部门规定的合法票据与委托人进行结算，结余部分或不能提供票据的，已收取的办案费应相应予以退还。

　　根据《广东省律师服务政府指导价》的规定，按计时收费方式的收费标准为200元～3 000元/小时。按计件收费方式的收费标准为：不涉及财产的民事、行政诉讼3 000元～20 000元/件；涉及财产的民事、行政诉讼在收取基础费用1 000～8 000元的基础上再按其争议标的额分段按比例累加计算收取：

　　（1）5万（含5万元）以下：免加收；

　　（2）5万～10万元（含10万元）：8%；

　　（3）10万～50万元（含50万元）：5%；

　　（4）50万～100万元（含100万元）：4%；

　　（5）100万～500万元（含500万元）：3%；

　　（6）500万～1 000万元（含1 000万元）：2%；

　　（7）1 000万～5 000万元（含5 000万元）：1%；

　　（8）5 000万元以上：0.5%。

　　上述收费允许上下浮动20%。

五、实验范例

1. 实验素材

　　1992年，谢某学校毕业后应聘至某银行工作，当时未签订书面劳动合同。2001年至2006年，双方陆续签订了三次短期劳动合同。2006年9月，银行根据上级行的要求，对短期合同工实行竞聘上岗，制定了《××市支行短期合同工竞聘上岗方案》。2006年9月27日、28日，银行两次召开全体职工大会，组织学习竞聘上岗方案和组织安排对短期合同工进行民主测评和考核。2006年9月28日的会上，谢某经考核测评属末位淘汰对象。在双方所订劳动合同届满的2006年9月30日，银行认为谢某不符合继续聘用条件，口头通知谢某终止劳动合同。2006年10月1日后，银行未安排谢某的工作岗位，但自愿交纳了谢某养老保险到2006年12月。2006年10月10日，银行向谢某送达了解除劳动合同的书面通知。双方发生争议，谢某前来广东中元律师事务所咨询，并与广东中元律师事务所签订委托代理合同和授权委托书。

2. 实验准备

　　（1）实验流程的准备。

谢某准备聘请律师，与广东中元律师事务所签订委托代理合同和授权委托书。律师应当了解签订委托代理合同和授权委托书的流程：

第一，律师应当与谢某就委托事项的代理范围、代理内容、代理权限、代理费用、代理期限等进行协商，达成一致意见后，由律师事务所与谢某签订委托代理合同。

第二，撰写委托代理合同和授权委托书。

第三，谢某是自然人，应由其本人填写委托书，然后签字或盖章。当然，如果委托人是单位，应在委托书上加盖委托人的单位印章，委托单位法定代表人应签字或盖章。

第四，谢某缴纳代理费。

（2）法律规定的准备。

《民事诉讼法》第五十八条："当事人、法定代理人可以委托一至二人作为诉讼代理人。律师、当事人的近亲属、有关的社会团体或者所在单位推荐的人、经人民法院许可的其他公民，都可以被委托为诉讼代理人。"

《民事诉讼法》第五十九条："委托他人代为诉讼，必须向人民法院提交由委托人签名或者盖章的授权委托书。授权委托书必须记明委托事项和权限。诉讼代理人代为承认、放弃、变更诉讼请求，进行和解，提起反诉或者上诉，必须有委托人的特别授权。侨居在国外的中华人民共和国公民从国外寄交或者托交的授权委托书，必须经中华人民共和国驻该国的使领馆证明；没有使领馆的，由与中华人民共和国有外交关系的第三国驻该国的使领馆证明，再转由中华人民共和国驻该第三国使领馆证明，或者由当地的爱国华侨团体证明。"

《民事诉讼法》第六十条："诉讼代理人的权限如果变更或者解除，当事人应当书面告知人民法院，并由人民法院通知对方当事人。"

《民法通则》第六十三条："公民、法人可以通过代理人实施民事法律行为。代理人在代理权限内，以被代理人的名义实施民事法律行为。被代理人对代理人的代理行为，承担民事责任。"

《民法通则》第六十五条："民事法律行为的委托代理，可以用书面形式，也可以用口头形式。法律规定用书面形式的，应当用书面形式。书面委托代理的授权委托书应当载明代理人的姓名或者名称、代理事项、权限和期间，并由委托人签名或者盖章。委托书授权不明的，被代理人应当向第三人承担民事责任，代理人负连带责任。"

《民法通则》第六十九条："有下列情形之一的，委托代理终止：（一）代理期间届满或者代理事务完成；（二）被代理人取消委托或者代理人辞去委托；（三）代理人死亡；（四）代理人丧失民事行为能力；（五）作为被代理人或者代理人的法人终止。"

3. 实验结果

根据实验范例中的素材签订的委托代理合同见表2-2、表2-3，授权委托书见表2-4、表2-5。

表2-2 委托代理合同（范例1）

广东中元律师事务所 委托代理合同
××民律字第××号
委托人（甲方）：谢某 地址：广东省广州市××区××街××号 电话：88××××××
受托人（乙方）：广东中元律师事务所 地址：广东省广州市东风东路锦城大厦11楼 电话：83××××××
甲方因与某银行之间的劳动纠纷，现委托乙方为劳动仲裁代理人，经双方友好协商，特订立下列条款，以遵照履行。 　一、委托事项 　1. 甲方委托乙方代理甲方与某银行劳动纠纷一案的仲裁及相关的法律事务。 　2. 乙方指派××律师作为甲方的代理人，必要时乙方可更换其他律师作为甲方代理人，但是必须征得甲方的同意。 　3. 律师助理可以作为甲方的代理人，但是在劳动仲裁中只能代理辅助性事务，没有案件承办律师的陪同，不能单独参加劳动仲裁活动。 　二、甲方的权利与义务 　1. 及时、真实、详尽地向乙方提供与委托事项有关的全部文件和背景材料，并承担因违反本款而产生的对双方不利后果之责任。 　2. 积极、主动地配合乙方为甲方利益所从事的各项工作，并根据实际需要为乙方提供工作便利。 　3. 甲方按照本合同的约定按时、足额向乙方支付律师费。 　三、乙方的权利与义务 　1. 乙方保证以律师行业要求的业务标准和职业道德向甲方提供协议下的法律服务，并依法切实维护甲方的权益，根据甲方的要求，及时迅速地办理甲方委托范围内的事务。 　2. 乙方保证在对其履行本协议项下义务的过程中，所了解到和获得的甲方未公开的资料或者情况承担保密义务，但经甲方授权或法律另有要求者除外。 　3. 乙方律师在涉及甲方对抗性案件中，未经甲方同意，不得担任与甲方有法律上的利害冲突的另一方的法律顾问或者代理人。 　4. 乙方对甲方业务应单独建立档案，应当保管完整的工作记录，对涉及甲方的原始证据、法律文件和财务应妥善保管。 　四、乙方将向甲方提供如下服务 　1. 代为起草和准备仲裁文件，包括但不限于授权委托书、仲裁申请书、书面代理意见、答辩意见、调查取证申请书等。

高等学校法学实验教学系列教材

续表

2. 审阅与本案有关的各种材料。

3. 就本案事实进行调查取证。

4. 代为出庭参加仲裁庭审，并就本案程序和实体问题向劳动争议仲裁委员会提出主张。

5. 依甲方授权代为参加调解、和解。

6. 代为签署、送交、接受及转送各种法律文书。

五、甲方按照以下方式向乙方支付律师费

1. 根据相关法律、法规，甲方与乙方约定本案采取计件收费方式；

2. 签订合同之日甲方支付办案费人民币____元；

3. 根据《律师业务收费标准》，甲方应向乙方支付代理费，交通、查询等其他费用结案后据实结算。

4. 如本案今后涉及其他纠纷，双方另行协商律师代理费用。

5. 律师费每延期一日，甲方支付应付律师费1%的违约金。

六、甲方委托乙方代理权限

1. 代为参加本案的仲裁，以及可能的一审、二审活动，直至案件终审判决生效。

2. 代为就本案的程序及实体问题向劳动争议仲裁委员会或法院提出主张。

3. 就本案事实进行调查取证。

4. 经甲方同意，代为参加调解及与对方和解。

5. 代为签署、送交、接受和转送各种法律文书。

七、违约责任

1. 甲乙双方经协商同意，可以变更或者解除本合同。

2. 乙方有下列情况之一，甲方有权解除合同：

（1）乙方违反约定未履行代理义务。

（2）除不可抗力意外的原因，乙方的代理律师没有按时参加出庭活动。

3. 甲方有下列情况之一，乙方有权解除合同：

（1）甲方委托的事项违反法律或者违反律师职业道德的。

（2）甲方有捏造事实、伪造证据或者隐瞒重要情节等情形，致使乙方律师无法有效提供法律服务的。

4. 其他：

（1）乙方无正当理由不提供本合同约定的法律服务或者本合同约定的义务，甲方有权要求乙方退还部分或者全部已付的法律费用。

（2）甲方无正当理由不支付律师费，或者无故终止合同，乙方有权要求甲方支付未付的律师费。

八、通知和送达

1. 甲乙双方因履行本合同而相互发出或者提供的所有通知、文件、资料，均以本合同所列明的地址、传真送达，一方如果迁址或者变更电话，应当书面通知对方。

2. 通过传真方式送达的，在传真发出时视为送达；以邮寄送达的，挂号信寄出或者投邮当日视为送达。

九、争议解决

1. 本合同适用《律师法》、《合同法》、《民法通则》等法律。

2. 本合同履行过程中如有争议，应当友好协商解决。任何一方均有权将案件提交管辖法院。

十、未尽事宜

本协议未尽事宜，双方可另行签署补充协议，补充协议以书面方式作出或者经双方书面确认有效。

十一、效力

1. 本合同一式四份，双方各持有两份，均具有相同的法律效力。

2. 本合同自双方签字、盖章之日起生效。

甲方（盖章）：	乙方（盖章）：广东中元律师事务所
代表（签字）：谢某	代表（签字）：李某
2009 年 1 月 20 日	2009 年 1 月 20 日

表 2－3　　　　　　　　委托代理合同（范例 2）

广东中元律师事务所
委托代理合同

×× 民律字第 ×× 号

委托人（甲方）：谢某
地址：广东省广州市 ×× 区 ×× 街 ×× 号
电话：88 × × × × ×

受托人（乙方）：广东中元律师事务所
地址：广东省广州市东风东路锦城大厦 11 楼
电话：83 × × × × ×

　　甲方因与某银行劳动争议一案，现委托乙方律师代理，经双方充分协商，订立合同如下：

　　一、乙方接受甲方的委托，指派律师李某为甲方劳动仲裁代理人。甲方委托乙方代理权限是：一般代理。

　　二、律师必须根据事实和法律参加仲裁活动，认真负责地履行律师的职责，维护委托人的合法权益。

　　三、根据国家关于律师业务收费标准的规定，甲方向乙方支付代理费____元。

　　四、乙方为本案调查、出庭所需差旅费，按国家规定标准全部由甲方负担。甲方向乙方支付差旅费____元。

　　五、甲方必须真实地向律师叙述案情，提供证据。在接受委托后，如发现甲方捏造事实，弄虚作假，乙方有权终止代理，依本合同所收费用不予退还。

　　六、如乙方无故终止合同，代理费应全部退还甲方；如甲方无故终止合同，代理费不予退还。

　　七、如一方要求变更本合同条款需另行协议。

　　八、本合同经甲乙双方或其代表人签字（或盖章）生效。

　　九、本合同有效期限：自签订之日起至本案终结止（裁决、调解、案外和解、撤诉结案等）。

　　十、本合同一式两份，双方各持一份。

续表

甲方（盖章）：	乙方（盖章）：广东中元律师事务所
代表（签字）：谢某	代表（签字）：李某
2009 年 1 月 20 日	2009 年 1 月 20 日

表 2－4　　　　　　　　　　授权委托书（范例 1）

授 权 委 托 书（一般代理）

广州市××区劳动争议仲裁委员会：

　　你委受理谢某与某银行一案，依照法律规定，特委托广东中元律师事务所律师李某为我方代理人。

　　委托权限：一般代理。

　　上述代理权限，如委托人或律师要求变更，应另行协议。

　　此委托代理期限为：自签订之日起至仲裁裁决送达时止。

委托人：谢某（签名或盖章）

受委托人：李某（签名或盖章）

2009 年 1 月 20 日

附双方基本信息：

委托人：谢某，性别：男，年龄：40，工作单位：某银行，职务：会计，住址：广州市××　　　　区××街××号，联系电话：88×××××，邮政编码：510210

受委托人：李某，性别：男，年龄：30，工作单位：广东中元律师事务所，职务：律师，住　　　　址：广东省广州市东风东路锦城大厦 11 楼，联系电话：83××××××，邮政　　　　编码：510000

表 2－5　　　　　　　　　　授权委托书（范例 2）

授 权 委 托 书（特别授权）

广州市××区劳动争议仲裁委员会：

　　委托人谢某因诉某银行劳动纠纷一案，依据法律规定，特委托广东中元律师事务所律师李某担任本案仲裁的代理。

　　双方商定的代理权限为：

　　1. 委托人在本案仲裁中的一切法定权利由代理人行使，代理人要认真保护委托人的合法权益，按时出席仲裁庭参加仲裁活动；

　　2. 代理人有权增加仲裁请求；

　　3. 代理人有权变更仲裁请求；

　　4. 代理人有权放弃部分仲裁请求；

　　5. 在本案被申请人同意部分仲裁请求时，代理人有权决定和解。

续表

本授权委托书的有效期限，自签订之日起至仲裁裁决送达时止。

委托人：谢某（签名或盖章）
受委托人：李某（签名或盖章）
2009 年 1 月 20 日

附双方基本信息：
委托人：谢某，性别：男，年龄：40，工作单位：某银行，职务：会计，住址：广州市××
　　区××街××号，联系电话：88××××××，邮政编码：510210
受委托人：李某，性别：男，年龄：30，工作单位：广东中元律师事务所，职务：律师，住
　　址：广东省广州市东风东路锦城大厦 11 楼，联系电话：83××××××，邮政
　　编码：510000

高等学校法学实验教学系列教材

六、自主实验

素材一：1993 年 8 月，柴先生进入某仪表公司工作，双方未签订劳动合同。1997 年 8 月起，公司为柴先生缴纳城镇社会保险费。2006 年 12 月 13 日，柴先生与公司签订协议书，约定其与公司即日解除劳动关系。嗣后，公司长期扣押退工单，于 2007 年 11 月 15 日才将退工证明交给柴先生。柴先生不满公司此举，认为双方解除了劳动关系后，公司过了 11 个月才将退工单交给他，致使其无法及时寻找新的工作。柴先生欲聘请律师为其仲裁代理，与仪表公司进行劳动仲裁。双方签订委托代理合同和授权委托书。

素材二：2007 年 12 月，王女士通过某广告有限公司面试，担任该公司财务部财务助理（会计）工作。双方商定，上岗后试用期一个月，其间加班，公司给付加班费，出满勤给付满勤奖，一个月内签订劳动合同并办理五险，底薪 1 300元，加班费另算。由于这期间工作繁忙，王女士几乎天天加班 2～3 个小时，每周只休息一天，其间从没有请过假，也没有迟到或者早退。一个月的试用期后，王女士并没有得到书面合同，公司没有给其办理入职手续，致使她一直没有考勤记录。2007 年 12 月公司只发给她 500 元工资，2008 年 1 月份工资公司拖延至 2月 26 日才开出，而且金额与原定有差异，并以没有考勤记录为由，未发满勤奖和加班费。因为公司一直没有与其签订劳动合同，王女士于 2008 年 2 月底辞职。王女士欲聘请律师为其仲裁代理，与广告有限公司进行劳动仲裁。双方签订委托代理合同和授权委托书。

实验二　材料准备与案件审查

实验项目一　材料准备

一、实验目的

通过材料准备的实验，训练学生掌握在申请劳动仲裁阶段，作为律师，如何收集仲裁材料，如何筛选和准备必要的仲裁材料。学生通过模拟准备材料的律师角色，全面了解和掌握如何准备必要的仲裁材料，将其所学相关知识应用到独立完成劳动争议案件的初步准备的实践中。

二、实验要求

（1）在进行项目实验前，要求学生复习和掌握民事诉讼法和劳动法的基本知识，熟悉《民事诉讼法》、《劳动争议调解仲裁法》、《劳动法》、《劳动合同法》、《工伤保险条例》、《工伤认定办法》等重要法律法规，以便对实验内容有清楚的认识。

（2）熟悉申请劳动仲裁所应当具备的材料清单。

（3）独立完成劳动争议案件的材料准备。

（4）识别各种材料以及能够知道哪些材料对案件有关键性影响。

（5）学生在实验前提前熟悉实验素材，为实验做好准备。学生也可以自行设计案例，模拟律师进行材料准备的实验。

三、实验步骤

（1）要求当事人提供原始材料。

（2）调查取证。

高等学校法学实验教学系列教材

（3）工伤认定和劳动能力鉴定。

（4）筛选和审查当事人提供的材料。

四、实验原理

1. 当事人应当提交的原始材料

根据法律规定，当事人申请劳动仲裁应当提交以下材料：

（1）劳动仲裁申请书。申请人应当按照规定如实准确填写劳动仲裁申请书，劳动仲裁申请书一式三份，其中两份由申请人本人或其委托代理人提交劳动争议仲裁委员会，一份由申请人留存。①

（2）身份证明。申请人是劳动者的，提交本人居民身份证明的原件及复印件；如由委托代理人代为申请仲裁，需提交申请人身份证原件和《授权委托书》。

被申请人为企业的，提供"企业注册资料"原件一份（向工商行政管理机关经济信息中心查询）；被申请人为事业单位的，需提供"登记资料"原件一份；被申请人为其他单位的，需提供其管理机构出具的"登记资料"一份（内容包括单位名称、地址、主要负责人姓名、职务、联系电话等）。

申请人是用人单位的，提交本单位营业执照副本及复印件、本单位法定代表人身份证明、委托代理人身份证明、授权委托书等。

附 单位法定代表人身份证明书（样本）：

法定代表人（或主要负责人）身份证明书

　　　　　同志，现任我单位　　　　　职务，为我单位法定代表人（或主要负责人）。特此证明。

　　　　　　　　　　　　　　　　　　　　　　（盖单位公章）

　　　　　　　　　　　　　　　　　　　　　二〇　　年　月　日

附：法定代表人（或主要负责人）

　　住　　址：

　　性　　别：

　　出生年月：

　　联系电话：

注：

①企业、事业单位、机关、团体的主要（行政）负责人为本单位的法定代表人。

②请随附上工商行政注册的《企业法人营业执照（副本）》（复印件）。

---

① 劳动仲裁申请书将在后面的实验中重点讲述和演练。

（3）能够证明与被诉人之间存在劳动关系的有关材料，如劳动合同（聘用合同或协议）、解除或终止劳动合同通知书、工资单（条）、社会保险缴费证明等材料及复印件。

（4）申请人在申请劳动仲裁时，劳动争议仲裁委员会根据立案的需要，要求申请人提交能够证明被诉人身份的有关材料的，申请人应当提交。如被诉人是用人单位的，应当提交其工商注册登记相关情况的证明（包括单位名称、法定代表人、住所地、经营地等情况）；如被诉人是劳动者的，应当提交其本人户口所在地、现居住地地址、联系电话等。

（5）劳动者已按规定接受法律援助的，还应提交有关部门正在给予法律援助的证明材料。在这些材料中间，最为重要的材料就是申请人能够证明与被申请人之间存在劳动关系的材料。实践中，劳动关系的界定标准主要从劳动者与用人单位的"从属性"来判断，包括人格上的从属性、经济上的从属性以及组织上的从属性。简言之，人格上的从属性就是指劳动者在用人单位的命令、指挥和监督下从事生产劳动；经济上的从属性就是指劳动者为维持生活须依赖对用人单位提供劳动而获得工资；组织上的从属性就是指劳动者的劳动须纳入用人单位的生产组织之内而成为用人单位生产系统的有机组成部分。劳动部《关于确定劳动关系有关事项的通知》（劳社部发〔2005〕12号）第一条对劳动关系的界定标准作出了明确规定：第一，用人单位和劳动者符合法律、法规规定的主体资格；第二，用人单位依法制定的各项劳动规章制度适用于劳动者，劳动者受用人单位的劳动管理，从事用人单位安排的有报酬的劳动；第三，劳动者提供的劳动是用人单位业务的组成部分。该通知第二条进一步规定了劳动关系的认定凭证，主要包括：工资支付凭证或记录（职工工资发放花名册）、缴纳各项社会保险费的记录、用人单位向劳动者发放的"工作证"和"服务证"等能够证明身份的证件、劳动者填写的用人单位招工招聘"登记表"和"报名表"等招用记录、考勤记录、其他劳动者的证言等。

2. 收集证据

（1）举证责任。在民事诉讼中，实行的举证责任原则是"谁主张，谁举证"。在劳动争议仲裁中，当事人对自己的主张一般也负有举证责任。这与民事争议中的举证责任大致是一样的。然而，劳动争议仲裁的举证责任也有不同之处。因为劳动争议中的当事人，即用人单位和劳动者，他们二者一方面在法律地位上是平等的，另一方面又存在一种管理与被管理的隶属关系，双方对证据的实际控制程度是不一样的。因此，在劳动争议仲裁中，既实行"谁主张，谁举证"的举证责任原则，又实行"谁做决定，谁举证"的举证责任原则。也就是说，一般情况下，劳动争议双方当事人应对自己的请求事项和主张事由负有提供证据的责任；而当用人单位作出开除、除名、辞退、解除劳动合同、减少劳动报酬、计算劳动者工作年限等决定而引发劳动争议，用人单位应对其作出该决定的行为负举证责任。《最高人民法院关于审理劳动争议案件适用法律若干问题的解释》第十三条就规定："因用人单位作出的开除、除名、辞退、解除劳动合同、减少劳动报酬、计算劳动者工作年限等决定而发生的劳动争议，用人单位负举证责任。"《最高人民法院关于民事诉讼证据的若干规定》第六条也规定："在劳动争议纠纷案件中，因用人单位作出开除、除名、辞退、解除劳动合同、减少劳动报酬、计算劳动者工作年限等决定而发生劳动争议的，由用人单位负举证责任。"

（2）证据和证据种类。证据是指一切能够证明争议双方主张的事实材料。劳动争议仲裁中的证据，是指在劳动争议仲裁中能够证明劳动争议案件真实情况的一切客观事实。

劳动争议仲裁证据的基本特征包括：

第一，客观性。即证据必须是客观存在的事实材料，必须是对案件事实的客观反映和真实记载，不能有任何主观随意性，不能为任何人的主观意志所左右。

第二，相关性。即证据必须与待证事实之间具有某种内在的联系，表现为：一是证据本身就是待证事实的组成部分；二是虽不是待证事实的组成部分，但与待证事实有直接或间接的联系，并能够为待证事实提供证明情况。

第三，合法性。即证据必须符合法律规定形式并按法定程序取得，表现在：一是证据的来源合法；二是证据的收集方式合法；三是具备合法的形式；四是须经法定程序审查属实。

劳动争议仲裁的证据种类主要包括：

第一，书证。凡是用文字记载人的思想或者行为，以及用符号、图表等表达一定思想，其内容能证明劳动争议案件的真实情况的物品都可以作为书证。包括职工的工资单、病假条、医院诊断证明、考勤记录、企业与劳动者签订的劳动合同、企业辞退职工时发给的辞退证明书、开除职工时发给的开除通知书等。

第二，物证。凡是以自己存在的外形、质量、规格、损坏程度等标志来证明待证事实的一部或全部的物品及痕迹，为物证。例如，造成伤亡事故的设备，职工损坏的工具，职工在工作时间打架斗殴使用的器械等。一般情况下，物证是不能用其他物品或者同类物品来代替的，否则就不能保持原物的特征。另外，物证必须提交原物，只有在提交原物确有困难时，才可以提交复制品或者照片，但提交的复制品的一切特征必须与原物相同，照片也只能是原物真实情况的反映。这些复制品或照片，只是保存原物的一种手段，作为物证的仍然是原来的物品和痕迹，而不是这些复制品或照片。

第三，视听资料。视听资料是指采用先进科学技术，利用图像、音响以及电脑等贮存的数据和资料来证明案件真实情况的一种证据。它包括录像带（碟、盘）、录音带（碟、盘）、传真资料、电影胶片、微型胶卷、电话录音、雷达扫描资料和电脑贮存数据和资料等。

第四，证人证言。证人是了解案件情况的有关人员。证人以其所了解的案件事实向劳动争议仲裁委员会和仲裁庭所作的陈述，叫做证人证言。根据有关法律规定，不能正确表达意志的人，不能作证。

第五，当事人陈述。当事人陈述是指当事人就与劳动争议案件有关的事实向劳动争议仲裁委员会和仲裁庭所作的陈述。它包括当事人自己说明的案件事实和对案件事实的承认。因为当事人与劳动争议的处理结果有着直接的利害关系，对当事人陈述，不能偏听偏信，而要与案件的其他证据加以综合分析，互相印证，查证属实后，才能作为定案的依据。

第六，鉴定结论。鉴定结论是指为了查明案情，对一些科学技术或专门性问题，聘请或委托有关部门指派有专门知识的人进行分析、鉴定和判断，作出科学的结论意见。应注意的是，鉴定结论必须以书面的形式表现。鉴定人应当在鉴定结论上签名盖章，按照仲裁庭的通知出庭陈述，实事求是地回答仲裁员、当事人及其仲裁代理人对鉴定结论的询问。

第七，勘验笔录。劳动争议仲裁机关对涉及本案的标的物或其他物证进行现场勘察、观察分析和检验的时候，将有关情况如实地记录下来而形成的材料叫勘验笔录。例如，在处理职工因违纪被辞退的劳动争议中，有时需要对违纪现场进行勘验、检查，以确定职工行为的严重程度和后果。在造成工伤事故时，对事故现场进行勘验、观察等。勘验时，除用文字制成笔录外，还可以采用拍照、录像、测量、绘图等方式。实践中，劳动争议仲裁机关需要进行现场勘察时，可以通知双方当事人到场。同时，根据需要还应邀请有关单位人员参加。对勘察现场的有关标的物、参加勘验的人员情况、勘验经过和勘验结果，都应当场做出笔录，有的还需要附有图片和照片。勘察工作结束后，办案人员、当事人和邀请单位的人员都应在勘验笔录上签名、盖章。勘验笔录必须是在勘验的过程中当场制作的。应当注意的是，勘验笔录可以采用文字记载，也可以采用录像、拍照或者绘制图片等，但都必须如实地反映勘验的情况。仲裁庭审时，应当宣读勘验笔录或出示拍摄的照片和绘制的图片。

3. 工伤认定和劳动能力鉴定

（1）工伤认定。

因工伤而引起的劳动争议在劳动仲裁案件中所占比例较高，因此，在材料准备过程中，如果劳动者涉及工伤或者职业病，就需要在仲裁前的准备阶段作出工伤认定和劳动能力鉴定。

　　根据 2003 年国务院颁布的《工伤保险条例》和 2003 年劳动部颁布的《工伤认定办法》的规定，所谓工伤，指因工负伤，即职工在劳动过程中所受到的急性伤害（即伤亡），包括负伤、致残、死亡。职工在劳动过程中执行职务（业务）的行为，既可能是在工作地点和工作时间之内，也可能是在其他地点或时间。

　　职工由于下列情形之一而伤亡的，应认定为工伤：第一，在工作时间和工作场所内，因工作原因受到事故伤害的；第二，工作时间前后在工作场所内，从事与工作有关的预备性或者收尾性工作受到事故伤害的；第三，在工作时间和工作场所内，因履行工作职责受到暴力等意外伤害的；第四，患职业病的；第五，因工外出期间，由于工作原因受到伤害或者发生事故下落不明的；第六，在上下班途中，受到机动车事故伤害的；第七，法律、行政法规规定应当认定为工伤的其他情形。

　　某些情况下发生的急性伤害，虽不属于工伤，但视同工伤。这类情况有：第一，在工作时间和工作岗位，突发疾病死亡或者在 48 小时之内经抢救无效死亡的；第二，在抢险救灾等维护国家利益、公共利益活动中受到伤害的；第三，职工原在军队服役，因战、因公负伤致残，已取得革命伤残军人证，到用人单位后旧伤复发的。

　　某些情况下发生的急性伤害不属于工伤。职工由于下列情形之一而造成的伤亡，不应认定为工伤：第一，因犯罪或者违反治安管理伤亡的；第二，醉酒导致伤亡的；第三，自残或者自杀的。

　　如果用人单位不认可劳动者的工伤，劳动者受伤是否为工伤必须经劳动行政部门作出工伤认定书。没有工伤认定书，劳动者的主张是无法得到裁决部门的支持的。例如，《广东省高级人民法院、广东省劳动争议仲裁委员会关于适用〈劳动争议调解仲裁法〉、〈劳动合同法〉若干问题的指导意见》（2008 年）第十五条规定："用人单位没有为劳动者缴纳工伤保险费，劳动者请求用人单位承担其工伤待遇，却不能提供劳动行政部门作出的工伤认定书的，劳动争议仲裁委员会应裁决不予支持，人民法院应裁定驳回其起诉。但下列情形除外：（一）用人单位对构成工伤并无异议的；（二）非法用工单位与非法用工中的伤亡人员就赔偿问题发生争议的。"

　　职工发生事故伤害或者按照职业病防治法规定被诊断、鉴定为职业病，所在单位应当自事故伤害发生之日或者被诊断、鉴定为职业病之日起 30 日内，向统筹地区劳动保障行政部门提出工伤认定申请。遇有特殊情况，经报劳动保障行政部门同意，申请时限可以适当延长。用人单位未在规定的期限内提出工伤认定申请的，受伤害职工或者其直系亲属、工会组织在事故伤害发生之日或者被诊断、鉴定为职业病之日起 1 年内，可以直接提出工伤认定申请。

　　提出工伤认定申请应当填写《工伤认定申请表》，并提交下列材料：一是劳动合同文本复印件或其他建立劳动关系的有效证明；二是医疗机构出具的受伤后诊断证明书或者职业病诊断证明书（或者职业病诊断鉴定书）。

　　劳动保障行政部门受理工伤认定申请后，根据需要可以对提供的证据进行调查核实，有关单位和个人应当予以协助。用人单位、医疗机构、有关部门及工会组织应当负责安排相关人员配合工作，据实提供情况和证明材料。劳动保障行政部门在进行工伤认定时，对申请人提供的符合国家有关规定的职业病诊断证明书或者职业病诊断鉴定书，不再进行调查核实。职业病诊断证明书或者职业病诊断鉴定书不符合国家规定的格式和要求的，劳动保障行政部门可以要求出具证据部门重新提供。

　　劳动保障行政部门应当自受理工伤认定申请之日起 60 日内作出工伤认定决定。认定决定包括工伤或视同工伤的认定决定和不属于工伤或不视同工伤的认定决定。工伤认定决定应当载明下列事项：第一，用人单位全称；第二，职工的姓名、性别、年龄、职业、身份证号码；第三，受伤部位、事故时间和诊治时间或职业病名称、受伤害经过和核实情况、医疗救治的基本情况和诊断结论；第四，认定为工伤、视同工伤或认定为不属于工伤、不视同工伤的依据；第五，认定结论；第六，不服认定决定申请行政复议的部门和期限；第七，作出认定决定的时间。工伤认定决定应加盖劳动保障行政部门工伤认定专用印章。

附　工伤认定申请表（样本）：

工伤认定申请表

申请人：
受伤害职工：
申请人与受伤害职工关系：
申请人地址：
邮政编码：
联系电话：
填表日期：

职工姓名		性　别		出生年月日	
身份证号码					
工作单位					
联系电话					
职业、工种或工作岗位		参加工作时　间		申请工伤或视同工伤	
事故时间		诊治时间		受伤害部位或疾病名称	

续表

接触职业病危害时间		接触职业病		职业病名称	
家庭详细地址					

受伤害经过简述（可附页）：

受伤害职工或亲属意见：

签　字
印　　章（或按手印）
年　月　日

用人单位意见：

法定代表人签字
印　　章
年　月　日

劳动保障行政部门审查资料情况和受理意见：

印　　章
年　月　日

备　注：

填　表　说　明

1. 用钢笔或签字笔填写，字迹工整清楚。
2. 申请人为用人单位或工会组织的，在名称处加盖公章。
3. 事业单位填写职业类别，企业职工填写工作岗位（或工种）类别。
4. 受伤害部位一栏填写受伤的具体部位。
5. 诊治时间一栏，职业病者，按职业病确诊时间填写；受伤或死亡的，按初诊时间填写。
6. 职业病名称按照职业病诊断证明书或者职业病诊断鉴定书填写，接触职业病危害时间按实际接触时间填写。不是职业病的不填。
7. 受伤害经过简述，应写清事故时间、地点，当时所从事的工作，受伤害的原因以及受伤害部位和程度。
　职业病患者应写清在何单位从事何种有害作业，起止时间，确诊结果。

续表

　　　工伤认定申请应提供六种材料：（1）多保花名册；（2）工伤事故报告；（3）与用人单位存在劳动关系的证明材料（包括事实劳动关系）；（4）医疗诊断证明或职业病诊断证明；（5）身份证复印件；（6）近期 1 寸照片一张。
　　　属于下列情况再提供相关的证明材料：
　　　（1）因履行工作职责受到暴力伤害的，提交公安机关或人民法院的判决书或其他有效证明。
　　　（2）由于机动车事故引起的伤亡事故提出工伤认定的，提交公安交通管理等部门的责任认定书或其他有效证明。
　　　（3）因工外出期间，由于工作原因受到伤害的，提交公安部门证明或其他证明；发生事故下落不明的，认定因工死亡提交人民法院宣告死亡结论。
　　　（4）在工作时间和工作岗位，突发疾病死亡或者在 48 小时之内经抢救无效死亡的，提交医疗机构的抢救和死亡证明。
　　　（5）属于抢险救灾等维护国家利益、公众利益活动中受到伤害，按照法律法规规定，提交有效证明。
　　　（6）属于因战、因公负伤致残的转业、复员军人，旧伤复发的，提交《革命伤残军人证》及医疗机构对旧伤复发的诊断证明。
　　　对因特殊情况，无法提供相关证明材料的，应书面说明情况。
　　　8. 受伤害职工或亲属意见栏应写明是否同意申请工伤认定，以上所填内容是否真实。职工本人签字后须加盖个人印章或按手印。
　　　9. 用人单位意见栏，单位应签署是否同意申请工伤，所填情况是否属实，法定代表人签字并加盖单位公章。
　　　10. 劳动和社会保障行政部门审查资料和受理意见栏应填写补正材料的情况，是否受理的意见。
　　　11. 申请表一式四份，劳动和社会保障局、社保经办机构、企业、职工各一份。

　　（2）劳动能力鉴定。

　　劳动能力鉴定是指劳动功能障碍程度和生活自理障碍程度的等级鉴定。劳动功能障碍分为十个伤残等级，最重的为一级，最轻的为十级。生活自理障碍分为三个等级：生活完全不能自理、生活大部分不能自理和生活部分不能自理。根据《工伤保险条例》和《工伤认定办法》的规定，劳动能力鉴定按照以下程序进行：

　　第一，提出申请。用人单位、工伤职工或者其直系亲属可以向设区的市级劳动能力鉴定委员会提出申请。工伤职工停工留薪期满或停工留薪期内伤情处于相对稳定状态，可由用人单位、工伤职工或者其直系亲属向参保地劳动能力鉴定委员会提出劳动能力鉴定申请，填写《工伤职工劳动能力鉴定（确认）检查表》，并提交以下列材料：一是工伤认定决定书或《工伤证》的复印件 1 份；二是被鉴定人的身份证复印件 1 份、1 寸免冠照片 2 张；三是被鉴定人的病历、诊断证明、理化检验报告、CT、X 光片等诊疗资料的复印件；四是申请再次鉴定（确认）的，需提供初次鉴定结论通知书的复印件；五是工亡职工供养亲属进行劳动能力鉴定（确认），还需提供被鉴定人与工伤职工之间亲属关系的有效证明；六是法规、政策规定或劳动能力鉴定经办机构要求提供的其他资料。提供上述资料的复印件时，应将原件一并送劳动能力鉴定经办机构核对（核对后退持有人保管）。

第二，审查。劳动能力鉴定委员会在收到申请人申报劳动能力鉴定的资料后，应当进行初审，看有关材料是否齐备、有效。如果提交的资料欠缺，劳动能力鉴定委员会则应要求申请人补充相关材料。

第三，组织鉴定。劳动能力鉴定委员会受理劳动能力鉴定申请后，从医疗专家库内随机抽取 3~5 名专家组成专家组进行鉴定。必要时，可以委托具备资格的医疗机构进行有关的诊断。专家组或者受委托的医疗机构鉴定后应当出具鉴定意见并由参与鉴定的专家签署。例如，《江苏省劳动鉴定工作程序（试行）》规定，劳动鉴定委员会办公室及时提请召开劳动鉴定评审会，经劳动鉴定委员会批准，由劳动鉴定委员会办公室召集其成员会议（人数不得少于三分之二），并聘请有关医务专家参加，会议对各被鉴定人的医疗检查和技术鉴定情况逐一集体讨论评审，依据国家《职工工伤与职业病致残程度鉴定》标准和《职工因病或非因工负伤丧失劳动能力鉴定标准》作出鉴定结论，鉴定结论需经参会人员三分之二以上通过方为有效。

第四，及时作出鉴定结论并送达当事人。劳动能力鉴定机构根据专家作出的诊断意见，确定并填写《工伤、职业病伤残程度鉴定结论表》、《伤残证书》或《劳动能力鉴定结论表》。加盖专用印章，以书面形式分别通知用人单位、被鉴定人和基金经办机构，同时通知当事人 15 日内有申请重新鉴定的权利。劳动能力鉴定委员会应在收到劳动能力鉴定申请之日起 30 日内作出劳动能力鉴定结论。如果有必要，作出劳动能力鉴定结论的期限可以延长 30 日。劳动能力鉴定结论对当事人利益重大，因此，《工伤保险条例》规定，劳动能力鉴定结论应当及时送达申请鉴定的单位和个人。

附　劳动能力鉴定申请书（样本）：

劳动能力鉴定申请书				
被鉴定人姓名		性　别	出生年月	贴被鉴定人近期1寸照片
个人社保卡号		身份证号		
用人单位全称				
单位行业风险类别	一类　二类　三类		单位社保代码	

续表

单位联系人 及电话		单位地址 及邮编	
被鉴定人 联系电话		被鉴定人住址 及邮政编码	
鉴定申请人：　　　单位□　　　　个人□			

伤 病 情 况	1. 伤病时间及诊断： 2. 治疗过程： 3. 目前存在的残疾和功能障碍情况：		
鉴 定 类 别	（1）初次鉴定　　　　　　（2）复查鉴定 1. 工伤（职业病）劳动能力鉴定及生活护理程度鉴定 2. 因病或者非因工受伤劳动能力鉴定 3. 职工现有伤残与伤害事故关系的鉴定 4. 伤残职工辅助器械配置鉴定 5. 离休干部护理依赖程度鉴定 6. 职工供养直系亲属劳动能力鉴定 7. 工伤职工停工留薪期鉴定 8. 其他		
用人单 位意见	（公　章） 年　月　日	主管 部门 意见	（公　章） 年　月　日

附　劳动能力鉴定表（样本）：

<table>
<tr><td colspan="6" align="center">劳动能力鉴定表</td></tr>
<tr><td colspan="4">单位名称：</td><td colspan="2">劳鉴字〔　〕号</td></tr>
<tr><td>被鉴定人
姓　名</td><td></td><td>性别</td><td></td><td>出生年月</td><td rowspan="3" align="center">照　片</td></tr>
<tr><td>被鉴定人
身份证号码</td><td></td><td colspan="2">社会保险
编　码</td><td></td></tr>
<tr><td>病伤
部位</td><td></td><td colspan="2">病　伤
发生时间</td><td></td></tr>
<tr><td colspan="3" align="center">委托方或被鉴定人所在单位性质</td><td colspan="3">□机关 □事业 □企业 □个体 □其他</td></tr>
<tr><td>联系人
姓　名</td><td></td><td>联系
电话</td><td colspan="2">联系地址</td><td></td></tr>
<tr><td rowspan="2">申请鉴定类别和使用标准以及病伤经过和鉴定事由</td><td colspan="5">□ 伤残等级　□ 因病（非因工）丧失劳动能力程度　□ 护理依赖程度
□停工留薪期延长　□ 辅助器具配置　□ 旧伤复发确认　□ 其他_____

同意使用_____标准进行鉴定。

病伤经过及鉴定事由：</td></tr>
<tr><td colspan="5" align="right">签　名：
年　月　日（公章）</td></tr>
<tr><td colspan="6">劳动能力鉴定中心审核意见：

 年　月　日（公章） </td></tr>
<tr><td colspan="6">劳动能力鉴定委员会鉴定结论（代鉴定结论通知书）：

 年　月　日（公章） </td></tr>
<tr><td colspan="6">提供资料明细：
1. 委托鉴定的单位出具的委托书一份；　　　2. 本人书面申请一份；
3. 出院证明及医疗诊断的相关资料；　　　　4. 本人近期1寸照片5张；
5. 本人身份证及其复印件（鉴定体检时携带原件）。</td></tr>
</table>

五、实验范例

1. 实验素材

2006 年 1 月 30 日，唐武被江山建设公司下设的白云高速公路 S 合同段项目经理部招收为工人，安排在处于广州市××区内的××大桥工地木工组工作，具体工种是撤装内外钢模板，系高空作业，未签订劳动合同，实行计件工资制。2006 年 7 月 22 日上午 9 时许，唐武在劳动中受伤，当时被送往广州××中心医院抢救治疗，至 2006 年 12 月 10 日出院，共住院 141 天。出院诊断为创伤失血性休克、双侧耻骨上下支粉碎性骨折、双侧肱骨近端粉碎性骨折、左髋关节后脱位、双侧腋神经、右正中、尺神经损伤等（已行双肱骨骨折切开复位置骨内固定术等）；建议骨折愈合后需再手术取内固定物。唐武住院治疗的医疗费用已由江山建设公司支付，但其他工伤待遇公司未支付。双方发生争议，唐武聘请律师准备与公司进行劳动仲裁。

2. 实验准备

（1）实验流程的准备。

唐武聘请律师后，律师应当了解材料准备的流程：

第一，要求当事人提供原始材料，包括工伤认定决定书、劳动能力鉴定结论通知书、住院费票据、鉴定费票据、交通费票据、医院医生出具的后续治疗建议书。

第二，调查取证。针对当事人无法提供但对于案情有较大影响的一些证据，律师应当主动调查取证。例如，对于证明唐武与公司存在劳动关系的证据，可以要求唐武的工友提供证人证言。

第三，工伤认定和劳动能力鉴定。如果没有工伤认定决定书和劳动能力鉴定结论通知书，律师应当帮助当事人唐武申请工伤认定和劳动能力鉴定，以便取得上述法律文件。这对于当事人唐武的权益保护意义重大。如果公司否认唐武为工伤，不给予唐武工伤待遇，这些法律文件将为案件的胜诉发挥关键作用。

第四，进一步筛选和审查当事人提供的材料，选择与案件相关的材料和能够影响案件胜诉的关键材料。

（2）法律规定的准备。

《劳动法》第七十三条："劳动者在下列情形下，依法享受社会保险待遇：（一）退休；（二）患病、负伤；（三）因工伤残或者患职业病；（四）失业；

（五）生育。劳动者死亡后，其遗属依法享受遗属津贴。劳动者享受社会保险待遇的条件和标准由法律、法规规定。劳动者享受的社会保险金必须按时足额支付。"

《工伤保险条例》第十四条："职工有下列情形之一的，应当认定为工伤：（一）在工作时间和工作场所内，因工作原因受到事故伤害的；（二）工作时间前后在工作场所内，从事与工作有关的预备性或者收尾性工作受到事故伤害的；（三）在工作时间和工作场所内，因履行工作职责受到暴力等意外伤害的；（四）患职业病的；（五）因工外出期间，由于工作原因受到伤害或者发生事故下落不明的；（六）在上下班途中，受到机动车事故伤害的；（七）法律、行政法规规定应当认定为工伤的其他情形。"

《工伤保险条例》第六十条："用人单位依照本条例规定应当参加工伤保险而未参加的，由劳动保障行政部门责令改正；未参加工伤保险期间用人单位职工发生工伤的，由该用人单位按照本条例规定的工伤保险待遇项目和标准支付费用。"

《工伤保险条例》第六十一条："本条例所称职工，是指与用人单位存在劳动关系（包括事实劳动关系）的各种用工形式、各种用工期限的劳动者。"

《工伤保险条例》第二十一条："职工发生工伤，经治疗伤情相对稳定后存在残疾、影响劳动能力的，应当进行劳动能力鉴定。"

《工伤保险条例》第二十八条："自劳动能力鉴定结论作出之日起1年后，工伤职工或者其直系亲属、所在单位或者经办机构认为伤残情况发生变化的，可以申请劳动能力复查鉴定。"

3. 实验结果

当事人提供了其身份证明的原件及复印件，江山建设公司工商注册登记相关情况的证明（包括单位名称、法定代表人、住所地、经营地等情况），以及住院费票据、鉴定费票据、交通费票据、医院医生出具的后续治疗建议书等原件及复印件，律师并帮助其调查取证，提取了白云高速公路S合同段项目经理部一些工人的证言，以证明唐武为白云高速公路S合同段项目经理部工作。同时，律师帮助其申请了工伤认定和劳动能力鉴定。2007年1月31日，经广州市××区劳动和社会保障局认定唐武受伤为工伤，2007年6月15日，经广州市××区劳动鉴定委员会鉴定唐武工伤等级为6级伤残。据此撰写工伤认定决定书，见表2-6，劳动能力鉴定申请书见表2-7。

高等学校法学实验教学系列教材

表 2－6　　　　　　　　　　工伤认定决定书（范例）

工伤认定决定书
××区劳社伤险认决字〔2007〕第 015 号
申请人：唐武
用人单位名称：江山建设公司
受伤害职工姓名：唐武；性别：男；年龄：30 岁；职业：木工；身份证号码：5301×××××××××；家庭住址：广州市××区××街××号
唐武于 2007 年 1 月 10 日提出的唐武工伤认定申请，广州市××区劳动局已依法于 2007 年 1 月 20 日受理。 　　经调查核实，唐武系江山建设公司下设的白云高速公路 S 合同段项目经理部的××大桥工地木工组的工人。2006 年 7 月 22 日上午 9 时许，唐武在高空作业时跌落，被送往广州××中心医院抢救治疗，至 2006 年 12 月 10 日出院，共住院 141 天。出院诊断为创伤失血性休克、双侧耻骨上下支粉碎性骨折、双侧肱骨近端粉碎性骨折、左髋关节后脱位、双侧腋神经、右正中、尺神经损伤等（已行双肱骨骨折切开复位置骨内固定术等）。根据上述事实，按照《工伤保险条例》（国务院令第 375 号）第十四条第（一）项规定，认定唐武受伤属工伤。 　　如企业和直系亲属不服本决定，可在收到本决定书之日起 60 日内向广州市××区人民政府或广州市劳动局申请行政复议。 　　　　　　　　　　　　　　　　　　　　　　　　　　　　　　　××区劳动局 　　　　　　　　　　　　　　　　　　　　　　　　　　　　　二○○七年一月三十一日
送：唐武或其亲属 　　江山建设公司 　　广州市××区劳动局

表 2－7　　　　　　　　　　劳动能力鉴定申请书（范例）

劳动能力鉴定申请书
申请人：唐武，男，1975 年 8 月 25 日生，汉族，住广州市××区××街××号，系江山建设公司下设的白云高速公路 S 合同段项目经理部的××大桥工地木工组的工人。
委托代理人：李某，广东中元律师事务所律师。电话：83××××××
请求事项： 请求对申请人因工伤事故导致的残疾进行劳动能力鉴定。
事实与理由： 　　2006 年 1 月 30 日，唐武被江山建设公司下设的白云高速公路 S 合同段项目经理部招收为工人，安排在处于广州市××区内的××大桥工地木工组工作，具体工种是撤装内外钢模板，系高空作业。2006 年 7 月 22 日上午 9 时许，唐武在劳动中从高空跌落受伤，当时被送往广州××中心医院抢救治疗，至 2006 年 12 月 10 日出院，共住院 141 天。出院诊断为创伤失血性休克、双侧耻骨上下支粉碎性骨折、双侧肱骨近端粉碎性骨折、左髋关节后脱位、双侧腋神经、右正中、尺神经损伤等（已行双肱骨骨折切开复位置骨内固定术等）；建

续表

议骨折愈合后需再手术取内固定物。申请人由于身体多处遭受创伤，已经失去了劳动能力，部分生活不能自理，且造成了申请人心理障碍。

　　为此，特申请劳动能力鉴定，请求对申请人的劳动功能障碍程度等级和生活自理障碍程度等级作出鉴定，望予支持。

　　此致

广州市劳动能力鉴定委员会

申请人：唐武

2007 年 5 月 20 日

高等学校法学实验教学系列教材

六、自主实验

素材一：常付，男，1973 年 8 月 20 日生，汉族，住广州市××街××社区居委会。系广州市广安建筑工程有限公司职工。2008 年 2 月 9 日下午 3 时左右，在广州市山水景苑建筑施工现场，常付受单位指派外出购料返回途中，被在同一现场施工的另一公司的装载机砸伤，常付当即被送往广州市人民医院治疗，医生诊断为：骨盆骨折（粉碎）、尿道断裂、颅底骨折、失血性休克、胸部积压综合征等。在广州市人民医院住院治疗 257 天，于 2008 年 10 月 30 日出院并转往广州医学院附属医院继续接受治疗，直至 2009 年 1 月 3 日好转出院，出院诊断为：尿道断裂术后、骨盆骨折、神经性阳痿等。常付由于身体多处遭受创伤，已经失去了劳动能力，部分生活不能自理，且造成了申请人心理障碍和性功能障碍。现广安建筑工程有限公司与常付因经济补偿发生争议。常付欲聘请律师进行劳动仲裁。

素材二：珠海市高强建筑公司系珠海市高强建筑集团依法设立并领取营业执照的分支机构。高录于 2005 年 12 月进入珠海市高强建筑公司的锦绣荣城工地担任建筑起落架安装班班长，没有签订劳动合同，没有参加社会保险。2006 年 5 月 15 日 8 时 30 分许，高录在工作中不慎从高处坠下，造成多处受伤，后入遵义医学院第五附属（珠海）医院住院治疗至 2006 年 10 月 11 日，住院头三个月医院要求留陪人两人，2006 年 10 月 12 日，高录向珠海市斗门区劳动和社会保障局提出工伤认定申请。珠海市斗门区劳动和社会保障局于 2006 年 12 月 6 日认定高录于 2006 年 5 月 15 日 8 时 30 分所受的伤为工伤，双方当事人并没有在法定期限内提出行政复议。2007 年 5 月 23 日，高录医疗终结。2007 年 5 月 31 日，珠海市斗门区劳动能力鉴定委员会评定高录的残废等级为八级，护理等级不入级。在高录受伤后，珠海市高强建筑公司支付了高录受伤期间的全部医疗费用，没有再支付其他任何费用。之后，双方对工伤赔偿协商未果。

珠海市高强建筑公司、珠海市高强建筑集团认为，高录是珠海市高强建筑公司直接聘请的建筑安装工人，为提高其工作积极性，井架拆装工作实行了由高录经济责任承包制。高录在珠海市高强建筑公司处从 2005 年 12 月至 2006 年 5 月 15 日工作期间工资共 3 740 元，月平均工资不超过 800 元，该工资标准已超过珠海市建设局规定的一类工工资标准。且高录系由其本人严重违章作业造成的，故对其工伤赔偿应按主次责任处理。高录的工伤待遇应按每月 800 元的工资标准计算为：停工留薪期间工资 10 051 元、一次性伤残补助金 8 000 元、一次性伤残就业补助金 12 000 元、一次性工伤医补助金 3 200 元、伙食补助费 1 050 元、护理费 5 400 元，合计 39 701 元，同意赔偿高录上述工伤赔偿的 50%，扣除珠海市高强建筑公司已负担高录医疗费的 50%，仅需赔偿高录 3 500 元。为此，珠海市高强建筑公司聘请律师欲提起劳动仲裁。

实验项目二　案件审查

一、实验目的

通过案件审查的实验，训练学生掌握在申请劳动仲裁阶段，作为律师，如何在材料准备之后详细审查案件。学生通过体验进行案件审查的律师角色，使大家能够将所学的关于如何审查案件并能够向当事人提供法律意见的知识运用到具体实践中。

二、实验要求

（1）在进行项目实验前，要求学生复习和掌握劳动法的基本知识，熟悉《劳动争议调解仲裁法》、《劳动法》、《劳动合同法》等重要法律法规，以便对实验内容有清楚的认识。

（2）掌握对劳动争议案件进行材料审查的基本知识。

（3）能够独立完成劳动争议案件的材料审查并出具法律意见书。

（4）学生在实验前提前熟悉实验素材，为实验做好准备。学生也可以自行设计案例，模拟律师进行案件审查的实验。

高等学校法学实验教学系列教材

三、实验步骤

（1）对当事人提供的原始材料和自行收集的材料进行全面阅读。

（2）针对重要事项逐项进行审查。

（3）出具法律意见书。

四、实验原理

1. 律师审阅材料

律师在阅读完所有的材料后，应当对案件进行审查。由于劳动争议仲裁案件具有复杂、烦琐的特点，律师应特别耐心和细致，避免简单、急躁和草率。律师对材料的审查方向主要在于：劳动关系的审查、申请主体的审查、申请请求的审查、申请时效的审查、申请材料齐备及符合要求的审查，以及对用人单位决定送达及其效力的审查等。

审查的目的在于作出如下判断：申请人是否与本案有直接利害关系；申请仲裁的争议是否属于劳动争议；申请仲裁的劳动争议是否属于仲裁委员会的受理内容；该劳动争议是否属于本仲裁委员会管辖；申请书及有关材料是否齐备并符合要求；申诉时间是否符合申请仲裁的时效规定等。

（1）申请人是否与本案有直接利害关系。

律师应当审查委托人和仲裁参加人的以下资格和条件：第一，审查委托人是否符合《劳动法》、《劳动合同法》、《劳动争议调解仲裁法》所规定的主体资格。根据《劳动法》第二条以及《劳动合同法》第二条，申请人应为劳动者或者用人单位（国内企业、个体经济组织和与劳动者形成劳动关系的国家机关、事业组织或社会团体）。第二，审查仲裁参加人是否符合《劳动争议调解仲裁法》、《劳动争议仲裁委员会办案规则》所规定的条件。一般情况下，劳动争议仲裁委员会认定的仲裁参加人包括：一为劳动者或其法定代理人；二为死亡职工的利害关系人；三为因法定代理人或利害关系人不明确，劳动争议仲裁委员会指定的代理人；四为集体合同中代表劳动者的工会组织或其代表；五为企业或其法定代表人，或法定代表人的代表；六为个体经济组织或其代表；七为与劳动者建立劳动合同关系的国家机关、事业组织、社会团体的法定代表人或其代表；八为自行申请或被劳动争议仲裁委员会通知参加仲裁的，与劳动争议处理结果有利害关系的第三人；九为与本案有直接利害关系，居住在国外，能够提供合法的委托手续或劳动争议仲裁委员会认可的证明文件的中国公民、外国人。

（2）申请仲裁的争议是否属于劳动争议以及是否属于劳动争议仲裁委员会受理的范围。

劳动争议仲裁委员会受理的劳动争议范围包括：

第一，因确认劳动关系发生的争议。劳动关系是指用人单位招用劳动者为其成员，劳动者在用人单位的管理下提供有报酬的劳动而产生的权利义务关系。因确认劳动关系是否存在而产生的争议属于劳动争议。实践中，一些用人单位不与劳动者签订劳动合同，一旦发生纠纷，劳动者往往因为拿不出劳动合同这一确定劳动关系存在的凭证而难以维权。为了更好地维护劳动者的合法权益，《劳动争议调解仲裁法》将因确认劳动关系发生的争议纳入了劳动争议处理范围，劳动者可以就确认劳动关系是否存在这一事由，依法向劳动争议仲裁机构申请权利救济。

第二，因订立、履行、变更、解除和终止劳动合同发生的争议。劳动合同是指劳动者与用人单位确立劳动关系、明确双方权利义务的协议。用人单位与劳动者的劳动关系，涉及订立、履行、变更、解除和终止劳动合同的全过程。根据《劳动合同法》的规定，用人单位应当自用工之日起即与劳动者建立劳动关系。建立劳动关系，应当同时订立书面劳动合同，并建立职工名册备查，这是订立劳动合同的环节。劳动合同在依法订立生效后，双方当事人应按照劳动合同约定的条款，完成劳动合同规定的义务，实现劳动合同规定的权利，这是劳动合同履行的环节。用人单位和劳动者双方对依法订立的劳动合同的条款所作的修改和增减，这是劳动合同变更的环节。劳动合同的解除和终止是整个劳动用工过程中的最后一个环节。劳动合同的解除是指用人单位和劳动者双方在合同期满前，提前终止劳动合同的法律效力，解除双方的权利义务关系的行为。劳动合同的终止，是指劳动合同规定的劳动合同履行期限届满，或者因为双方或者一方当事人出现法定的情形而使劳动合同无法履行，因而双方的劳动合同权利义务关系结束的情形。对于这一过程任何一个环节发生的争议，都属于劳动争议。

第三，因除名、辞退和辞职、离职发生的争议。这一类劳动争议是由于解除和终止劳动关系而引发的争议。所谓除名，是指职工无正当理由经常旷工，经批评教育无效，连续旷工时间超过一定天数，或者一年以内累计旷工时间超过一定天数，企业有权予以除名。[①] 所谓辞退，是指用人单位依照法律规定的条件和程序，解除与其工作人员的工作关系；所谓辞职，是指劳动者根据本人的意愿，辞去所担任的职务，解除与所在单位的工作关系的行为。离职是指劳动者根据本人

---

① 需要注意，《企业职工奖惩条例》已于 2008 年 1 月 15 日被国务院第 516 号令废止。因此，是否符合除名条件，还需要企业在其内部规章制度中作出明确规定。

意愿，自动解除与所在单位的劳动关系的行为。因除名、辞退和辞职、离职发生的争议涉及解除和终止劳动关系，属于劳动争议。

第四，因工作时间、休息休假、社会保险、福利、培训以及劳动保护发生的争议。因工作时间、休息休假发生的争议，主要涉及用人单位规定的工作时间是否符合有关法律的规定，劳动者是否能够享受到国家的法定节假日和带薪休假的权利等而引起的争议；因社会保险发生的劳动争议，主要涉及用人单位是否依照有关法律、法规的规定为劳动者缴纳养老、工伤、医疗、失业、生育等社会保险而引起的争议；因福利、培训发生的劳动争议，主要涉及用人单位与劳动者在订立的劳动合同中规定的有关福利待遇、培训等约定事项的履行而产生的争议；因劳动保护发生的劳动争议，主要涉及用人单位是否为劳动者提供符合法律规定的劳动安全卫生条件等标准而产生的争议。

第五，因劳动报酬、工伤医疗费、经济补偿或者赔偿金等发生的争议。这涉及劳动者与用人单位因金钱给付问题而发生的劳动争议。经济补偿是指根据《劳动合同法》的规定，用人单位解除和终止劳动合同时，应给予劳动者的补偿。《劳动合同法》规定，劳动者因用人单位的过错而单方提出与用人单位解除劳动合同的；或者用人单位因为劳动者存在过错之外的原因而单方决定与劳动者解除劳动合同的；或者用人单位提出动议，与劳动者协商一致解除劳动合同的，应当向劳动者支付经济补偿。同时，在用人单位与劳动者终止固定期限劳动合同或者企业破产、责令关闭、吊销执照、提前解散等情形时，也应当向劳动者支付经济补偿。赔偿金是指根据《劳动合同法》的规定，用人单位应当向劳动者支付的赔偿金或劳动者应当向用人单位支付的赔偿金。用人单位应当向劳动者支付的赔偿金的情形包括：用人单位违反劳动合同法规定与劳动者约定试用期的，如违法约定的试用期已经履行的，由用人单位以劳动者试用期满月工资为标准，按已经履行的超过法定试用期的期间向劳动者支付赔偿金；用人单位未依照劳动合同的约定或者国家规定及时足额支付劳动者劳动报酬，或者低于当地最低工资标准支付劳动者工资的，或者安排加班不支付加班费，以及解除、终止劳动合同，未依照法律规定向劳动者支付经济补偿的，在劳动行政部门责令限期支付后，逾期仍不支付的，用人单位按应付金额 $50\% \sim 100\%$ 的标准向劳动者加付赔偿金；用人单位违法解除或者终止劳动合同的，应当按照劳动合同法规定的解除终止劳动合同的经济补偿标准的二倍支付赔偿金；用人单位自用工之日起超过一个月不满一年未与劳动者订立书面劳动合同的，应当向劳动者每月支付二倍的工资，等等。

（3）申诉时间是否符合申请仲裁的时效规定。

时效是指一定的事实状态持续存在一定时间后即发生一定法律后果的法律制

度。仲裁时效就是指权利人于一定期间内不行使请求劳动争议仲裁机构保护其权利就丧失该请求权的法律制度。对劳动争议仲裁规定仲裁时效，可以维护劳动关系的稳定，督促权利人及时行使权利，有利于正确处理劳动争议案件。

需要注意：第一，仲裁时效是以权利人不行使请求劳动争议仲裁机构保护其权利为前提的；第二，在仲裁时效完成后，权利人所丧失的并非是向劳动争议仲裁机构申请仲裁的权利，权利人仍有权向劳动争议仲裁机构申请仲裁，只不过劳动争议仲裁机构不再保护其权利；第三，仲裁时效具有强制性，当事人不得协议排除对仲裁时效的适用，也不得协议变更仲裁时效的期间；第四，仲裁时效具有特殊性，仅适用于劳动争议仲裁案件。

关于仲裁时效的期间，新旧法律有不同的规定。《劳动法》第八十二条规定："提出仲裁要求的一方应当自劳动争议发生之日起六十日内向劳动争议仲裁委员会提出书面申请。"劳动法规定的 60 日时效期间区别于民事争议的 2 年诉讼时效期间，在仲裁实践中，由于有些劳动争议案件的情况很复杂，劳动者难以在 60 日内申请仲裁，以致其权益因为超过了仲裁时效而得不到法律的保护。因此，《劳动争议调解仲裁法》参照了《民法通则》关于特殊民事权利的诉讼时效的规定，延长了申请仲裁的时效期间，将劳动争议仲裁的时效期间规定为 1 年。

仲裁时效应当从什么时候开始计算，这是一个非常重要的问题。根据《劳动争议调解仲裁法》的规定，仲裁时效期间从当事人知道或者应当知道其权利被侵害之日起计算。权利人知道自己的权利遭到了侵害，这是其请求劳动争议仲裁机构保护其权利的基础。从这一时间点开始计算仲裁时效期间，符合仲裁时效是权利人请求仲裁机构保护权利的法定期间的本意。知道权利遭受了侵害，指权利人主观上已了解自己权利被侵害事实的发生；应当知道权利遭受了侵害，指权利人尽管主观上不了解其权利已被侵害的事实，但根据他所处的环境，有理由认为他已了解被侵害的事实。即便权利人对侵害不知情，也可能是对自己的权利未尽到必要的注意，或将其作为推延仲裁时效期间起算点的借口。因此，仲裁时效的起算，以权利人的权利客观上受到了侵害、且主观上已知晓权利被侵害开始计算。权利人主观上认为自己的权利受到了侵害，而事实上其权利并未受到侵害的，仲裁时效期间不能开始计算。

当然，在有些情况下，一年的仲裁时效期间也不足以保护劳动者的合法权益。例如，在建筑业，工资拖欠问题比较突出，工人的劳动报酬经常到年底才结算。又如，有些劳动者为了维持劳动关系，在劳动关系存续期间对用人单位拖欠劳动报酬的行为不敢主张权利。对此，如果都适用一年的仲裁期间，不利于保护这些劳动者的合法权益。因此，《劳动争议调解仲裁法》规定："劳动关系存续期间因拖欠劳动报酬发生争议的，劳动者申请仲裁不受本条第一款规定的仲裁时效期间的限制。"而对于劳动者与用人单位的劳动关系已经终止的情况，则没有维系劳动关系的顾虑，因此法律规定，劳动关系终止的，当事人应当自劳动关系终止之日起一年内申请仲裁。

（4）其他。

申请人如果是劳动者的话，一定要注意用自己身份证上的名字。当劳动合同上的名字与身份证上的不一致时，要在申请仲裁前到公安机关开一个证明，证明两个名字是同一个人，然后用自己身份证上的名字申请仲裁。否则，可能会导致劳动争议仲裁机关不予受理，或者受理之后即使赢了官司也无法申请执行。如果申请人是单位的话，一定要注意用单位全名，相关名称应与公章及工商机关备案一致。另外需要注意，律师应加强社会责任感，对带有社会不稳定因素的群体性劳动纠纷以及有可能出现过激行为的当事人加强疏导，必要时可通报司法行政部门，要求其通过有关部门协助解决。

2. 出具法律意见书

出具法律意见书是律师的重要业务之一。法律意见书是律师对有关法律事务提出的具有明确法律依据的建议性的综合性的法律文书。律师在解答有关法律咨询时，对于重大的法律事务或重大的决策行为，往往要以法律意见书的形式作出答复，为聘请人或咨询者所要从事的重要活动、重大的决策行为和重大的法律事务寻找法律依据，提出法律建议或作出法律性的解释。因此，针对特定的法律事务，依据事实和法律为委托人出具明确、肯定的法律意见书，是对律师的一项基本要求。

由于法律意见书的多样性，其格式和内容很难统一和标准化，但还是有一些基本的规则和方法值得参考借鉴。一般情况下，法律意见书包括以下几部分：一是法律意见书的标题；二是引言，如法律依据、本法律意见书的范围、律师声明等；三是正文部分，针对不同的情况着重叙述，内容要符合实际情况，论述要符合法律规定，语言要简洁、明确，不能含糊其辞、模棱两可；四是结尾部分，写明结论性的意见，注明日期，律师事务所及律师签字盖章，正副本的份数等。当然，不同的法律意见书，其格式和内容有可能出入很大。

在出具法律意见书时，律师必须以事实为依据，以法律为准绳，否则要承担相应的法律责任。律师应当熟练掌握法律基本知识，尤其要掌握所出具法律意见的专门事务方面的法律知识，深入细致地收集材料，做好考证法律文献的工作。律师还应具备比较扎实的写作功底和文字运用的能力，做到布局合理、观点明确、论述有据、语言流畅、言简意赅。

五、实验范例

1. 实验素材

广州市 W 公司有员工数十人，由于生产任务繁忙，经常组织员工加班，加班都有考勤记录，并在每月计发加班费。但是员工仍然非常不满，因为公司将员工工资结构中的基本工资认定为"正常工作时间工资"，并以该"正常工作时间工资"为计算加班费的基数，计算基数的减少也就意味着加班费的减少。W 公司认为，根据《劳动法》第四十四条的规定，用人单位应当按照劳动者正常工作时间工资报酬的一定比例（150%、200%、300%）支付职工加班工资，因此，W 公司认为其做法并没有错。双方为此发生争议。现该数十名员工一起聘请律师，欲在劳动仲裁庭上就加班工资讨个说法。

2. 实验准备

（1）实验流程的准备。

律师对案件审查的流程主要有：

第一，对当事人提供的原始材料和自行收集的材料进行全面阅读，应特别注意当事人提供的证明劳动关系的存在、证明加班事实的存在、证明公司的工资结构和加班费的计算标准的相关材料。

第二，对与劳动仲裁有关的重要事项进行审查。包括：申请人是否与本案有直接利害关系；申请仲裁的争议是否属于劳动争议；申请仲裁的劳动争议是否属于仲裁委员会的受理内容；该劳动争议是否属于本仲裁委员会管辖；申请书及有关材料是否齐备并符合要求；申诉时间是否符合申请仲裁的时效规定等。

第三，出具法律意见书。内容应包括是否有支持员工请求的法律依据、现有证据分析、劳动仲裁模式分析、胜诉的可能性等。

（2）法律规定的准备。

《劳动争议调解仲裁法》第二条："中华人民共和国境内的用人单位与劳动者发生的下列劳动争议，适用本法：（一）因确认劳动关系发生的争议；（二）因订立、履行、变更、解除和终止劳动合同发生的争议；（三）因除名、辞退和辞职、离职发生的争议；（四）因工作时间、休息休假、社会保险、福利、培训以及劳动保护发生的争议；（五）因劳动报酬、工伤医疗费、经济补偿或者赔偿金等发生的争议；（六）法律、法规规定的其他劳动争议。"

《劳动争议调解仲裁法》第六条："发生劳动争议，当事人对自己提出的主张，有责任提供证据。与争议事项有关的证据属于用人单位掌握管理的，用人单位应当提供；用人单位不提供的，应当承担不利后果。"

《劳动争议调解仲裁法》第二十七条："劳动争议申请仲裁的时效期间为一年。仲裁时效期间从当事人知道或者应当知道其权利被侵害之日起计算。"

3. 实验结果

律师通过对相关材料的审阅，就广州市 W 公司职工要求补足加班工资出具了一份法律意见书，见表 2 - 8。

表 2 - 8　　　　　　　　　　法律意见书（范例）

法律意见书

[2008]　×律法意字第 210 号

致：广州市 W 公司部分职工
由：广东中元律师事务所

广州市 W 公司职工：

广东中元律师事务所接受当事人的委托，指派李某律师对广州市 W 公司因未足额支付加班工资事项进行法律审查并出具法律意见。

一、职工请求补足加班工资的法律依据审查

广州市 W 公司在与职工签订的劳动合同中约定了"正常工作时间工资"，并在公司劳动规章制度中也明确规定了"正常工作时间工资"，并规定此"正常工作时间工资"是劳动者加班工资的计算基数。W 公司的这一做法是错误的，违反了劳动法律的有关规定。理由如下：

1. W 公司擅自缩小了"正常工作时间工资"的外延

原劳动部《关于贯彻执行〈中华人民共和国劳动法〉若干问题的意见》（劳部发[1995]309 号）第五十五条规定，所谓"劳动者正常工作时间工资"，是指劳动合同规定的劳动者本人所在工作岗位（职位）相对应的工资，即一定工作岗位（职位）的劳动者提供正常劳动所得到的工资报酬。按照 1990 年国家统计局《关于工资总额组成的规定》、《〈关于工资总额组成的规定〉若干具体范围的解释》的规定，工资包括"基本工资"、"岗位工资"、"职务工资"以及各种津贴、补贴、奖金等工资项目。

另外，适用于广东省的《广东省工资支付条例》（2005 年）对此作了更加清楚的界定。其第五十四条第一款规定："工资，是指用人单位基于劳动关系，按照劳动者提供劳动的数量和质量，以货币形式支付给劳动者本人的全部劳动报酬。一般包括：各种形式的工资（计时工资、计件工资、岗位工资、职务工资、技能工资等）、奖金、津贴、补贴、延长工作时间及特殊情况下支付的属于劳动报酬性的工资收入等。"其第五十四条第二款规定："正常工作时间工资，是指劳动者在法定工作时间内提供了正常劳动，用人单位依法应当支付的劳动报酬。正常工作时间工资不包括下列各项：1. 延长工作时间工资；2. 中班、夜班、高温、低温、井下、有毒有害等特殊工作环境、条件下的津贴；3. 法律、法规和国家规定的劳动者福利待遇等。"《广东省企业劳动争议处理实施办法》第五十三条也规定："本办法所称'工资'是指按照国家统计局规定应统计在职工工资总额中的各种劳动报酬，包括标准工资、有规定标准的各种奖金、津贴和补贴。"

因此，在本案中，W 公司所谓的"正常工作时间工资"仅仅指"基本工资"。这也可以从公司提供的劳动合同和公司劳动规章制度中看出。例如，劳动合同第五条第 4 款规定："甲方（指公司）工资结构组成包括正常工作时间工资、津贴。"再如，公司的劳动规章制度第 4.1.3 条规定，公司的薪资结构包括正常工作时间工资、技能津贴、生活津贴、个人特殊津贴、岗位浮动津贴、季度奖金、全勤奖、加班工资、住房补贴、经济补偿金等。实际上，W公司无论怎样称谓"基本工资"，都不能改变该工资的本质属性及其外延。

2. W公司以错误的"正常工作时间工资"为加班工资的计算基数

《劳动法》第四十四条规定，用人单位应当按照劳动者正常工作时间工资报酬的一定比例（150%、200%、300%）支付职工加班工资。因此，W公司将工资结构中的一部分（基本工资）叫做"正常工作时间工资"，然后仅以该基本工资作为加班工资的计算基数，属于试图偷换概念来达到盘剥劳动者的目的。

原劳动部《工资支付暂行规定》（劳部发［1994］489号）第十三条规定，加班费应以劳动合同规定的劳动者本人日或小时工资标准为基数来计算。原劳动部《对〈工资支付暂行规定〉有关问题的补充规定》（劳部发［1995］226号）规定，加班费计算基数应该是劳动者正常工作时间的工资，即劳动合同规定的劳动者本人所在工作岗位相对应的工资。《广东省工资支付条例》非常明确地规定，加班工资的计算基数为正常工作时间工资，而正常工作时间工资包括用人单位发放的各种工资（计时工资、计件工资、岗位工资、职务工资、技能工资等）、奖金、津贴、补贴等。

因此，根据相关规定，可以确定加班工资的计算基数是劳动者在法定工作时间内提供了正常劳动，用人单位依法应当支付的劳动报酬（应当除去加班费、夜班津贴、高温津贴以及国家规定的劳动者福利待遇），其中，包括了国家统计局《关于工资总额组成的规定若干具体范围的解释》所规定的"工资总额"的大部分。所以，在本案中，加班工资的计算基数应当包括：（1）所谓的"正常工作时间工资"；（2）技能津贴；（3）生活津贴；（4）个人特殊津贴；（5）季度奖金；（6）岗位浮动津贴；（7）全勤奖；（8）所谓的"经济补偿金"等工资项目。W公司以错误的"正常工作时间工资"为加班工资的计算基数，违反了劳动法律的相关规定，严重损害了劳动者的权益。

二、当事人所提交证据的审查

在此劳动争议中，职工方应当在以下两方面负举证责任：

1. 需要证明是否存在劳动关系

证明是否存在劳动关系有多种途径，主要包括书面劳动合同、考勤卡、工作证、职工名册、工资条、银行工资存折（卡）以及社会保险金解缴凭证、解除劳动合同的辞退通知书或辞职信、退工单、人事档案转移证明或社会保险金封存证明等。W公司与所有的职工都签订了书面劳动合同，职工持有一份劳动合同，W公司也为所有职工缴纳了社会保险。这其中任何一项都足以证明劳动关系的存在。

2. 需要证明是否存在加班事实

W公司在考勤方面有着较为完善的管理，设有××电子考勤系统，职工上下班或者加班须打卡记录。问题是考勤记录为电子版，存储于电脑，容易被篡改或者销毁。但××电子考勤系统的篡改一般须软件提供商才能进行，且会留下改动痕迹。所以，篡改的可能性非常小。

另外，W公司的工资支付台账对每个职工加班的时数以及据此支付的加班费有明确记录，也是职工证明加班事实的有力证据。公司给职工的工资条上也有明确的加班记录，有职工还保存工资条。这样，按照法律规定，只要职工可以提交工资条，上面有加班的记录，同样可以证明加班的事实了。而且，每个职工的工资都是公司直接打到其银行工资存折里，职工可以到银行将清单打印出来，以间接佐证是否加班以及加班时数。

其余的举证责任，包括是否支付了加班费、以什么标准来作为计算基数、选择计算基数的依据是什么、已支付了多少加班费以及公司的考勤记录、工资支付台账、公司劳动规章制度等，依照《最高人民法院关于审理劳动争议案件适用法律若干问题的解释》第十三

高等学校法学实验教学系列教材

续表

条、《最高人民法院关于民事诉讼证据的若干规定》第六条等法律规定，应当由 W 公司来举证或提交。

职工已提供以下证据：公司签章的书面劳动合同、工资条、银行工资存折、工资支付台账、员工手册。这些证据可以证明劳动关系的存在、加班事实的存在和公司的工资结构和加班费的计算标准。因此，职工提供的证据已足以证明上述事实。

三、其他几个问题的审查

1. 已辞职员工能否再以企业存在违法行为为由要求支付经济补偿金

有些员工已经辞职，但辞职理由不是因为用人单位拖欠或克扣工资等违法行为，而是其他的个人原因。现在他们追索加班工资时，认为是因为企业存在违法行为而迫使他们辞职的，并要求企业支付经济补偿金，这在法律上是行不通的。由于劳动合同的解除不是用人单位违法情形所导致的，用人单位违法行为与劳动合同的解除没有因果关系，所以这种额外要求不会得到法律支持。除非劳动者在辞职时到相关部门投诉了欠薪问题，才有可能得到法律支持。

2. 仲裁时效问题

在职员工对欠薪的追索是没有时效限制的，除非某一天公司已明确声明拒绝支付某笔欠薪了，那么，从那一天起算，2008 年 5 月 1 日前是 60 日的时效，2008 年 5 月 1 日后是 1 年的时效。双方劳动关系解除或终止的，对欠薪的追索时效，2008 年 5 月 1 日前是 60 日的时效，2008 年 5 月 1 日后是 1 年的时效。

3. 能否追索 2 年以内（含 2 年）的加班工资问题

对于这个问题，法律并没有作出明确规定。只是根据现在的司法实践，追索加班工资的年限一般限于最近 2 年，即申请劳动争议仲裁之日起算倒推追溯 2 年。因为根据《广东省工资支付条例》的相关规定，编制和保存工资支付台账是用人单位的义务，且应至少保存 2 年，因此确定工资支付的最长保护期限为 2 年。

广东中元律师事务所

李某律师

2009 年 1 月 10 日

六、自主实验

素材一：广州市花都区××乡林业站原系广州市林业局的下设单位。1994 年 7 月以前，杨某、李某分别在××林业站和竹木加工厂工作。1994 年 7 月，杨某、李某由广州市××林业站推荐，经广州市劳动局同意，以广州市林产品公司的名义招聘为正式合同制工人。随后，××林业站安排杨某、李某分别从事营林、木材加工和木材销售工作。1997 年 3 月 14 日，广州市花都区××乡党委、乡人民政府以×纪〔1997〕02 号会议纪要决定将广州市林产品公司委托××乡林业站代管，林产品公司的工作人员由××乡林业站统一安排。2002 年 7 月 22 日，广州市人民政府办公室以穗政办函〔2002〕21 号通知规定："各林业站职工和国有林业场圃的财政负担人员，根据职工本人自愿，愿意接受本次一次性安置的，参照国有林业场圃安置办法执行。"2002 年 8 月 29 日，广州市××乡林业站与杨某、李某协商一致，签订了《解除（终止）公职任用关系协议书》。该协议约定：××乡林业站给杨某、李某分别给付一次性安置费 12 736.17 元，并交纳养老统筹费至 2002 年 8 月止，办理《职工养老保险手册》交杨某、李某保存。协议签订后，经广州市花都区劳动和社会保障局进行了鉴证。随后，××乡林业站给杨某、李某发放了解除劳动关系通知书，解除了与杨某、李某的劳动关系。之后，××乡林业站只给付了杨某、李某的一次性安置费，未给杨某、李某交纳养老统筹费用，办理《职工养老保险手册》，为此，杨某、李某多次找××乡林业站及其上级主管部门解决无果。杨某、李某聘请律师欲申请劳动仲裁。

素材二：1997 年 9 月，天成公司将李荣招为公司员工，2002 年 7 月 14 日，双方签订劳动合同，合同期限为 3 年，李荣在天成公司推销员岗位工作。1999 年 1 月，天成公司发布人劳教字〔1999〕042 号文件。其第七条规定，职工累计旷工 15 天以内（含 15 天），由各单位及时处理或提出处理意见报人劳教育处由公司处理，连续旷工 15 天以上或 1 年内累计旷工超过 30 天（扣除法定节假日），由单位提出处理意见及时上报人劳教育处，按除名处理。2002 年 5 月，天成公司发布《定编、定岗、定员实施办法》，其第 2.4 条规定，待（下）岗人员本人按规定定时到人力资源部报到，履行报到签名手续，同时了解企业用人信息，如不按期报到，按旷工处理；第 3.2 条规定，待（下）岗人员每月发基本生活费 235 元；第 5.1 条规定，鼓励待（下）岗人员自谋职业、劳务输出。2003 年 4 月 9 日，天成公司人力资源部通知李荣等多名员工属待分配，成为转岗就业培训管理中心的待岗人员，2005 年 3 月 8 日，天成公司转岗就业培训管理中心通知各位员工，要求从即日起周一至周五每日上午八时签到，未签到者按旷工处理。

依据天成公司提供的考勤记录，2003 年 4 月 1 日至 10 月 31 日，李荣出勤有两个月，2004 年 1 月 1 日至 2 月 29 日，出勤不足一月，2005 年 4 月 1 日至 12 月 31 日，出勤也不足一月，其中 5 月份、6 月份、9 月份没有考勤记录，2006 年 1 月 1 日至 2007 年 1 月 31 日，出勤有一个月时间。2003 年 8 月起天成公司没有按月给李荣发放生活费，后分别在 2005 年 4 月 18 日、2006 年 5 月 24 日，两次给李荣发放生活费分别为 377.40 元、365.70 元，其余至今均未发放。2005 年 7 月，双方 3 年的劳动合同到期后，天成公司在未能通知到李荣本人当面签订合同的情况下，自行确认了与李荣的后续劳动合同。2007 年 3 月 1 日，天成公司认为李荣自 2006 年 12 月 1 日起，一直未按公司规定履行报到手续，也未办理任何请假手续，连续旷工已超过 15 天，严重违反了公司的管理规定，对李荣作出了予以除名的决定。

天成公司称：李荣原系我公司职工，2005年累计旷工超过30日，2006年连续旷工达15日以上，我公司依据有关规定对其作出了除名决定。我公司认为，李荣存在连续旷工的事实，我公司作出除名决定后，电话通知李荣并当面在办公场所向其送达了除名决定书，我公司作出的除名决定，事实清楚，程序也是合法的。依据公司有关文件规定，对于按时报到，按受职业培训的职工计发生活费，而李荣无正当理由不来报到，已构成旷工行为，因此，李荣不应再享受工资待遇和要求领取生活费，自然也没有理由获得解除劳动后的赔偿金，对于其养老保险我公司已交至2007年1月。

李荣称：我于1997年9月被天成公司招为员工，自2002年3月开始，天成公司以企业效益不好为由，给包括我在内的数百人放长假，在保持劳动关系的情况下，让我们自谋生路，等企业好转后再通知上班，根本不存在我无故旷工的事实。

现李荣聘请律师为其进行劳动仲裁。

高等学校法学实验教学系列教材

实验三　撰写劳动仲裁申请书

一、实验目的

通过撰写劳动仲裁申请书的实验，训练学生掌握在申请劳动仲裁阶段，作为律师，如何撰写劳动仲裁申请书，如何选择对当事人最有利的仲裁请求，如何用事实和理由来充分论证其仲裁请求。学生通过模拟撰写仲裁申请书的律师，全面了解和掌握仲裁申请书的撰写，并独立完成仲裁申请书的撰写。

二、实验要求

（1）在进行项目实验前，要求学生复习和掌握劳动法和劳动争议调解仲裁法的基本知识，熟悉《劳动争议调解仲裁法》、《民事诉讼法》、《劳动法》、《劳动合同法》等重要法律法规，以便对实验内容有清楚的认识。

（2）熟悉劳动仲裁申请书的格式。

（3）独立完成劳动仲裁申请书的撰写。

（4）能够以"事实为依据、以法律为准绳"阐述事实、说明理由。

（5）学生在实验前提前熟悉实验素材，为实验做好准备。学生也可以自行设计案例，模拟律师进行撰写劳动仲裁申请书的实验。

三、实验步骤

（1）熟悉劳动仲裁申请书的格式。

（2）设计劳动仲裁请求，寻找事实和法律依据。

（3）撰写劳动仲裁申请书。

高等学校法学实验教学系列教材

四、实验原理

劳动仲裁申请书是劳动争议的一方当事人向劳动争议仲裁委员会提出要求对争议事项进行仲裁审理的书面申请。仲裁申请书是最重要的仲裁文书之一，在劳动争议仲裁中具有重要作用，是申请人提起仲裁的根据。申请人为争取劳动争议仲裁委员会受理本案并在仲裁中争取有利的法律后果，应当认真制作仲裁申请书。法律对仲裁申请书的内容也作出了规范，这既有利于申请人写清楚事实根据与申请理由，也有利于送达被申请人，使其知晓仲裁事由，方便仲裁活动的正式展开。根据《劳动争议调解仲裁法》的规定，仲裁申请书应当载明下列事项：

（1）劳动者的姓名、性别、年龄、职业、工作单位和住所，用人单位的名称、住所和法定代表人或者主要负责人的姓名、职务。申请书应当按申请人、被申请人分别列明以上情况。申请人由法定代理人代为仲裁的，或者申请人委托律师或他人代为仲裁的，还应说明法定代理人或委托代理人的基本情况。代理人是律师的，只要写明其所属律师事务所的名称，而不需写明律师的基本情况。写明当事人的基本情况，有助于仲裁委员会审核、认定双方当事人的主体资格，便于仲裁委员会与当事人进行联络。

（2）仲裁请求和所根据的事实、理由。这是仲裁申请书的核心部分。首先，应当写明争议发生的时间、地点、原因、经过和结果等，并重点写明当事人之间权益争议的具体内容和焦点，说明被申请人应当承担的责任。其次，依据法律规定分清是非，明确责任，论证所提要求的正确性、合法性。需要注意的是，如果涉及的争议内容有几项，必须一一列出，否则将不会受理。

仲裁申请书中的仲裁请求是申请人想通过仲裁程序达到的目的，是仲裁活动中的重要内容，也是仲裁申请书中必须写明的法定事项。因此，应当写明申请人通过劳动争议仲裁委员会向被申请人提出的具体实体权利请求，即要求劳动争议仲裁委员会裁决被申请人履行什么义务。仲裁请求应明确具体，切忌含糊不清、模棱两可。提出仲裁请求的同时，还应当以充分的事实、理由来支持仲裁请求，这样才能使受案的劳动争议仲裁委员会明确其提起仲裁的事实依据和具体原因，并在此基础上对案件进行依法审理和裁决。仲裁请求所根据的事实和理由包括：当事人之间纠纷形成的事实、双方当事人争执的焦点、请求的依据和理由及适用的法律等。

（3）证据和证据来源、证人姓名和住所。申请人提出仲裁申请应有事实根据，而申请人对自己主张的事实有责任提供证据加以证明。申请人在提出证据的同时，应当提供证据的来源，以便劳动争议仲裁委员会核实。如果提供的是证人，要写明证人的姓名和住所或工作单位，以便劳动争议仲裁委员会及时核实和调查，确定能否作为定案的证据。证人应该是能够证明劳动争议案件客观情况的人。一旦明确为证人，在劳动争议仲裁机构通知作证时，不能拒绝作证，也不得作伪证。

当然，一份完整的仲裁申请书除上述内容以外，还要写明选定的申请仲裁的劳动争议仲裁委员会的全称，申请仲裁的时间，并在右下方写明申请人的姓名；申请人是法人或其他组织的，要写全称，并另行写明法定代表人或主要负责人的姓名、职务，加盖法人或其他组织的公章。此外，还应注明仲裁申请书副本的份数，以及提交证据的名称、份数，并将其按编号顺序附于仲裁申请书后。

需要说明的是，当事人申请劳动仲裁，既可以书面申请，也可以口头申请。《劳动争议调解仲裁法》规定，当事人申请仲裁，以书面申请为原则，以口头申请为例外。这是因为，以书面形式申请仲裁，有利于明确表达申请人的仲裁请求及其所根据的事实和理由，便于劳动争议仲裁委员会审查决定是否受理，以及在决定受理后，向被申请人转达原告的仲裁请求及其依据，方便被申请人行使答辩的权利，从而方便仲裁活动的开展。《劳动争议调解仲裁法》第二十八条规定："书写仲裁申请确有困难的，可以口头申请，由劳动争议仲裁委员会记入笔录，并告知对方当事人。"即只有在书写仲裁申请确实有困难的情况下，才能以口头方式向劳动争议仲裁委员会提出申请。此处的"书写仲裁申请确有困难"，一般是指申请人本人因文化水平低或者因法律知识欠缺而造成的自行书写仲裁申请确有困难的情形。在此情形下，当事人才可以口头申请。当申请人以口头方式提起仲裁申请时，应由劳动争议仲裁委员会工作人员笔录，再让申请人在笔录上签名或盖章，这与书面仲裁申请具有同等效力。劳动争议仲裁委员会既可以将抄录的申请人口述笔录送给被申请人，也可以将申请人口述的主要内容口头告知被申请人。

附　仲裁申请书（书面申请样本）：

劳动争议仲裁申请书
申请人：（写明姓名、性别、民族、年龄、籍贯、现住址、联系电话、确认有效的通讯地址）
委托代理人：（写明姓名、性别、单位、职务、现住址、联系电话）
被申请人： 法定代表人（或主要负责人）：（写明姓名、职务、住所、联系电话）
第三人：（写明姓名、职务、住所、联系电话）
请求事项： 1. 2. 3.

事实和理由：（包括证据和证据来源、证人姓名和住址等情况）
此致 ××劳动争议仲裁委员会 申请人：（签名或盖章） 年 月 日
附件：1.《仲裁申请书》副本＿＿份； 　　　2. 证据清单及有关证据材料＿＿份。
注：1. 申诉书应用钢笔、毛笔书写或印刷。 　　2. 请求事项应简明扼要地写明具体要求。 　　3. 事实和理由部分空格不够用时，可用同样大小纸续加中页。 　　4. 申诉书副本份数，应按被诉人数提交。

附 仲裁申请书（口头申请样本）：

××劳动争议仲裁委员会 口述申请笔录
申请时间：
申请地点：
记录人：
申请人本人书写困难的原因：
申请人：（写明姓名、性别、民族、年龄、籍贯、现住址、联系电话、确认有效的通讯地址）
被申请人： 法定代表人（或主要负责人）：（写明姓名、职务、住所、联系电话）
仲裁请求： 1. 2. 3.
事实与理由：   申请人签名： 二〇 年 月 日
附件：有关证据材料＿＿份

五、实验范例

1. 实验素材

王某于 1992 年 7 月大学毕业后分配到广州市某国企工作，直到 2007 年 12 月 31 日才由该企业解除劳动关系，双方的劳动关系持续了 15 年之久，其间从未中断。1995 年，王某与该企业签订一份十年期的全民所有制企业职工劳动合同。2005 年 12 月，该十年期的劳动合同期满，王某又与该企业续签一份二年期的劳动合同。2007 年 12 月，该企业书面通知王某二年期劳动合同在 2007 年 12 月 31 日到期后不再续签，要将王某解雇。王某认为，自己在该企业连续工作达 15 年之久，双方已形成无固定期限劳动关系，即便不续签新的劳动合同，也不影响劳动关系的存续。2007 年 12 月 24 日，王某与该企业就解除劳动关系的相关事项进行了协商，王某明确提出变更固定期限劳动合同为无固定期限劳动合同。2007 年 12 月 29 日，企业口头告知王某，拒绝了王某的请求，单方解除劳动合同，并拒绝支付任何经济补偿金。王某于 2007 年 12 月 29 日下午通过特快专递的方式向该企业提出将定期劳动合同变更为不定期劳动合同的书面请求。王某聘请律师欲与该企业进行劳动仲裁。

2. 实验准备

（1）实验流程的准备。

律师撰写劳动仲裁申请书的流程为：

第一，对当事人提供的原始材料和自行收集的材料进行全面审阅。

第二，对案件的法律关系和最有利于当事人的仲裁请求作出正确的法律分析。首先，劳动争议案件有许多种，每一种劳动争议案件的申诉请求的确定方法都有所不同。而且，并不是所有的仲裁请求都会被受理，例如，住房公积金纠纷，劳动争议仲裁委员会就不会受理；社会保险争议，一般情况下也是不会受理的。但如果申请人没有在劳动仲裁时提出来，直接去法院诉讼的话，法院也是不会受理的。因此，应当在仲裁时先提出来，等仲裁完了之后，再去法院诉讼。这样才能较好地维护当事人的权益。其次，在劳动争议案件中，并不是申诉请求提得越多就越好。保证申诉请求的充分性只是一个方面，同时对于相互矛盾、不能兼容的请求，应选择其一。当然在选择的时候，要考虑到相关请求的风险、成本、收益、相关的证据构成等多个方面的因素。这种选择过程本身就是一个风险衡量的过程。

第三，熟悉劳动仲裁申请书的格式。注意不要遗漏了法律规定的重要事项。

第四，撰写劳动仲裁申请书。语言应当简洁，论证应当具有逻辑性，法律适

高等学校法学实验教学系列教材

用到位。

（2）法律规定的准备。

《劳动争议调解仲裁法》第二十八条："申请人申请仲裁应当提交书面仲裁申请，并按照被申请人人数提交副本。仲裁申请书应当载明下列事项：（一）劳动者的姓名、性别、年龄、职业、工作单位和住所，用人单位的名称、住所和法定代表人或者主要负责人的姓名、职务；（二）仲裁请求和所根据的事实、理由；（三）证据和证据来源、证人姓名和住所。书写仲裁申请确有困难的，可以口头申请，由劳动争议仲裁委员会记入笔录，并告知对方当事人。"

《劳动法》第二十条："劳动合同的期限分为有固定期限、无固定期限和以完成一定的工作为期限。劳动者在同一用人单位连续工作满十年以上，当事人双方同意续延劳动合同的，如果劳动者提出订立无固定期限的劳动合同，应当订立无固定期限的劳动合同。"

最高人民法院《关于审理劳动争议案件适用法律若干问题的解释》（法释［2001］14 号）第十六条第二款："根据劳动法第二十条的规定，用人单位应当与劳动者签订无固定期限劳动合同而未签订的，人民法院可以视为双方存在无固定期限劳动关系，并以原劳动合同确定双方权利义务关系。"

《最高人民法院［2004］民一他字第 2 号批复》（2004 年 11 月 12 日）："根据请示报告所述事实和《中华人民共和国劳动法》第二十条第二款的规定，中国工商银行张家口分行按照《中国工商银行河北省分行柜员合同工管理暂行办法》规定的条件与赵世红等 8 人续订的 1 年劳动合同，应视为双方同意续延劳动合同。赵世红等 8 人在此基础上提出将劳动合同期限变更为无固定期限的请求，人民法院应当予以支持。"

《关于违反和解除劳动合同的经济补偿办法》（劳部发［1994］481 号）第十条："用人单位解除劳动合同后，未按规定给予劳动者经济补偿的，除全额发给经济补偿金外，还须按该经济补偿金数额的百分之五十支付额外经济补偿金。"

·《关于违反和解除劳动合同的经济补偿办法》（劳部发［1994］481 号）第八条："劳动合同订立时所依据的客观情况发生重大变化，致使原劳动合同无法履行，经当事人协商不能就变更劳动合同达成协议，由用人单位解除劳动合同的，用人单位按劳动者在本单位的工作的年限，工作时间每满一年发给相当于一个月工资的经济补偿金。"

《关于违反和解除劳动合同的经济补偿办法》（劳部发［1994］481 号）第十一条："本办法中经济补偿金的工资计算标准是指企业正常生产情况下劳动者解除合同前十二个月的月平均工资。"

《劳动法》第二十五条："劳动者有下列情形之一的，用人单位可以解除劳动合同：（一）在试用期间被证明不符合录用条件的；（二）严重违反劳动纪律或者用人单位规章制度的；（三）严重失职，营私舞弊，对用人单位利益造成重大损害的；（四）被依法追究刑事责任的。"

《关于违反〈劳动法〉有关劳动合同规定的赔偿办法》（劳部发［1995］223号）第二条第四款："用人单位违反规定或劳动合同的约定解除劳动合同的，对劳动者造成损害的，应赔偿劳动者损失。"

《关于违反〈劳动法〉有关劳动合同规定的赔偿办法》（劳部发［1995］223号）第三条第一款："造成劳动者工资收入损失的，按劳动者本人应得工资收入支付给劳动者，并加付应得工资收入25％的赔偿费用。"

3. 实验结果

律师通过对相关材料的审阅，就王某与某企业的劳动争议撰写了劳动仲裁申请书，见表2－9。

表2－9　　　　　　　　　　　劳动仲裁申请书（范例）

劳动仲裁申请书
申请人：王某 　　地址：广州市××区××街20号1808房 　　性别：男　　　　　　　身份证号码：5301××××××××××× 　　邮政编码：510000　　　　联系电话：137×××××××× 委托代理人：李某，广东中元律师事务所律师，住址：广东省广州市东风东路锦城大厦11楼，联系电话：83×××××× 被申请人（单位名称）：广州市××集团有限公司 　　邮政编码：510000　　　　联系电话：88×××××× 　　单位性质：国有企业　　　主管部门：广东省国资委 　　法定代表人：李××　　　职务：董事长 仲裁请求事项： 　　1. 请求裁决支持申请人变更固定期限劳动合同为无固定期限劳动合同的主张； 　　2. 请求裁决被申请人支付解除劳动关系的经济补偿金人民币49 000元，并按该经济补偿金数额的50％支付额外经济补偿金，共计人民币73 500元； 　　3. 请求裁决被申请人支付2007年发放的补贴人民币3 000元，并支付违约赔偿金人民币750元； 　　4. 请求裁决由被申请人承担本案一切仲裁费用。 事实与理由： 　　1. 申请人请求变更固定期限劳动合同为无固定期限劳动合同有事实和法律依据，如被申请人须解除该无固定期限劳动关系，理应支付经济补偿金。

　　申请人自 1992 年起直到 2007 年 12 月 31 日在被申请人处连续工作达 15 年之久，双方在 1995 年签订一份十年期劳动合同，在 2005 年续签一份二年期劳动合同。2007 年 12 月 7 日，被申请人书面通知申请人，双方的劳动合同在 2007 年 12 月 31 日到期后终止。之后，申请人就劳动合同问题以及经济补偿金问题多次与被申请人协商，并认为自己与被申请人的劳动关系符合订立无固定期限劳动关系的法定条件，遂口头提出变更该固定期限劳动合同为无固定期限劳动合同的请求。2007 年 12 月 29 日，被申请人口头拒绝申请人的变更请求。为取得书面证据，申请人于 2007 年 12 月 29 日通过特快专递的方式向被申请人再次提出书面变更请求。

　　根据《劳动法》第二十条的规定："劳动者在同一用人单位连续工作满十年以上，当事人双方同意续延劳动合同的，如果劳动者提出订立无固定期限的劳动合同，应当订立无固定期限的劳动合同。"而最高人民法院［2004］民一他字第 2 号批复对此作了进一步规定。2004 年 11 月 12 日，最高人民法院以［2004］民一他字第 2 号批复规定："根据请示报告所述事实和《中华人民共和国劳动法》第二十条第二款的规定，中国工商银行张家口分行按照《中国工商银行河北省分行柜员合同工管理暂行办法》规定的条件与赵世红等 8 人续订的 1 年劳动合同，应视为双方同意续延劳动合同。赵世红等 8 人在此基础上提出将劳动合同期限变更为无固定期限的请求，人民法院应当予以支持。"即只要符合条件的劳动者在劳动合同未届满前提出变更劳动合同期限的请求即可，用人单位就应当变更。

　　申请人的事实与最高人民法院［2004］民一他字第 2 号批复所述案例完全一样。"张家口分行与赵世红等 8 人于劳动关系满 10 年后签订了 1 年期限的劳动合同，表明当事人双方同意续延劳动合同关系，具备了订立无固定期限劳动合同的法定条件，故赵世红等 8 人提出订立无固定期限的劳动合同，张家口分行就应当与其签订无固定期限的劳动合同。"（引自人民法院出版社 2006 年出版发行的《最高人民法院劳动争议司法解释的理解与适用》第136～139 页）。与此相同，申请人也是与被申请人于劳动关系满 13 年后续订了 2 年期的劳动合同，表明了当事人双方同意续延劳动合同关系，具备了订立无固定期限劳动合同的法定条件，故在该 2 年期劳动合同届满前，申请人提出变更为无固定期限劳动合同的请求，应当得到贵委的支持。因此，同一情形应适用同一规定作出相同判决。

　　在申请人提出变更固定期限劳动合同为无固定期限劳动合同之后，当事人双方自应形成无固定期限劳动关系。无固定期限劳动合同不存在终止的情形，而只有解除的可能。现在，在申请人并无过错的情况下，被申请人要解除劳动关系，理应支付相应的经济补偿金。

　　关于经济补偿金的数额，被申请人在申请人并无过错的情形下违法解除劳动关系，根据《劳动法》第二十八条、《违反和解除劳动合同的经济补偿办法》第八条的规定，被申请人支付经济补偿金不受 12 个月的限制，工作时间每满 1 年发给相当于 1 个月工资的经济补偿金，共计相当于 15 个半月工资的经济补偿金。另外，根据《违反和解除劳动合同的经济补偿办法》第十条的规定，被申请人除全额发给申请人经济补偿金外，还须按该经济补偿金数额的 50% 支付额外经济补偿金。因此，经济补偿金共计人民币 73 500 元。

　　2. 被申请人违反劳动合同的约定擅自调动申请人工作岗位，由管理岗位调动为工人岗位，造成申请人工资损失，应当补足申请人工资并支付违约赔偿金。

　　在事实方面，2005 年 12 月，被申请人与申请人在劳动合同中明确了申请人的工作岗位为管理岗位，具体在技术部，岗位工资是 2 050 元/月。2007 年 5 月 25 日，被申请人口头上要求申请人到分公司当计件工人。2007 年 6 月 28 日，申请人收到被申请人的《管理人员临时调动通知单》，该通知要求申请人于 2007 年 7 月 2 日到分公司的工人岗位上班，临时调动期限为 3 个月。申请人按该通知到分公司工人岗位上班。对于临时调岗一事，申请人开始一直以为是被申请人的正常管理行为，并不知道这一行为乃被申请人擅自变更劳动合同的行为。双方在劳动合同中虽然约定具体的工作岗位可以由被申请人按照生产来安排，但双方明确约定了申请人是属于管理岗位的，而众所周知，管理岗位与工人岗位是有着本质不同的。被申请人将申请人调到工人岗位，就是一种违反约定的行为。况且，被申请人告知申请人这属于临时调动，3个月后将调回管理岗位，但却没有兑现承诺。由于被申请人将申请人调到工人岗位上工作，使得申请人的工资收入减少。自2007年6月起，被申请人给公司技术部每人每月发放补贴人民币500元，到2007年12月共3000元。虽然被申请人辩称该补贴是公司向技术开发参与人员发放的，并不是每一个人都享有，但实际上，该补贴是面向技术部全体人员发放的，人人有份，被申请人所言完全不属实。按照劳动合同的约定，申请人作为该技术部之一员，应当享有该补贴，但至今没有得到，使得申请人工资收入减少。

在法律依据方面，根据《广东省工资支付条例》第五十四条第一款的规定，"工资，是指用人单位基于劳动关系，按照劳动者提供劳动的数量和质量，以货币形式支付给劳动者本人的全部劳动报酬。一般包括：各种形式的工资（计时工资、计件工资、岗位工资、职务工资、技能工资等）、奖金、津贴、补贴、延长工作时间及特殊情况下支付的属于劳动报酬性的工资收入等。"该补贴是属于工资的一部分，调岗只是临时性的，申请人仍为被申请人技术部的职工，应当享有同工同酬的权利。而根据《关于违反〈劳动法〉有关劳动合同规定的赔偿办法》（劳部发〔1995〕223号）第二条第四款的规定，"用人单位违反规定或劳动合同的约定解除劳动合同的，对劳动者造成损害的，应赔偿劳动者损失。"该办法第三条第一款规定，"造成劳动者工资收入损失的，按劳动者本人应得工资收入支付给劳动者，并加付应得工资收入25%的赔偿费用。"由于被申请人违反劳动合同约定调动申请人的工作岗位，并擅自解除劳动合同，造成申请人工资收入损失3000元，被申请人应当赔偿申请人工资收入的损失，并加付应得工资收入25%的赔偿费用，共计人民币3750元。

鉴于被申请人违法解除与申请人的无固定期限劳动关系，且拒不支付经济补偿金、违约赔偿金以及相关补贴，为维护申请人的合法权益，根据《劳动法》等法律法规的相关规定，特向贵委提出如诉所请。

　　　　此致
　　××区劳动争议仲裁委员会

　　　　　　　　　　　　　　　　　申请人：王某
　　　　　　　　　　　　　　　　　2008年×月×日

附：1. 副本×份
　　2. 物证×份
　　3. 书证目录
　　　（1）申请人与被申请人签订的十年期《××合同》（复印件）
　　　（2）申请人与被申请人签订的二年期《××合同》（复印件）
　　4. 证人证言目录
　　　（1）××证言（原件）
　　　（2）××证言（原件）

六、自主实验

素材一：1997年1月，××市电机厂转制改名为德强公司，德强公司于

1997 年 1 月 20 日成立，2003 年 9 月 27 日注销，德强公司的股东是谢雄、冯信、梁华、罗维、朱斌。2002 年 4 月，德强公司与美国的科纳控股公司合作经营金泰公司。金泰公司成立后，接收了德强公司全部原有员工。

朱明于 1993 年 5 月参加工作，原是 ××市电机厂职工，后成为德强公司的员工，后又成为金泰公司职工。双方签订了劳动合同。金泰公司成立后，与朱明变更劳动合同，合同期变更至 2003 年 4 月 30 日。2003 年 3 月 31 日，金泰公司向朱明发出书面通知，提出续签劳动合同。2003 年 4 月 29 日，金泰公司发给朱明《劳动合同书》，在原岗位和原待遇不变的情况下提出续签 1 年期限的劳动合同，并要求朱明于 2003 年 5 月 10 日前将签署后的《劳动合同书》交给金泰公司。2003 年 5 月 10 日，朱明向金泰公司提交了签订无固定期限劳动合同和合同条款修改意见的书面要求，金泰公司不同意。双方协商不成，未能重新签订劳动合同，而朱明在劳动合同期满后一直工作至 2003 年 5 月 15 日。金泰公司于 2003 年 5 月 16 日发出公告，以朱明在规定时间内没有签订劳动合同为由，作出终止双方劳动关系的决定。其后，朱明要求金泰公司按规定支付劳动合同期满生活补助费，经协商解决未果。朱明在劳动合同终止前 12 个月的平均工资为 1 052.11 元。××市 2002 年在岗职工年平均工资为 4 912 元，即月平均工资为 1 242.67 元。

金泰公司认为：朱明在金泰公司处的工作时间仅为 1 年，从德强公司成立到朱明离开也只不过 5 年的时间，因此，认定朱明 10 年的工龄显然与其在德强公司和金泰公司合计的工作时间是具有相当差距的。朱明所谓 10 年的工龄实际包括了其在原 ××市电机厂、德强公司和金泰公司三家完全不同的企业法人合计的工作时间。原 ××市电机厂是国有企业，德强公司是由个人出资设立的有限责任公司，金泰公司则是由德强公司和外方共同出资设立的中外合作经营公司，三个企业具有完全不同的企业法人资格。朱明仅在金泰公司工作 1 年，其在 ××市电机厂、德强公司、金泰公司工作的经历并非在同一用人单位连续工作，并且金泰公司与朱明双方并未同意续签劳动合同，因此，朱明要求签订无固定期限劳动合同是无理的，显然并不符合劳动法所规定的条件。朱明与金泰公司签订的劳动合同约定的期限于 2003 年 4 月 30 日届满，但是在劳动合同约定的期限届满后，由于双方继续商议续签劳动合同的有关事宜，故朱明一直在金泰公司工作至 2003 年 5 月 15 日。由于双方未能达成一致意见，金泰公司于 2003 年 5 月 16 日发布公告宣布终止双方劳动关系。

朱明认为：一、劳动部办公厅对《关于终止或解除劳动合同计发经济补偿有关问题的请示》的复函以及广东省劳动厅《关于如何确定职工本企业连续工作时间问题的复函》都有关于职工工龄（连续工作时间）的政策性规定。朱明原是

高等学校法学实验教学系列教材

××市电机厂的职工，1997年1月，××市电机厂转制改名为德强公司，2002年4月德强公司与美国科纳控股公司组建成立金泰公司，朱明成为金泰公司的职工。在从××市电机厂转为德强公司再转为金泰公司职工的转变单位的过程中，朱明没有得到任何经济补偿，依照劳动部和广东省劳动厅的上述规定，其在××市电机厂和德强公司的工作时间，可以作为金泰公司的连续工作时间，认定朱明的工作时间超过10年是正确的。

朱明聘请律师欲向××市劳动仲裁委员会申请劳动仲裁，请求：1. 金泰公司支付给朱明的经济补偿金为 1 242.67 元/月×10 个月 = 12 426.7 元，额外经济补偿金为 12 426.7 元×50% = 6 213.35 元，合共 18 640.05 元；2. 要求德强集团、谢雄、冯信、梁华、罗维、朱斌对上述款项承担连带清偿责任。

金泰公司向仲裁庭提交的证据有：××市电机厂的工商登记资料、德强公司的工商登记资料。

朱明向仲裁庭提交的证据有：关于办理签订劳动合同的指引、德强公司的章程、2003年4月29日金泰公司发给朱明的《劳动合同书》、工资条、银行工资存折。

另外，朱明提供了德强公司于2002年4月20日作出《关于劳动关系变更的处理决定》，该决定第四条第2点规定："对于原有在德强公司工作的劳动者，劳动合同尚未期满且剩余时间在一年以上的，由金泰公司继续履行，一年后金泰公司不愿继续履行而解除劳动合同的，则按照法规给予相应的经济补偿，其中劳动者在金泰公司工作部分由金泰公司补偿，在德强公司工作部分由德强公司补偿。"第4点规定："劳动合同期满不再续签的，在未有新的劳动法规之前，按目前《广东省劳动合同管理规定》给予补偿，其中劳动者在金泰公司工作部分由金泰公司补偿，在德强公司工作部分由德强公司补偿，若有新法规按新法规执行。"第五条规定："如果出现第四条所规定的补偿情况，由德强公司负责补偿及承诺执行。"

素材二：李瑞2006年11月21日入职广州威力达有限公司，负责木工开料，双方未签订劳动合同。李瑞执行计件工资制。李瑞2006年11月~2007年3月应发工资分别为546元、1 323元、2 301元、374元和1 126元，其中2007年1月扣发质量奖46元、2月扣发车间纪律罚款50元、3月扣水电费125元。此外，李瑞的工资单上显示有"加班工资"项目，但除2006年11月外，广州威力达有限公司均未向李瑞支付加班工资。2007年元旦、春节广州威力达有限公司已按法律规定安排李瑞休假，李瑞认为法定节假日为带薪假期，但工资单并未显示公司支付了节假日工资，主张广州威力达有限公司克扣其4天法定节假日的工资。

李瑞曾于2007年4月3日就广州威力达有限公司克扣工资、不予支付加班工资及经济补偿金等问题向广州市××区劳动监察大队进行投诉，广州市××区劳动监察大队于 2007 年 7 月 3 日发出《撤销立案通知书》，并引导其通过申请劳动仲裁途径解决争议。广州威力达有限公司于 2007 年 4 月 7 日发布通告："兹有软体木工开料员工李瑞，在未办理任何请假手续的情况下，连续旷工已达三天以上（旷工日期 4 月 3 日～7 日），现对其做出自动离职处理"，公司将该《通告》作内部公示，并通过邮寄方式向李瑞送达但未果。李瑞认为对该《通告》内容并不知情，因此李瑞认为双方劳动关系并未解除。

李瑞遂向广州市××区劳动争议仲裁委员会申请仲裁，请求裁决广州威力达有限公司支付李瑞：1. 克扣的工资 28 648 元及经济补偿 7 162 元、加班工资 10 242 元及经济补偿 2 560 元、春节 3 天及元旦 1 天的工资 937 元及经济补偿 234 元、不签订劳动合同造成李瑞的工资收入损失及经济补偿 18 955 元（2007 年 4 月 4 日起至 2007 年 8 月 20 日）；2. 确认双方劳动关系解除，广州威力达有限公司支付解除劳动关系经济补偿金 3 061 元；3. 广州威力达有限公司退还李瑞 2007 年 1 月扣的质量奖 46 元、2007 年 2 月扣的车间纪律罚款 50 元、2007 年 3 月扣的水电费 125 元。

李瑞提交的证据有：车间班长资某手写的工作记录统计若干页、公司《考勤条例》及李瑞本人的考勤记录（主张广州威力达有限公司克扣其工资、不予支付其加班工资）。广州威力达有限公司认为李瑞是执行计件工资制度的员工，其考勤记录并不作为薪酬核算的依据；且资某手写的工作记录统计并无广州威力达有限公司盖章或任何负责人签名确认，广州威力达有限公司对此不予确认。

广州威力达有限公司提交的证据有：李瑞 2006 年 12 月至 2007 年 3 月的工作量统计卡作为计发李瑞工资的依据（李瑞以其在职期间并未见过该卡且统计不完整为由对此证据不予认可）、2007 年 4 月 7 日发布的通告、工资支付台账。

第三部分 劳动仲裁案件受理与准备

法律明确规定了劳动仲裁案件的受理和准备程序，劳动争议仲裁委员会的所有工作人员必须遵照执行，不得违反。劳动仲裁案件受理与准备的基本流程为：

（1）劳动争议仲裁委员会工作人员收案后，填写《立案审批表》，及时上报办公室负责人，并在5日内作出是否受理的决定；

（2）劳动争议仲裁委员会审查劳动仲裁申请；

（3）决定受理的，应自决定作出之日起5日内向申请人送达《受理案件通知书》，向被申请人送达《应诉通知书》及申请书副本，并书面告知各当事人在仲裁活动中的权利义务。决定不予受理的，在决定作出之日起5日内向申请人送达《不予受理通知书》；

（4）对与案件结果有利害关系的第三人，应在5日内向其送达《第三人通知书》、《应诉通知书》及申请书副本，并告知其仲裁权利义务；

（5）组成仲裁庭，告知当事人有申请仲裁员回避的权利；

（6）被申请人自接到《应诉通知书》和申请书副本的次日起10日内提交答辩书，办案人员在开庭前3日内将答辩书送达申请人；

（7）仲裁庭组织申请人和被申请人提交证据以及依法调查取证；

（8）仲裁开庭前，当事人均同意调解的，互提调解方案，由仲裁庭组成人员主持调解。意见一致的，仲裁庭制作并送达调解书，由双方签字后生效。如调解不成，或在调解书送达前反悔的，应及时开庭。

实验一　劳动争议仲裁委员会审查仲裁申请

一、实验目的

通过劳动争议仲裁委员会审查仲裁申请的实验，训练学生掌握在劳动仲裁案件受理阶段，作为劳动争议仲裁委员会工作人员，如何审查当事人的仲裁申请条件。学生通过模拟审查申请的劳动争议仲裁委员会工作人员，全面了解和掌握审查当事人的仲裁申请，并独立完成劳动案件申请的审查工作。

二、实验要求

（1）在进行项目实验前，要求学生复习和掌握劳动法律的基本知识，熟悉《劳动争议调解仲裁法》、《劳动法》、《劳动合同法》、《企业劳动争议处理条例》、《劳动争议仲裁委员会组织规则》、《劳动争议仲裁委员会办案规则》等重要法律法规，以便对实验内容有清楚的认识。

（2）清楚了解劳动仲裁的受案范围并能识别出各种劳动争议。

（3）识别劳动仲裁当事人的主体资格。

（4）确定申请对象的正确性。

（5）审查申请书及有关材料是否齐备并符合要求，是否有具体的仲裁请求和事实、理由。对申诉材料不齐备或者有关情况不明确的仲裁申请书，应指导申请人予以补充。

（6）确认仲裁管辖的正确性。

（7）审查仲裁时效是否符合法律规定。

三、实验步骤

（1）审查案件是否属于劳动争议。

（2）审查申请人和被申请人的资格。

（3）审查申请书及有关材料。

（4）审查仲裁管辖。

（5）审查仲裁时效。

四、实验原理

劳动争议仲裁委员会受理当事人的仲裁申请后，应当对仲裁申请进行认真的审查。《劳动争议调解仲裁法》没有明确规定受理条件，但根据《劳动争议调解仲裁法》其他相关条文和民事诉讼法的有关规定，以及《企业劳动争议处理条例》、《劳动争议仲裁委员会组织规则》、《劳动争议仲裁委员会办案规则》的规定，劳动争议仲裁委员会应当从以下几个方面进行审查：

1. 是否属于劳动争议①

劳动争议仲裁委员会只负责审理法定的劳动争议案件，如果双方争议的事项不是《劳动争议调解仲裁法》第二条规定的内容，就不属于劳动争议仲裁委员会的受案范围，劳动争议仲裁委员会应当不予受理。根据《劳动争议调解仲裁法》第二条的规定，中华人民共和国境内的用人单位与劳动者发生的下列劳动争议，劳动争议仲裁委员会应当受理：（1）因确认劳动关系发生的争议；（2）因订立、履行、变更、解除和终止劳动合同发生的争议；（3）因除名、辞退和辞职、离职发生的争议；（4）因工作时间、休息休假、社会保险、福利、培训以及劳动保护发生的争议；（5）因劳动报酬、工伤医疗费、经济补偿或者赔偿金等发生的争议；（6）法律、法规规定的其他劳动争议。

2. 申请人和被申请人是否适格

申请人和被申请人是否适格，主要是指申请人和被申请人是否分别是劳动者和用人单位。具体来说，需要考察：一方面，申请人与申请仲裁的事项是否有直接利害关系。有直接利害关系是指申请人自己的劳动权利受到侵害或者与另一方当事人发生劳动争议。申请人只有是为了保护自己的劳动权利而申请仲裁，才是合格的申请人。另一方面，是否有明确的被申请人。申请人提出仲裁申请，应当明确被申请人是谁，也就是说与谁发生了劳动争议。如果申请人是劳动者，那么被申请人就应当是与申请人形成劳动关系的用人单位，而不是另一个劳动者；反之，如果申请人是用人单位，那么被申请人就应当是与申请人形成劳动关系的劳动者，而不是另一个用人单位。只有这两类人相对应，才是适格的申请人和被申

---

① 有关内容，详见第二部分。

请人。

在此，需要注意所谓的"共同当事人"。劳动争议的分类中有一种叫做集体劳动争议，是指发生劳动争议的职工当事人一方达到法定人数并且有共同理由的情况。在集体劳动争议中，由于这些职工有共同的理由和要求，因此，他们在仲裁案件中都是当事人。这类当事人就称为"共同当事人"。在劳动争议仲裁中，"共同当事人"与普通的申请人或被申请人一样，有着相同的法律地位，享受同样的仲裁权利，承担同样的仲裁义务。"共同当事人"的基本特征为：（1）一方性。即作为劳动争议仲裁共同当事人的，只能是职工当事人一方，不论其是作为申请人还是被申请人，而不可能是用人单位；（2）须符合法定人数。职工当事人一方在3人以上的才属于集体劳动争议；（3）共同当事人提出的仲裁请求所依据的事实相同。

在此，还需要注意所谓的"劳动争议仲裁第三人"。"劳动争议仲裁第三人"的存在，必须同时具备三个条件：（1）参加仲裁的时间，必须是在当事人之间的仲裁活动已经开始，但尚未终结；（2）参加仲裁的根据，必须是与案件的处理结果有着法律上的利害关系；（3）参加仲裁的目的，必须是为了维护自己的合法权益。劳动争议处理的实践表明，被列为第三人的一般都是企业或其他组织。比如，职工被具有独立法人资格的分公司开除，但此开除决定是报总集团公司备案审批的，这种情况下，劳动争议仲裁委员会往往将与职工建立劳动关系的分公司作为被申请人，而将总集团公司作为仲裁第三人。让第三人参加仲裁活动，有利于劳动争议仲裁委员会及时查明事实，保证案件的处理质量，也有利于简化程序、节省办案时间和费用，同时还有利于仲裁结果的执行。按照法律规定，第三人参加劳动争议仲裁活动有两种方式：一种方式是第三人自己申请，并经劳动争议仲裁委员会审查同意；另一种是劳动争议仲裁委员会根据案件的情况通知第三人参加仲裁活动。实际上，大多数是采用第二种方式参加仲裁活动的。仲裁第三人也可以分为两种：一种是有独立请求权的，一种是无独立请求权的。

另外，还需要注意一些特殊情况下当事人的确定。（1）企业分立的，因分立前的劳动权利和义务发生争议，企业一方当事人，按分立协议确定；企业分立协议未作规定的，由分立后的企业协商确定；协商不成的，以分立后的企业为共同当事人。（2）企业合并或者被兼并的，因合并或者被兼并前的劳动权利和义务发生争议，以合并或者兼并后的企业为当事人。（3）发生劳动争议的职工一方人数在3人以上，基于同一事实经过且申诉理由相同的，职工当事人应当推选代表参加调解或者仲裁活动；推选不出时，劳动争议调解委员会或者劳动争议仲裁委员会可以与职工一方当事人商定代表人；协商不成时，推选不出参加调解活动代表人的当事人，可以另行申请调解；参加仲裁活动的，由仲裁委员会指定代表人。代表人参加仲裁活动对其所代表的当事人发生效力。但代表人变更、放弃申诉请求或者承认对方当事人的申诉请求，进行和解，必须经所代表的当事人同意。

（4）国有企业的厂长（经理）依法与上级主管部门签订劳动合同后，上级主管部门即成为劳动关系一方当事人。发生劳动争议后，也应作为劳动争议案件一方当事人（申请人或被申请人）。如属于因企业停（扣）发工资引起的劳动争议，仲裁委员会在处理时，应将该企业列为第三人。

3. 申请书及有关材料的齐备①

申请劳动仲裁应当提交的材料包括：劳动仲裁申请书、双方当事人的身份证明、能够证明与被诉人之间存在劳动关系的有关材料、其他应当提交的材料（例如在工伤争议中，应当提交工伤认定书和劳动能力鉴定书）。

劳动争议仲裁委员会应当审查申请书及有关材料是否齐备以及是否符合要求，对申请材料不齐备或者有关情况不明确的仲裁申请书，应指导申请人予以补充。其中，最为重要的就是审查申请书是否有具体的仲裁请求和事实、理由。仲裁请求是申请人想通过仲裁程序达到的目的，也就是向劳动争议仲裁委员会提出保护自己权利的具体内容。仲裁请求所根据的事实和理由应当包括：当事人之间纠纷形成的事实、双方当事人争执的焦点，请求的依据和理由及适用的法律等。

4. 仲裁管辖

劳动争议仲裁委员会应当审查案件是否属于本劳动争议仲裁委员会的管辖。《劳动争议调解仲裁法》第二十一条规定："劳动争议由劳动合同履行地或者用人单位所在地的劳动争议仲裁委员会管辖。双方当事人分别向劳动合同履行地和用人单位所在地的劳动争议仲裁委员会申请仲裁的，由劳动合同履行地的劳动争议仲裁委员会管辖。"因此，劳动争议仲裁委员会受理当事人的仲裁申请后，应当审查是否属于本仲裁委员会管辖。如果不属于本劳动争议仲裁委员会管辖的，应当移送有管辖权的劳动争议仲裁委员会。

劳动争议仲裁确定管辖的原则是方便职工，若企业与职工不在同一劳动争议仲裁委员会管辖区域的，由职工工资关系所在地的劳动争议仲裁委员会处理。所谓工资关系所在地，是指职工工资发放地。如果职工工资发放地与履行劳动合同或签订劳动合同所在地不在同一辖区时，则由职工履行劳动合同或签订劳动合同所在地的劳动争议仲裁委员会处理。如果劳动争议双方在劳动合同中约定了发生争议由某地劳动争议仲裁委员会处理，则可从其约定。如果劳动争议案件管辖出

---

① 有关内容，详见第二部分。

现既可由合同履行地管辖，又可由合同约定地管辖的情形，而且双方当事人或两地劳动争议仲裁委员会因管辖问题发生争议，首先应由两地劳动争议仲裁委员会遵循方便职工的原则以及案件的具体情况协商解决。协商不成，可按《劳动争议仲裁委员会办案规则》的规定，向共同的上级劳动行政主管部门请示，由其依据方便职工的原则及案件具体情况指定管辖。

关于仲裁管辖，还要注意到我国劳动争议仲裁级别管辖的实际情况。长期以来，我国各级劳动争议仲裁委员会实行的是以地域管辖为主、以级别管辖为辅的管辖原则。目前全国各地方已普遍形成省、市、县三级劳动争议仲裁委员会的格局，省级劳动争议仲裁委员会承担着地方劳动争议处理工作的管理和业务指导职能。其中，省级劳动争议仲裁委员会有的管辖外商及港澳台投资企业的案件，有的管辖省属及中央直属企业的劳动争议案件，也有的管辖在全省有重大影响的劳动争议案件；地市级劳动争议仲裁委员会管辖本地区有重大影响的劳动争议以及地市级大型企业或者外商投资企业发生的劳动争议；县级劳动争议仲裁委员会则管辖本区域内上级仲裁委员会管辖范围以外的所有劳动争议。①

实际上，这种级别管辖与《劳动争议调解仲裁法》第十七条规定的精神是相违背的。《劳动争议调解仲裁法》第十七条规定："劳动争议仲裁委员会按照统筹规划、合理布局和适应实际需要的原则设立。省、自治区人民政府可以决定在市、县设立；直辖市人民政府可以决定在区、县设立。直辖市、设区的市也可以设立一个或者若干个劳动争议仲裁委员会。劳动争议仲裁委员会不按行政区划层层设立。"这表明《劳动争议调解仲裁法》对于劳动争议仲裁委员会级别管辖的基本态度是，劳动争议仲裁委员会的设立应根据本地劳动争议处理工作的实际需要，统筹规划劳动争议仲裁委员会的数目，进行合理布局，不应按行政区划层层设立，不搞级别管辖。因此，在今后的劳动仲裁实践中，这种级别管辖的争议将逐步减少甚至将不复存在。

附　仲裁管辖实例：

黎女士是广州市某控股公司驻天津办事处的员工，2002 年 2 月，双方签订了为期 5 年的劳动合同。2007 年 2 月，黎女士与公司的合同期满，公司决定不再与其续订劳动合同。黎女士提出：根据天津市的有关规定，单位应当向自己支付终止合同的生活补助费。对此，公司

---

① 例如，《甘肃省劳动争议处理规定》第二十二条规定："省仲裁委员会受理下列劳动争议：（一）在全省范围内有重大影响的劳动争议；（二）部属、省属国有企业发生的劳动争议；（三）省仲裁委员会认为应当由本会直接处理的劳动争议。"第二十三条规定："地（州、市）仲裁委员会受理本行政区域内的下列劳动争议：（一）中外合资企业、中外合作企业、外商独资企业以及港、澳、台投资企业发生的劳动争议；（二）地（州、市）属国有企业发生的劳动争议；（三）在本行政区域内有较大影响的劳动争议；（四）省仲裁委员会委托处理的劳动争议。"第二十四条规定："县（市、区）仲裁委员会受理本行政区域内的下列劳动争议：（一）县（市、区）属国有企业发生的劳动争议；（二）集体企业、联营企业、私营企业以及其他经济组织发生的劳动争议；（三）地（州、市）仲裁委员会委托处理的劳动争议。"

人事部经理答复黎女士：根据广州市的规定，合同期满终止不须支付生活补助费。双方各执己见，黎女士就向办事处所在的天津某区劳动争议仲裁委员会提出了申诉。

接到仲裁委员会的受理通知书后，某控股公司在答辩书中就天津某区仲裁委员会受理黎女士的仲裁申请，提出了管辖异议，其理由是：根据《企业劳动争议处理条例》第十八条之规定："发生劳动争议的企业与职工不在同一个仲裁委员会管辖区的，由职工当事人工资关系所在地的仲裁委员会处理。"黎女士虽然在天津办事处工作，但其工资一直是由广州的公司总部发放的，根据仲裁管辖地原则，黎女士应当到广州的劳动争议仲裁委员会去申诉。

实际上，某控股公司的理解是错误的。劳动争议管辖是劳动争议仲裁委员会受理劳动争议的职权范围。《企业劳动争议处理条例》第十八条规定："发生劳动争议的企业与职工不在同一个仲裁委员会管辖区的，由职工当事人工资关系所在地的仲裁委员会处理。"这是劳动争议管辖的一般原则，但是这种管辖原则从方便职工诉讼、切实维护职工权益的角度看，还存在一定的局限性。因此，国家有关部门又先后出台了一些新的管辖原则加以补充。劳部发〔1995〕209 号《关于劳动争议案件管辖范围的复函》规定："根据方便职工的原则，劳动争议可由劳动合同履行地的劳动争议仲裁委员会管辖。"法释〔2001〕14 号《最高人民法院关于审理劳动争议案件适用法律若干问题的解释》第八条规定："劳动争议案件由用人单位所在地或者劳动合同履行地的基层人民法院管辖。"

因此，本案中，黎女士的工资关系所在地虽然在广州，但是其劳动合同履行地却在天津，因而天津的劳动争议仲裁委员会有权受理黎女士的申诉。

5. 仲裁时效①

《劳动争议调解仲裁法》规定劳动争议申请仲裁的时效期间为 1 年。仲裁时效期间从当事人知道或者应当知道其权利被侵害之日起计算。仲裁时效因当事人一方向对方当事人主张权利，或者向有关部门请求权利救济，或者对方当事人同意履行义务而中断。从中断时起，仲裁时效期间重新计算。因不可抗力或者有其他正当理由，当事人不能在本条第一款规定的仲裁时效期间申请仲裁的，仲裁时效中止。从中止时效的原因消除之日起，仲裁时效期间继续计算。需要注意的是，由于《劳动争议调解仲裁法》是在 2008 年 5 月 1 日起开始实施，因而在 2008 年 5 月 1 日前发生的劳动争议适用旧的时效，即 60 日；而在 2008 年 5 月 1 日后发生的劳动争议适用新的时效，即 1 年。

五、实验范例

1. 实验素材

杨某于 2004 年 1 月与广州市某公司签订了为期三年的劳动合同，约定杨某在该公司从事生产劳动，双方约定工资实行计件工资，每月发放。自上班以来，

---

① 有关仲裁时效的内容，详见第二部分。

杨某每天工作 10 ~ 12 小时，但公司从未准时发放过工资，每个月均拖欠工资。而且，劳动合同上约定的是每月 1 200 元 ~ 1 500 元工资，但杨某得到的工资却只有 800 元。2006 年 7、8、9 三个月的工资至今仍未发放。另外，公司从来没有支付过加班工资，也从来没有为杨某缴纳过社保。为此，杨某向广州市××区劳动争议仲裁委员会提起仲裁。杨某向该劳动争议仲裁委员会提交了劳动仲裁申请书、劳动仲裁申请书副本一份、申请人的身份证明、能够证明与被申请人之间存在劳动关系的材料（即劳动合同）以及其他一些证据。广州市××区劳动争议仲裁委员会对杨某的仲裁申请进行审查。

附　杨某提供的劳动仲裁申请书：

劳动仲裁申请书

申请人：杨某，男，1975 年 3 月 12 日出生，住址：广州市××区××镇××村 19 组，联系电话：×××××××

委托代理人：李某，广东中元律师事务所律师

被申请人：广州市××有限公司，住所：广州市××区××路××号
法定代表人：常某，职务：董事长

仲裁请求：
1. 请求裁决被申请人发放申请人 2006 年 7、8、9 三个月工资共计人民币 3 600 元，并支付申请人赔偿金 1 800 元，合计人民币 5 400 元。
2. 请求裁决被申请人按照劳动合同约定的 1 200 元的月工资补足近三年的工资，共计 13 200 元。
3. 请求裁决被申请人支付近三年来的加班工资共 6 500 元。
4. 请求裁决由被申请人缴纳 2004 年 1 月 1 日至 2006 年 10 月 1 日应由单位负担的社会保险金 4 731 元。
5. 请求裁决本案仲裁费由被申请人承担。

事实和理由：
　　申请人于 2004 年 1 月与被申请人签订了为期三年的劳动合同，在被申请人公司从事生产劳动，双方约定工资实行计件工资，每月发放。但是，自上班以来，申请人每天工作 10 ~ 12 小时，被申请人从未准时发放申请人工资，每个月的工资均拖欠很长时间，而且，合同约定的是每月 1 200 ~ 1 500 元工资，申请人得到的工资却只有 800 元左右。2006 年 7、8、9 三个月的工资至今仍未发放，申请人前去催讨，被申请人总是无故推托。目前，申请人面临生活费用无着落，家里十分困难的地步，申请人的孩子要上学，连学费都交不上。而且，现在被申请人公司又因停工使得申请人放假在家，陷入无工可做的困境，将来的生活将更加艰难。另外，被申请人从来没有支付过加班工资，也从来没有为申请人缴纳社保。
　　综上所述，被申请人无故拖欠申请人工资，并从未支付加班工资，也未为申请人缴纳社保，使得申请人生活困难，难以生存，在多次讨要未果的情况下，根据《中华人民共和

国劳动法》、劳动部《关于印发〈违反和解除劳动合同的经济补偿办法〉的通知》之规定，特向贵委提起仲裁，请求依法裁定！

　　此致
××区劳动争议仲裁委员会

申请人：杨某
2006 年 10 月 8 日

附：申请书副本 1 份

　　证据 3 份

2. 实验准备

（1）实验流程的准备。

劳动争议仲裁委员会应当从以下几个方面对杨某的仲裁申请作出审查：

第一，审查案件是否属于劳动争议；

第二，审查申请人和被申请人是否适格；

第三，审查申请书及有关材料是否齐备和符合要求；

第四，审查本劳动争议仲裁委员会是否有仲裁管辖权；

第五，审查该仲裁申请是否在仲裁时效内作出。

（2）法律规定的准备。

《劳动争议调解仲裁法》第二条："中华人民共和国境内的用人单位与劳动者发生的下列劳动争议，适用本法：（一）因确认劳动关系发生的争议；（二）因订立、履行、变更、解除和终止劳动合同发生的争议；（三）因除名、辞退和辞职、离职发生的争议；（四）因工作时间、休息休假、社会保险、福利、培训以及劳动保护发生的争议；（五）因劳动报酬、工伤医疗费、经济补偿或者赔偿金等发生的争议；（六）法律、法规规定的其他劳动争议。"

《劳动争议调解仲裁法》第二十一条："劳动争议仲裁委员会负责管辖本区域内发生的劳动争议。劳动争议由劳动合同履行地或者用人单位所在地的劳动争议仲裁委员会管辖。双方当事人分别向劳动合同履行地和用人单位所在地的劳动争议仲裁委员会申请仲裁的，由劳动合同履行地的劳动争议仲裁委员会管辖。"

《劳动争议调解仲裁法》第十七条："劳动争议仲裁委员会按照统筹规划、合理布局和适应实际需要的原则设立。省、自治区人民政府可以决定在市、县设立；直辖市人民政府可以决定在区、县设立。直辖市、设区的市也可以设立一个或者若干个劳动争议仲裁委员会。劳动争议仲裁委员会不按行政区划层层设立。"

《劳动争议调解仲裁法》第二十二条："发生劳动争议的劳动者和用人单位

为劳动争议仲裁案件的双方当事人。劳务派遣单位或者用工单位与劳动者发生劳动争议的，劳务派遣单位和用工单位为共同当事人。"

《劳动争议调解仲裁法》第二十七条："劳动争议申请仲裁的时效期间为一年。仲裁时效期间从当事人知道或者应当知道其权利被侵害之日起计算。"

《劳动争议调解仲裁法》第二十八条："申请人申请仲裁应当提交书面仲裁申请，并按照被申请人人数提交副本。仲裁申请书应当载明下列事项：（一）劳动者的姓名、性别、年龄、职业、工作单位和住所，用人单位的名称、住所和法定代表人或者主要负责人的姓名、职务；（二）仲裁请求和所根据的事实、理由；（三）证据和证据来源、证人姓名和住所。书写仲裁申请确有困难的，可以口头申请，由劳动争议仲裁委员会记入笔录，并告知对方当事人。"

3. 实验结果

（1）追索劳动报酬（包括各类工资）的争议属于《劳动争议调解仲裁法》第二条第五款规定的因劳动报酬、工伤医疗费、经济补偿或者赔偿金等发生的争议，符合法律规定的受案范围。

（2）杨某和与之签订劳动合同并形成劳动关系的广州市××有限公司，是法律规定的劳动争议仲裁的适格当事人。

（3）劳动仲裁申请书的内容清楚，仲裁请求明确，所需提供的相关材料都已提供，符合劳动仲裁的立案标准。

（4）劳动者的工资发放地和劳动合同履行地都在广州市××区，因而由××区劳动争议仲裁委员会行使仲裁管辖符合法律规定。

（5）本劳动争议在 2008 年 5 月 1 日前发生，应当适用旧的仲裁时效的规定，即 60 日。根据法律规定，对于在职职工，其追索劳动报酬的争议发生之日在其提出请求之日。因而，杨某在 2006 年 10 月 8 日提出劳动仲裁申请并没有超出 60 日的仲裁时效。

综上，本案经广州市××区劳动争议仲裁委员会审查，符合立案标准，决定予以受理。

六、自主实验

素材一：李某系广州市××区××镇××村村民，农业户口。广州市荣昌公司就设立在该镇上。自 1999 年 5 月起，因为李某住处离该公司比较近，所以一旦公司有事情做的时候就让李某过来做事，没有事情的时候李某就在家务农。李某在公司主要做些木工之类的工作。李某干一天的活，公司就给一天的工钱，李某的时间是由其自主安排的，家里有事就不来，也不需要经公司的批准，完全不受公司的限制。但是有时候李某是在晚上被公司叫过来做些维修工作。同时双方也从未签订过劳动合同，公司也从没为李某缴纳过社会保险。2007 年 12 月 5 日，公司想与李某订立劳动合同，但李某因对劳动合同中的一些条款有异议，协商不成。于是，公司就向其出具了解除劳务关系通知书，声明今后不再让李某来公司做事。李某不服，多次与公司进行协商，要求公司支付自 1999 年以来的经济补偿金、晚上加班的加班费及补缴社会保险，延迟经济补偿金共 10 余万元。公司一直没有明确答复李某。2008 年 3 月 10 日，李某终于忍无可忍，书写了劳动仲裁申请书（有明确的请求以及事实和理由），向广州市××区劳动争议仲裁委员会申请劳动仲裁，并提交劳动仲裁申请书副本一份、李某的身份证明、进入公司的厂牌以及收集的一些证人证言。广州市××区劳动争议仲裁委员会对李某的仲裁申请进行审查。

素材二：赵某系广州市信达有限公司下属分公司的职工，2003 年入职。该分公司虽然没有法人资格，但是已经领取了营业执照，赵某的工资是由该分公司按月发放，社保也由该分公司缴纳。赵某从 2003 年工作起至 2008 年 4 月一直未签订劳动合同，其中的主要原因是赵某觉得合同约定的基本工资太低。赵某从 2008 年 1 月 5 日起就以其父亲住院为由请事假 10 天，2008 年 1 月 24 日以身体不适为由请假，其间的 9 天时间既没有请事假，也没有请病假，没有来分公司上班。2008 年 3 月 5 日，赵某才交来两张假条以及医院的诊断证明。分公司认为其请假不符合公司的规定，认定其这一段时间皆为旷工。2008 年 3 月 8 日，分公司以旷工为由将赵某解雇，赵某不服，于 2008 年 3 月 12 日向分公司所在地的广州市××区劳动争议仲裁委员会申请仲裁（广州市信达有限公司的住所在广州市的另一区）。赵某书写了劳动仲裁申请书，以分公司为被申请人，提出要求分公司支付解除劳动关系经济补偿金、双倍工资等各项共 10 余万元，并在申请书中陈述了事实和理由。同时，赵某提交了劳动仲裁申请书副本一份、赵某的身份证明、公司厂牌、工资单、银行存折、社保缴纳记录、病假条以及医院的诊断证明等证据。广州市××区劳动争议仲裁委员会对赵某的仲裁申请进行审查。

实验二　制作相关文书并送达

一、实验目的

通过制作相关文书并送达的实验，训练学生掌握在劳动仲裁案件受理阶段，作为劳动争议仲裁委员会的工作人员，如何制作相关文书并送达当事人。学生通过模拟制作相关文书并送达的劳动争议仲裁委员会工作人员，全面了解和掌握制作相关文书的技巧和送达的方法，按照角色的分工独立完成劳动案件的相关文书制作与送达工作。

二、实验要求

（1）在进行项目实验前，要求学生复习和掌握劳动法律的基本知识，熟悉《劳动争议调解仲裁法》、《劳动法》、《劳动合同法》、《企业劳动争议处理条例》、《劳动争议仲裁委员会组织规则》、《劳动争议仲裁委员会办案规则》等重要法律法规，以便对实验内容有清楚的认识。

（2）清楚劳动仲裁受理阶段需要制作哪些文书。

（3）熟悉相关仲裁文书的格式，并能够独立制作相关仲裁文书。

（4）熟悉相关文书的送达要求和程序。

三、实验步骤

（1）制作受理通知书并送达。

（2）制作不予受理通知书并送达。

（3）制作应诉通知书并送达。

（4）制作仲裁第三人通知书并送达。

（5）制作举证通知书并送达。

四、实验原理

1. 受理通知书

《劳动争议调解仲裁法》规定，劳动争议仲裁委员会经过审查，认为符合受理条件的，应当在收到仲裁申请之日起五日内受理，同时制作受理通知书。

这里的"五日"，不包括休息日或节假日。如果这些期间内包含双休日或者法定节假日，除去双休日或者法定节假日占用的时间，则劳动争议仲裁机构很难在一两天时间内完成劳动争议案件仲裁受理所需要的一些前期准备工作，这将给劳动争议处理工作造成被动局面。因此，"五日"是指工作日，不含双休日和法定节假日。①

附 受理通知书（样本）：

××劳动争议仲裁委员会
受理通知书

×劳仲案字〔20 〕 号

你（单位） ：
年 月 日送来的仲裁申请书已收悉。经审查，符合《中华人民共和国劳动争议调解仲裁法》等规定的受理条件，本委决定立案处理。现将有关事宜通知如下：

一、申请人如有委托代理人的请填写授权委托书，申请人是单位的还需填写法定代表人身份证明书，于 年 月 日前送交本委。

二、申请人增加或者变更仲裁请求应当在第一次开庭三日前书面提出，逾期作另案处理。

三、申请人需在 年 月 日前向本委补充提供下列证明材料：

1.

2.

3.

四、请在送达回证上签收本通知。

（劳动争议仲裁委员会盖章）
二〇 年 月 日

附：授权委托书一份。

---

① 根据 2007 年 12 月 14 日公布施行的《国务院关于修改〈全国年节及纪念日放假办法〉的决定》的规定，法定节假日主要是指全体公民放假的节日，这些假日包括：（1）新年，放假 1 天（1 月 1 日）；（2）春节，放假 3 天（农历除夕、正月初一、初二）；（3）清明节，放假 1 天（农历清明当日）；（4）劳动节，放假 1 天（5 月 1 日）；（5）端午节，放假 1 天（农历端午当日）；（6）中秋节，放假 1 天（农历中秋当日）；（7）国庆节，放假 3 天（10 月 1 日、2 日、3 日）。

高等学校法学实验教学系列教材

2. 不予受理通知书

劳动争议仲裁委员会认为不符合受理条件的，应当书面通知申请人不予受理，并说明理由。申请仲裁是申请人的一项重要权利，也是处理劳动争议案件的必经程序，如果劳动争议仲裁委员会不予受理，就应当向申请人说明理由。申请人必须证明其已经历了申请仲裁的程序，才能向人民法院提起诉讼。因此，如果劳动争议仲裁委员会不予受理，应当书面通知申请人，便于申请人寻求法院救济。劳动争议仲裁委员会不在规定的时间内作出受理决定或者出具不予受理通知书，拖延了时间，就会使劳动争议双方的权利义务关系处于不确定状态，不利于劳动争议案件的处理，损害当事人的合法权益。因此，《劳动争议调解仲裁法》规定："对劳动争议仲裁委员会不予受理或者逾期未作出决定的，申请人可以就该劳动争议事项向人民法院提起诉讼。"据此，如果劳动争议仲裁委员会不予受理或者超过了五日没有向申请人出具不予受理通知书的，当事人即可以向人民法院提起诉讼，由人民法院来审理该劳动争议案件。应当注意的是，这样的规定也意味着如果劳动争议仲裁委员会既不受理，也不出具不予受理书面通知的，申请人可以直接向人民法院提起诉讼。

《劳动争议调解仲裁法》没有对劳动争议仲裁委员会不予受理或者逾期未作出是否受理决定的情况下，申请人向法院提出诉讼的期间作出规定。应理解为提起诉讼的期间适用民事诉讼时效的规定。

附　不予受理通知书（样本）：

××劳动争议仲裁委员会
不予受理通知书

　　　　　　　　　　　　　　　　　　　×劳仲案字［20　　］　号

　　　　　　　：

　　　　年　月　日送来的申请书已收悉。经审查，不符合受理条件，本委决定不予受理。主要理由如下：

　　特此通知。

（劳动争议仲裁委员会盖章）
二〇　　年　月　日

签发人：
经办人：
附注：申请人不服不予受理决定的，可在本通知书送达之日起十五日内向人民法院起诉。

---

3. 应诉通知书、仲裁第三人通知书、举证通知书

劳动争议仲裁委员会受理申请人的仲裁申请后，为了保证将来仲裁程序的顺利进行，应当在五日内将仲裁申请书副本送达被申请人，如有仲裁第三人，也应将仲裁申请书副本送达该仲裁第三人。同时，还应制作应诉通知书和举证通知书送达被申请人。如有仲裁第三人，也应送达。

向被申请人送达申请书副本，目的在于使被申请人能了解申请人的仲裁请求和事实、理由，以便及时作出答辩，维护自己的合法权益。如果申请人是口头申请仲裁的，劳动争议仲裁委员会也应在五日内将口述笔录的复制本发送被申请人，或者口头将申请人申请的内容通知被申请人。向被申请人送达仲裁申请书副本的期限从立案之次日起计算。

应诉通知书的内容主要包括：（1）告知被申请人本劳动争议仲裁委员会已经受理此案；（2）被申请人应当在收到仲裁申请书（副本）十日内按申请人人数向劳动争议仲裁委员会提供答辩书和有关证据；（3）被申请人如是单位的，需填写法定代表人（或主要负责人）身份证明书；（4）如有委托代理人需填写授权委托书，并于规定时间内提交给劳动争议仲裁委员会；（5）被申请人如提出反诉申请，需在答辩期内提出，逾期作另案处理。

举证通知书的内容主要包括：

（1）当事人的举证责任。对于申诉请求的事项和申请人答辩的事项，双方当事人负有对自己的主张提供证据予以证明的责任，如未能及时提供证据或提供的证据不足以支持其主张，将承担该主张不能成立的风险。

（2）举证期限。一般而言，举证期限为自双方当事人收到该通知书的次日起十五日内，或在双方当事人协商一致，经劳动争议仲裁委员会认可的期限内提出，否则视为放弃举证权利。逾期提供证据，劳动争议仲裁委员会在仲裁庭上不予质证（对方当事人同意质证的除外），也就不能作为定案证据。经当事人申请，劳动争议仲裁委员会可以组织当事人在庭审前进行证据交换，证据交换的时间应由双方当事人协商一致并经劳动争议仲裁委员会认可，也可由劳动争议仲裁委员会确定。例如，广东省劳动争议仲裁委员会就规定："当事人应当在第一次开庭三日前完成举证。确需延长举证时限的，须经仲裁庭批准并在规定的时限内举证。"当然，现在许多地方的劳动争议仲裁委员会对于举证期限执行得并不严格，当事人常常能够在仲裁庭开庭时再提交证据，甚至在开庭后再补交证据。但是，这样做还是存在风险的，因为一旦劳动争议仲裁委员会严格执行，对已过举证期限的举证不予认可的话，那么受损害的只能是当事人自己了。

（3）证据提交的方式。第一，当事人应当对其提交的证据材料逐一分类编号

并制作证据清单，对证据材料的来源、证明对象和内容做简要说明，签名盖章，并按仲裁庭和对方当事人人数提交副本。第二，当事人向劳动争议仲裁委员会提供证据，应当提供原件或原物，特殊情况下，可以提供经劳动争议仲裁委员会核对无异的复制件或者复制品；若证据系在境外形成的，还应办理相应的证明手续，否则将承担该证据材料证明力弱或者无证明力的风险。第三，当事人提供证人证言的，除法律、司法解释规定的特殊情况外，证人应当亲自到庭作证接受询问，否则将承担证人证言证明力弱的风险。当事人申请证人出庭作证，应当在庭审二日前提出，并经劳动争议仲裁委员会许可，由当事人通知证人。证人在劳动争议仲裁委员会组织双方当事人交换证据时出席陈述证言的，可视为出庭作证。第四，有证据证明一方当事人持有证据，但其无正当理由拒不提供的，如果对方当事人主张该证据的内容不利于证据持有人，劳动争议仲裁委员会可以推定该主张成立。

（4）法律责任。告知当事人伪造、毁灭证据，以暴力、威胁、贿买等方法阻止证人作证或指使、贿买、胁迫他人作伪证的法律后果。

附　应诉通知书（样本）：

××劳动争议仲裁委员会
应诉通知书

×劳仲案字〔20　　〕　　号

　　　　　　　　　　　　　　：

　　本委决定受理　　　　　　与你（单位）的劳动争议案件，现将其仲裁申请书（副本）送与你（单位），并将有关事项通知如下：

　　一、被申请人应当在收到仲裁申请书（副本）十日内按申请人人数向本委提供答辩书和有关证据，不按时提交或不提交答辩书的，不影响仲裁程序的进行。

　　二、被申请人如是单位的，需填写法定代表人（或主要负责人）身份证明书；如委托代理人的需填写授权委托书，于　年　月　日前提交本委。

　　三、被申请人如提出反诉申请，需在答辩期内提出，逾期作另案处理。

　　四、请在本通知送达回证上签收。

（劳动争议仲裁委员会盖章）
二○　　年　月　日

附：申请书（副本）一份，法定代表人（或主要负责人）身份证明书一份，授权委托书一份。

附　仲裁第三人通知书（样本）：

××劳动争议仲裁委员会
仲裁第三人通知书

×劳仲案字〔20　　〕　　号

　　　　　　　　　　　　：

　　根据《中华人民共和国劳动争议调解仲裁法》第二十三条的规定，本委根据当事人的申请/依职权决定追加你（单位）为　　　　　　　诉　　　　　劳动争议案的第三人参加仲裁活动，并将有关事项通知如下：

　　一、第三人应当在收到仲裁申请书（副本）十日内按申请人人数向本委提供答辩书和有关证据，不按时提交或不提交答辩书的，不影响仲裁程序的进行。

　　二、第三人如是单位的，需填写法定代表人（或主要负责人）身份证明书；如委托代理人的需填写授权委托书，于　　年　月　日前提交本委。

　　三、请在本通知送达回证上签收。

　　　　　　　　　　　　　　　　　　　　（劳动争议仲裁委员会盖章）
　　　　　　　　　　　　　　　　　　　　　　二○　　年　月　日

附：申请书（副本）一份，法定代表人（或主要负责人）身份证明书一份，授权委托书一份。

附　举证通知书（样本）：

××劳动争议仲裁委员会
举证通知书

　　一、发生劳动争议，当事人对自己提出的主张，有责任提供证据。如：

　　1. 证明劳动关系发生、变更、消灭等事实的证据；

　　2. 证明当事人仲裁主体资格的证据；

　　3. 确定争议标的数额的证据；

　　4. 证明案件是否已由其他仲裁委员会受理或审理过的证据；

　　5. 其他与案件争议事项有关的证据。

　　用人单位应当在规定期限内提供其掌握管理的与争议事项有关的证据，以及仲裁庭要求用人单位提供的证据，逾期不提供的，应当承担不利后果。

　　二、当事人应当在第一次开庭三日前完成举证。确需延长举证时限的，须经仲裁庭批准并在规定的时限内举证。

　　三、证据分为书证、物证、证人证言、视听资料、当事人陈述、鉴定结论、勘验笔录。

　　1. 当事人应当对其提交的证据材料逐一分类编号并制作证据清单，对证据材料的来源、证明对象和内容做简要说明，签名盖章，并按仲裁庭和对方当事人人数提交副本。

　　2. 证据应当在仲裁庭审理时出示，由当事人质证，未经质证的证据，不能作为认定事实的依据。

　　3. 当事人提供的证据系在中华人民共和国领域外形成的，该证据要经所在国公证机关予以证明，并经中华人民共和国驻该国使领馆予以认证，或者履行中华人民共和国与该所在国订立的有关条约中规定的证明手续；当事人提供的证据是在香港、澳门、台湾地区形成的，要履行相关的证明手续。

4. 书证与物证应当提交与原件、原物核对无异的复印（制）件、照片、副本、节录本；当事人提供外文书证或者外文说明资料应当附有中文译本；仲裁庭审理时当事人对书证与物证的原件、原物进行质证。

5. 证人应当出庭作证，接受当事人的质询。证人出庭作证的，当事人要在开庭审理前提交证人名单，证人确有困难不能到庭的，经仲裁委员会同意，可以提交书面证言；不能正确表达意思的人，不能作证；证人作证时不得使用猜测、推断或者评论性的语言；仲裁员和当事人要对证人进行询问，证人不得旁听仲裁庭审理，询问证人时，其他证人不得在场，仲裁庭认为有必要的，可以让证人进行对质。

四、当事人应当客观、全面地提供证据，不得伪造、毁灭证据，不得以暴力、威胁、贿买等方法阻止证人作证或指使、贿买、胁迫他人作伪证。否则，当事人要承担法律责任和败诉后果。

证 据 清 单

序号	名　称	证 明 内 容	页数

提交人：　　　　　　　　　　　提交时间：20　　年　　月　　日

4. 仲裁文书的送达

劳动争议仲裁文书的送达，指仲裁机构采取一定的方式将其制作的仲裁文书及时、准确地送给当事人的法律行为。在具体的仲裁活动中有许多的仲裁文书，如受理通知书、不予受理通知书、应诉通知书、举证通知书、开庭通知、仲裁调解书、仲裁裁决书等都需要送达给当事人。依法送达，便会产生法律规定的后果。根据《劳动争议仲裁委员会办案规则》（1993）的规定，仲裁文书的送达主要有以下几种方式：

（1）直接送达。指仲裁机关将应送达的仲裁文书直接交给受送达人的一种送达方式。这是目前在实践中采用最多的方式。按照有关规定，为了使仲裁文书能够及时、准确地送达当事人，应当采用直接送达的方式。如果劳动争议仲裁机关直接送达确实有困难，可以委托当事人所在地的劳动争议仲裁委员会代为送达，并由当事人在送达回执上签名或盖章后退还原劳动争议仲裁机关。仲裁文书直接送达时，应当由当事人在送达回执上签名或盖章，如果当事人不在，可以交给与其同住的成人亲属或其指定的代收人签收。当事人是企业的，可由该单位的劳动部门签收。

（2）留置送达。指受送达人在拒绝签收仲裁文书的情况下，由仲裁人员将仲裁文书留置在受送达人住所的一种送达方式。这种送达方式是一种强制性的方式，实践中法律有严格的限制性规定。如果当事人拒绝接收仲裁文书，应当向当事人说明拒收的法律后果，经劝说仍然拒收的，送达人应当邀请当事人所在单位的代表以及其他有关人员到场作证，并在送达回执上记录拒收的原因和日期，由送达人和见证人签名盖章，把仲裁文书留在当事人单位或住所即视为送达。当事人因拒收，期满未向人民法院起诉的，仲裁裁决书将发生法律效力，当事人不得再向人民法院起诉。应当注意的是，仲裁调解书只能采取直接送达，由双方当事人签收，因为如果当事人拒绝接收调解书，就视为当事人反悔。

（3）委托送达。指仲裁机关采取直接送达的方式的确有困难时，可以将需要送达的仲裁文书委托给其他仲裁机关或有关组织代为送达的一种送达方式。这实际上是直接送达的补充。

（4）邮寄送达。指在仲裁机关采取直接送达有困难时，将需要送达的仲裁文书通过邮局挂号邮寄给受送达人的一种送达方式。邮寄送达，以挂号查询回执上注明的收件日期为送达日期。

（5）公告送达。受送达人下落不明，或者用上述规定的方式无法送达仲裁文书的，可公告送达。自发出公告之日起，经过 30 日，即视为送达。公告送达，应当在案卷中记明原因和经过。

附　公告送达范例：

××劳动争议仲裁委员会
公　告

×劳仲案字［2008］4××号

××有限公司广州代表处：

　　根据《中华人民共和国劳动争议调解仲裁法》第二十三条的规定，本委依职权决定追加你单位为殷××等16人诉广东××服务有限公司劳动争议案（×劳仲案字［2008］4××号）的第三人参加仲裁活动。

　　因无法联系你单位，根据《劳动争议仲裁委员会办案规则》第五十一条的规定，向你单位公告送达应诉通知书及开庭通知书。现定于2008年8月10日上午9点在广州市××路××号××劳动争议仲裁委员会2号仲裁庭开庭。无正当理由不到庭的，本委将作缺席裁决。

　　自公告之日起经过三十日，即视为送达。

　　特此公告。

二〇〇八年七月一日

五、实验范例

1. 实验素材

梁某于 2008 年 4 月 1 日进入珠海市××集团公司下属的具有独立法人地位的××厂担任经营部副经理一职,双方签订《劳动合同》。合同约定梁某每周 6 天制每天 9 小时上班时间,梁某工资为每月工资 4 500 元。但梁某入职以来,因工作业绩不佳,于 2008 年 11 月被集团公司调离××厂经营部的工作岗位,调到另一间下属的具有独立法人地位的工厂做文秘工作,工资也从每月 4 500 元降到每月 2 500 元。梁某与集团公司多次就工资问题进行协商,但公司集团人事部经理答复其工资只有这么多,不干可以走人。因此,梁某愤而辞职。梁某要求集团公司支付所欠的工资,并支付加班工资,以及支付因其被动辞职而应获得的经济补偿金。2009 年 1 月 10 日,梁某向集团公司所在地劳动争议仲裁委员会申请仲裁,提交了明确具体仲裁请求和事实、理由的仲裁申请书,同时提交了下列证据:劳动合同 1 份、辞职申请及签批 1 份、离职交接记录表 1 份、离职交接明细 1 份、录音光碟 1 张。珠海市××区劳动争议仲裁委员会审查了梁某的仲裁申请,认为符合立案标准,予以受理。

2. 实验准备

(1)实验流程的准备。

第一,因符合立案标准,所以制作受理通知书并送达梁某。

第二,应制作应诉通知书并送达给珠海市××集团公司。

第三,应制作仲裁第三人通知书并送达珠海市××厂。

第四,应制作举证通知书并送达梁某、珠海市××集团公司、珠海市××厂。

(2)法律规定的准备。

《劳动争议调解仲裁法》第二十九条:"劳动争议仲裁委员会收到仲裁申请之日起五日内,认为符合受理条件的,应当受理,并通知申请人;认为不符合受理条件的,应当书面通知申请人不予受理,并说明理由。对劳动争议仲裁委员会不予受理或者逾期未作出决定的,申请人可以就该劳动争议事项向人民法院提起诉讼。"

《劳动争议调解仲裁法》第三十条:"劳动争议仲裁委员会受理仲裁申请后,应当在五日内将仲裁申请书副本送达被申请人。被申请人收到仲裁申请书副本后,应当在十日内向劳动争议仲裁委员会提交答辩书。劳动争议仲裁委员会收到答辩书后,应当在五日内将答辩书副本送达申请人。被申请人未提交答辩书的,不影响仲裁程序的进行。"

《劳动争议仲裁委员会办案规则》第四十八条:"仲裁委员会送达仲裁文书,

应当直接送交受送达人；本人不在的，交其同住成年亲属签收；受送达人已向仲裁委员会指定代收人的，交代收人签收；受送达人方是企业或单位，又没有向仲裁委员会指定代收人的，可以交其负责收件人签收。"

《劳动争议仲裁委员会办案规则》第四十九条："受送达人拒绝接受仲裁文书的，送达人应邀请有关组成的代表或其他人到场，说明情况，在送达回执上证明拒收事由和日期，由送达人，见证人签名或盖章，把仲裁文书留在受送达人的住所，即视为送达。"

《劳动争议仲裁委员会办案规则》第五十条："直接送达仲裁文书有困难的，可以委托当事人所在地的仲裁委员会代为送达，或者邮寄送达。邮寄送达，以挂号查询回执上注明的收件日期为送达日期。"

《劳动争议仲裁委员会办案规则》第五十一条："受送达人下落不明，或者用本规定的其他方式无法送达仲裁文书的，可公告送达。自发出公告之日起，经过三十日，即视为送达。公告送达，应当在案卷中记明原因和经过。"

3. 实验结果

根据实验范例的素材撰写的受理通知书见表 3 - 1、应诉通知书见表 3 - 2、仲裁第三人通知书见表 3 - 3。

表 3 - 1　　　　　　　　受理通知书（范例）

<table>
<tr><td colspan="2" align="center">珠海市××区劳动争议仲裁委员会
受理通知书</td></tr>
<tr><td></td><td align="right">×劳仲案字〔2009〕××号</td></tr>
<tr><td colspan="2">梁某：
　　你（单位）2009 年 1 月 10 日送来的仲裁申请书已收悉。经审查，符合《中华人民共和国劳动争议调解仲裁法》等规定的受理条件，本委决定立案处理。现将有关事宜通知如下：
　　一、申请人如有委托代理人的请填写授权委托书，申请人是单位的还需填写法定代表人身份证明书，于 2009 年 1 月 20 日前送交本委。
　　二、申请人增加或者变更仲裁请求应当在第一次开庭三日前书面提出，逾期作另案处理。
　　三、申请人需在　　年　月　日前向本委补充提供下列证明材料：
　　1.
　　2.
　　四、请在送达回证上签收本通知。

　　　　　　　　　　　　　　　　　　　　　（劳动争议仲裁委员会盖章）
　　　　　　　　　　　　　　　　　　　　　　　2009 年 1 月 12 日

附：授权委托书一份。</td></tr>
</table>

表 3－2　　　　　　　　　　　应诉通知书（范例）

珠海市××区劳动争议仲裁委员会
应诉通知书

×劳仲案字［2009］××号

珠海市××集团公司：

　　本委决定受理梁某与你（单位）的劳动争议案件，现将其仲裁申请书（副本）送与你（单位），并将有关事项通知如下：

　　一、被申请人应当在收到仲裁申请书（副本）十日内按申请人人数向本委提供答辩书和有关证据，不按时提交或不提交答辩书的，不影响仲裁程序的进行。

　　二、被申请人如是单位的，需填写法定代表人（或主要负责人）身份证明书；如委托代理人的需填写授权委托书，于 2009 年 1 月 20 日前提交本委。

　　三、被申请人如提出反诉申请，需在答辩期内提出，逾期作另案处理。

　　四、请在本通知送达回证上签收。

（劳动争议仲裁委员会盖章）
2009 年 1 月 12 日

附：申请书（副本）一份，法定代表人（或主要负责人）身份证明书一份，授权委托书一份。

表 3－3　　　　　　　　　　仲裁第三人通知书（范例）

珠海市××区劳动争议仲裁委员会
仲裁第三人通知书

×劳仲案字［2009］××号

珠海市××厂：

　　根据《中华人民共和国劳动争议调解仲裁法》第二十三条的规定，本委根据当事人的申请/依职权决定追加你（单位）为梁某诉珠海市××集团公司劳动争议案的第三人参加仲裁活动，并将有关事项通知如下：

　　一、第三人应当在收到仲裁申请书（副本）十日内按申请人人数向本委提供答辩书和有关证据，不按时提交或不提交答辩书的，不影响仲裁程序的进行。

　　二、第三人如是单位的，需填写法定代表人（或主要负责人）身份证明书；如委托代理人的需填写授权委托书，于 2009 年 1 月 20 日前提交本委。

　　三、请在本通知送达回证上签收。

（劳动争议仲裁委员会盖章）
2009 年 1 月 12 日

附：申请书（副本）一份，法定代表人（或主要负责人）身份证明书一份，授权委托书一份。

六、自主实验

素材一： 张某于 1993 年满 50 岁时从甲公司内退，领取基本生活费 300 余元。1997 年 4 月，张某到乙单位从事门卫工作，工资为每月 360 元，后逐步递增到 600 元，乙单位另外每月发给张某夜班补贴 60 元。2003 年 10 月，甲公司为张某办理了正式退休手续，张某开始享受退休待遇。2007 年 7 月，乙单位准备将张某辞退。张某认为，乙单位聘用其从事门卫工作，至今已有 10 年，每年 365 天从未间断上班，每天工作 15 个小时，节假日及双休日也未能安排补休或发放加班工资，按规定应发给张某加班工资 69 000 元。2007 年 7 月 5 日，乙单位辞退了张某，未发放任何解除劳动合同的补偿金。张某请求乙单位偿付其加班工资 69 000 元及解除劳动关系经济补偿金 6 600 元。张某于 2007 年 8 月 7 日向乙单位所在地的劳动争议仲裁委员会申请仲裁，并提交了相关证据。劳动争议仲裁委员会审查了该申请，认为申请人已超过法定退休年龄，不属于《劳动法》的调整范围，决定不予受理。

素材二： 许某是一名在校大学生，由于课程不紧，自 2005 年 3 月 1 日起，许某跟随其他同学一起到学校门口的某快餐公司打工，工作内容包括卫生清洁、洗碗和送外卖，工作时间不确定，但主要是在傍晚的就餐时间，一般为下午 17 点～20 点，许某每天大约工作三个小时的时间，星期六和星期天也要来公司上班。快餐公司与许某签订了《兼职服务员劳务协议》，双方约定公司按照许某实际的工作时间来计算工资，采取日薪制，按日计算许某的劳动报酬。有时许某学习紧张，一个月只来上班十天，公司就只给其十天的工资，许某所得的劳动报酬远低于当地最低工资。而且，双方对于周末加班的加班工资也没有约定，公司从来没有支付过周末的加班工资，也没有为许某买过社会保险。2008 年 1 月，许某认为，其在快餐公司中的劳动没有得到应有保障，公司在工资待遇、社会保障以及劳动条件等方面都达不到劳动法的相关要求。遂要求公司按照最低工资标准补足工资，支付近几年的加班工资，并为其购买社会保险。公司拒绝了许某的要求，认为许某是在校大学生，不具有劳动者的主体资格，其在快餐公司从事的是兼职劳动，属于提供劳务，公司按照许某实际提供的劳务支付劳动报酬是符合法律规定的。2008 年 1 月 18 日，许某向快餐公司所在地劳动争议仲裁委员会申请仲裁，提交了明确具体的仲裁请求和事实、理由的仲裁申请书，同时提交了下列证据：《兼职服务员劳务协议》、公司职工卡、工资单、证人证言。××区劳动争议仲裁委员会审查了梁某的仲裁申请，认为符合立案标准，予以受理。

实验三　被申请人答辩

一、实验目的

通过被申请人答辩的实验，训练学生掌握在劳动仲裁案件受理阶段，作为被申请人的代理律师，如何为被申请人进行答辩。学生通过模拟进行答辩的被申请人的代理律师，全面了解和掌握答辩的相关事务，按角色分配任务，独立完成对于仲裁申请的答辩。

二、实验要求

（1）在进行项目实验前，要求学生复习和掌握劳动法律的基本知识，熟悉《劳动争议调解仲裁法》、《劳动法》、《劳动合同法》、《企业劳动争议处理条例》、《劳动争议仲裁委员会组织规则》、《劳动争议仲裁委员会办案规则》等重要法律法规，以便对实验内容有清楚的认识。

（2）掌握仲裁答辩的技巧，了解答辩的程序性知识，熟悉案件所涉实体性内容的相关规定。

（3）熟悉仲裁答辩书的格式，并能够独立制作答辩书。

三、实验步骤

（1）了解仲裁答辩书的格式。

（2）掌握仲裁答辩技巧。

（3）写作仲裁答辩书。

四、实验原理

所谓仲裁答辩，是指劳动争议仲裁委员会受理申请人的仲裁申请并决定立案后，被申请人针对仲裁申请书中提出的仲裁请求及所依据的事实、理由进行承认或者反驳的行为。根据《劳动争议调解仲裁法》的规定，被申请人收到仲裁申请书副本后，应当在 10 日内向劳动争议仲裁委员会提交答辩书。被申请人提出答辩书的期间自被申请人收到申请人的仲裁申请书副本之次日起计算。劳动争议仲裁委员会收到答辩书后，应当在 5 日内将答辩书副本送达申请人。当然，被申请人不提交答辩书也是可以的，这并不具有强制性。实践中，被申请人不做答辩的现象比较普遍，被申请人未提交答辩书的，不影响劳动争议仲裁委员会对案件的审理，也不影响仲裁程序的进行。

答辩是法律赋予当事人的一项重要权利。被申请人的答辩，不仅是行使自己的权利，维护自己的权益的重要手段，而且也有利于仲裁庭了解案情，掌握双方当事人争执的焦点，从而查明事实真相，分清是非责任，公正合理地作出裁决。因此，被申请人应当给予仲裁答辩书以足够的重视。

答辩既可以针对仲裁申请中的实体方面内容，也可以针对仲裁申请中的程序方面内容。程序方面主要指申请人是否适格、劳动争议仲裁委员会是否有权管辖等。实体方面主要针对申请人的仲裁请求及其所依据的事实和理由进行反驳和辩解，阐明自己的主张和根据，并提出反请求。一份完整、规范的仲裁答辩书主要由以下几个部分组成：

（1）首部。标题为劳动争议答辩书，写明当事人的基本情况。

（2）案由。写明对什么事项进行答辩，简要写明对何人提出的哪一仲裁案件进行答辩。

（3）答辩意见。这是答辩书的核心部分，答辩人应当在认真分析仲裁申请书的基础上拟定答辩意见。答辩人应对申请人的仲裁请求进行明确答复，清楚地表明自己的态度，写明自己对案件的主张和理由。在答辩意见中，一般先陈述事实，再提出自己的意见，或承认其请求，或反驳其请求。对仲裁请求的反驳，既可以从实体上进行，也可以从程序上进行。实体方面重点是揭示对方法律行为的错误之处，以及对方陈述的事实和证据中的错误之处；同时提出相反的证据，说明自己法律行为的合法性；并列举有关法律规定，论证自己主张的正确性，请求劳动争议仲裁委员会通过仲裁对其进行法律保护。程序方面主要是说明申请人不能提请仲裁，或者仲裁庭对案件没有管辖权等。

（4）反请求。若答辩人有反请求，要具体写明反请求的各项内容及其所依据的事实和理由。

（5）证据。答辩人可以在答辩意见之后附上与争议事实有关的证据。

（6）尾部。该部分应写明致送的劳动争议仲裁委员会的全称，在右下方写明答辩人的姓名，答辩人是法人或其他组织的，要写出其全称，并另行写出法定代表人或主要负责人的姓名、职务，如委托仲裁代理人，代理人也应签名、盖章，并注明年月日。

　　实践中，如果被申请人的律师为了不提前暴露己方的观点和反驳手段，没有在开庭前提交答辩书，最好也能在开庭时或之后提交代理词。因为无论是答辩书还是代理词，都是非常重要的法律文书。这些文书对于帮助仲裁庭了解案情，知道被申请人的意见，反驳对方的观点和证据，甚至帮助仲裁庭查找法律依据，都是有着重要意义的。律师不能简单地认为，只要在仲裁庭上把理由表述充分就可以了，其实，律师提交了答辩书或者代理词，可以让仲裁员对被申请人的意见有更加全面而清楚的了解。因此，代理律师应当认真写好答辩书或代理词，使案件获得仲裁庭的重视，也使仲裁庭对案件实际情况有更清楚的把握。

附　答辩书（样本）：

劳动争议仲裁答辩书

答辩人：
名称或姓名：
地（住）址：
法定代表人：姓名：　　　　　　职务：
委托代理人：姓名：　　　　性别：　　　　　　　住址：
　　　　　工作单位及职务：　　　　　　　　联系电话：

被答辩人：
姓名或名称：　　　　　住所（址）：　　　　　　联系电话：

　　　　　申请人＿＿＿＿诉我（单位）＿＿＿＿争议一案，答辩人针对申请人的仲裁请求及申请理由，提出如下答辩意见：

附件：1. 答辩书副本＿份；
　　　2. 有关证据＿＿份共＿页。

　　　　　　　　　　　　　　　　　　被申请人签章：
　　　　　　　　　　　　　　　　　　二〇　　年　　月　　日

五、实验范例

1. 实验素材

申请人李××、汪××、唐××、肖××、董××向广州市海珠区劳动争议仲裁委员会提出仲裁申请。第一，他们要求广州市××有限公司支付入职以来的加班工资。他们认为，自入职以来（其中，李××1996年3月入职、汪××2006年3月入职、唐××2007年2月入职、肖××2007年11月入职、董××2008年3月入职），公司要求职工每周工作六天，但星期六加班的工资从没有支付过。第二，他们认为手中没有持有书面劳动合同，故而依据《劳动合同法》，要求公司支付自2008年2月以来的双倍工资。第三，申请人以公司存在不支付工资或不足额支付工资的违法情形为由，提出辞职，并要求公司支付解除劳动关系的经济补偿金。第四，申请人认为公司没有按照规定给予他们带薪年休假的待遇，故请求公司对他们入职以来的带薪年假予以补偿。第五，申请人董××为女性，她在2006年曾因产假而休息过，但在休息期间，公司没有支付产假工资。故要求公司补发当时的产假工资。董××2008年5月主动提出辞职，公司则希望她留下，并提高了她的待遇。后公司于2008年8月同意了董××的辞职请求，但这时董××自己又不想走了。而且，这时董××发现自己已怀孕，就以怀孕为由要求公司支付违法解除劳动合同的经济补偿金、生育金、产假工资。第六，申请人李××在1996年3月到广州市琴岛公司工作。琴岛公司与广州市××有限公司存在一定的内在联系，其大股东为同一人，但二者都是独立法人。2006年1月，此大股东投资成立了广州市××有限公司，李××就到了××有限公司上班。现在李××以在同一用人单位联系工作满十年为由，要求与××有限公司签订无固定期限劳动合同。

2. 实验准备

（1）实验流程的准备。

第一，了解仲裁答辩书的格式。

第二，了解劳动争议所涉及的实体内容，有针对性地反驳申请人的观点。

第三，认真制作仲裁答辩书。

（2）法律规定的准备。

《劳动争议调解仲裁法》第三十条："劳动争议仲裁委员会受理仲裁申请后，应当在五日内将仲裁申请书副本送达被申请人。被申请人收到仲裁申请书副本后，应当在十日内向劳动争议仲裁委员会提交答辩书。劳动争议仲裁委员会收到答辩书后，应当在五日内将答辩书副本送达申请人。被申请人未提交答辩书的，不影响仲裁程序的进行。"

《劳动争议调解仲裁法》第七条:"发生劳动争议的劳动者一方在十人以上,并有共同请求的,可以推举代表参加调解、仲裁或者诉讼活动。"

《企业劳动争议处理条例》(1993 年国务院令第 117 号)第五条:"发生劳动争议的职工一方在三人以上,并有共同理由的,应当推举代表参加调解或者仲裁活动。"

《〈中华人民共和国企业劳动争议处理条例〉若干问题解释》(劳部发〔1993〕244 号)第七条:"共同理由是指职工一方三人以上发生劳动争议后,基于同一事实经过而且申请仲裁的理由相同。"

3. 实验结果

根据实验范例的素材撰写的劳动争议仲裁答辩书,见表 3 – 4。

表 3 – 4　　　　　　　　劳动争议仲裁答辩书(范例)

劳动争议仲裁答辩书

答辩人:

名称或姓名:广州市××有限公司

地(住)址:广州市海珠区××工业区 121 号

法定代表人:姓名:秦×　　　职务:董事长

委托代理人:姓名:李某　性别:男　　　住址:广州市东风东路锦城大厦 11 楼

　　　　　　工作单位及职务:广东中元律师事务所律师　联系电话:××××

被答辩人:

姓名或名称:李××、汪××、唐××、肖××、董××

委托代理人:陈某,广东××律师事务所律师,广州市东风东路锦城大厦 11 楼,联系电话:××××

　　申请人李××、汪××、唐××、肖××、董××诉我(单位)劳动争议一案,答辩人针对申请人的仲裁请求及申请理由,提出如下答辩意见:

　　一、关于要求支付加班费的问题

　　1. 申请人只能追索两年以内的加班费。《广东省工资支付条例》第十六条规定:"工资支付台账应当至少保存二年。"《广东省高级人民法院、广东省劳动争议仲裁委员会关于适用〈劳动争议调解仲裁法〉、〈劳动合同法〉若干问题的指导意见》(以下简称《指导意见》)第二十九条第二款规定:"劳动者追索两年前的加班工资,原则上由劳动者负举证责任,如超过两年部分的加班工资数额确实无法查证的,对超过两年部分的加班工资一般不予保护。"因此,答辩人对于两年前是否支付加班费无举证责任。而在申请人无法举证证明答辩人两年前未支付加班费的情况下,申请人要求答辩人支付两年前的加班费,于法无据。贵委应当只就两年以内的加班费作出裁决。

　　2. 答辩人有证据证明两年内已支付的工资包含加班费。答辩人提供了有申请人签名确认已支付加班费的工资支付台账原件。该证据清楚表明,在两年内每个月发放工资时,公司

续表

都在工资支付台账的备注栏中明确说明了所发工资中包含加班费。虽然这并不十分规范，但这是答辩人长期以来习惯性的发放加班费的做法，公司所有职工都知悉，也都签字确认答辩人已足额发放加班费。《指导意见》第二十七条规定："用人单位与劳动者虽然未书面约定实际支付的工资是否包含加班工资，但用人单位有证据证明已支付的工资包含正常工作时间工资和加班工资的，可以认定用人单位已支付的工资包含加班工资。"因此，在答辩人有证据证明已支付的工资包含加班费的情况下，贵委应当认定答辩人已支付了加班费，并驳回申请人的这一仲裁请求。

3. 申请人的加班费计算基数存在严重错误。根据《劳动法》、《广东省工资支付条例》等规定，答辩人在计算加班费时一直都是以正常工作时间工资为计算基数，而申请人在提出仲裁请求时以每月实发工资为计算基数，将加班费、福利待遇等工资项目都包括在计算基数中，违反了法律规定。况且，申请人所提出的实发工资数额都是 2008 年的实发工资数额，而 2006 年和 2007 年的实发工资要比 2008 年少很多（详见答辩人提供的公司工资支付台账）。

二、关于书面劳动合同的问题

答辩人在 2008 年 1 月与所有职工签订了书面劳动合同，包括与这几位申请人都签订了书面劳动合同（有答辩人提供的书面劳动合同原件为证）。申请人明明在劳动合同上签章了，却反过来要求答辩人支付未签劳动合同的双倍工资，实在没有道理。

三、关于支付解除劳动关系经济补偿金的问题

在答辩人并无《劳动合同法》第三十八条规定的违法情形下，即答辩人已按照劳动合同约定提供劳动保护或者劳动条件、及时足额支付劳动报酬、依法为劳动者缴纳社会保险费等，申请人李××、汪××、唐××、肖××、董××却要求解除劳动关系，属于劳动者主动要求解除劳动关系，即主动辞职。劳动者主动辞职，不符合《劳动合同法》第四十六条规定的用人单位必须支付经济补偿金的情形，不应要求用人单位给予经济补偿。因此，请求贵委依法驳回申请人的该项请求。

四、关于未休年假的经济补偿问题

《职工带薪年休假条例》于 2007 年 12 月 7 日经国务院第 198 次常务会议审议通过，该条例从 2008 年 1 月 1 日起施行。而具体的实施办法——《企业职工带薪年休假实施办法》2008 年 9 月 18 日起才实施。根据法不溯及既往的基本原则，不知申请人要求 10 年前、2 年前、1 年前的未休年假的经济补偿的法律依据何在？

五、关于申请人董××的几个仲裁请求

1. 申请人董××在 2006 年享受产假时，答辩人已按照申请人当时的工资标准依法支付了产假工资。有公司提供的工资支付台账为证。

2. 申请人董××2008 年 5 月主动提出辞职，答辩人希望申请人留下继续工作，并提高了申请人的待遇予以挽留，但申请人执意辞职，答辩人于 2008 年 8 月同意了申请人的辞职请求（有申请人自己书写的辞职书为证）。申请人主动辞职后，因为想得到一些经济补偿，以怀孕为由要求答辩人支付违法解除劳动合同的经济补偿金、生育金、产假工资。根据《劳动法》第二十九条和《劳动合同法》第四十二条的规定，用人单位不得解除怀孕女职工的劳动合同，但无论《劳动法》还是《劳动合同法》都没有限制孕期女职工的主动辞职权，也就是说，对于孕期女职工，法律只强制规定用人单位不得单方解雇，而没有规定女职工不得辞职。根据《劳动合同法》第四十六条第二款的规定，职工主动辞职（无论怀孕与否），都不能获得经济补偿。

3. 申请人董××第二胎违反国家计划生育政策。1990 年劳动部办公厅在《对关于外商投资企业女职工在孕期、产期、哺乳期间解除、终止劳动合同问题的请示复函》（劳办计字

［1990］21 号）中明确规定，对于未实行计划生育的女职工，单位可以解除其劳动合同，并不给予经济补偿。

六、关于申请人李××要求签订无固定期限劳动合同的问题

首先，申请人李××在仲裁申请书中已主动表示要求解除劳动关系，答辩人现已同意其辞职请求。经双方要约和承诺后，双方已经就辞职达成一致的意思表示，因此，申请人李××与答辩人之间的劳动合同即行终止，双方之间的劳动关系已不存在，只等双方办理离职手续即可（此乃日后合同义务）。现在申请人李××又提出签订新的劳动合同（还是无固定期限的劳动合同），答辩人坚决不同意与其签订新的劳动合同，更不同意签订所谓的无固定期限劳动合同。其次，《劳动合同法》第十四条规定，劳动者在同一用人单位连续工作满 10 年，劳动合同期满续签时，劳动者提出订立无固定期限劳动合同的，用人单位才应当与该劳动者订立无固定期限劳动合同。申请人李××的情形完全不符合该规定。答辩人 2006 年才成立，申请人李××2006 年来答辩人处工作，到今年为止，无论如何计算也没有连续工作满 10 年。因此，申请人李××要求签订无固定期限劳动合同的请求毫无法律根据。

综上所述，请贵委驳回申请人的所有仲裁请求！

被申请人签章：广州××有限公司

二〇〇八年十一月五日

附件：1. 答辩书副本 5 份；
　　　2. 有关证据 10 份共 56 页。

另附相关法律条文：

1. 《劳动合同法》第三十八条："用人单位有下列情形之一的，劳动者可以解除劳动合同：（一）未按照劳动合同约定提供劳动保护或者劳动条件的；（二）未及时足额支付劳动报酬的；（三）未依法为劳动者缴纳社会保险费的；（四）用人单位的规章制度违反法律、法规的规定，损害劳动者权益的；（五）因本法第二十六条第一款规定的情形致使劳动合同无效的；（六）法律、行政法规规定劳动者可以解除劳动合同的其他情形。"

2. 《劳动合同法》第四十六条："有下列情形之一的，用人单位应当向劳动者支付经济补偿：（一）劳动者依照本法第三十八条规定解除劳动合同的；（二）用人单位依照本法第三十六条规定向劳动者提出解除劳动合同并与劳动者协商一致解除劳动合同的；（三）用人单位依照本法第四十条规定解除劳动合同的；（四）用人单位依照本法第四十一条第一款规定解除劳动合同的；（五）除用人单位维持或者提高劳动合同约定条件续订劳动合同，劳动者不同意续订的情形外，依照本法第四十四条第一项规定终止固定期限劳动合同的；（六）依照本法第四十四条第四项、第五项规定终止劳动合同的；（七）法律、行政法规定的其他情形。"

3. 1990 年 7 月 18 日《劳动部办公厅对〈关于外商投资企业女职工在孕期、产期、哺乳期间解除、终止劳动合同问题的请示〉的复函》规定："一、对外商投资企业实行计划生育的女职工在孕期、产期、哺乳期间解除劳动合同的问题，现应按国务院《女职工劳动保护规定》（以下简称《规定》）的有关条款执行。二、孕期、产期、哺乳期间的女职工在合同规定的试用期内发现不符合录用条件的，可以辞退。但不得以女职工怀孕、休产假、哺乳为由辞退。三、《规定》第四条'不得在女职工怀孕期、产期、哺乳期解除劳动合同'的规定，是指企业不得以女职工怀孕、生育和哺乳为由解除劳动合同，至于女职工在'三期'内违纪，按照有关规定和劳动合同应予辞退的，可以辞退。四、对实行计划生育的女职工，在'三期'内劳动合同期虽满，也不能解除其劳动合同，必须延续到哺乳期满。"

续表

4.《劳动合同法》第十四条:"无固定期限劳动合同,是指用人单位与劳动者约定无确定终止时间的劳动合同。用人单位与劳动者协商一致,可以订立无固定期限劳动合同。有下列情形之一,劳动者提出或者同意续订、订立劳动合同的,除劳动者提出订立固定期限劳动合同外,应当订立无固定期限劳动合同:(一)劳动者在该用人单位连续工作满十年的;(二)用人单位初次实行劳动合同制度或者国有企业改制重新订立劳动合同时,劳动者在该用人单位连续工作满十年且距法定退休年龄不足十年的;(三)连续订立二次固定期限劳动合同,且劳动者没有本法第三十九条和第四十条第一项、第二项规定的情形,续订劳动合同的。用人单位自用工之日起满一年不与劳动者订立书面劳动合同的,视为用人单位与劳动者已订立无固定期限劳动合同。"

5.《广东省工资支付条例》第十六条:"用人单位应当按照工资支付周期如实编制工资支付台账。工资支付台账应当至少保存二年。"

6.《广东省工资支付条例》第十七条:"用人单位支付工资时,应当向劳动者提供其本人的工资清单。用人单位延长劳动者工作时间或者在休息日、法定休假日安排劳动者工作的,应当在工资清单中列明相应的工资报酬;未列明且无法举证已支付的,视为未支付相应的工资报酬。工资清单项目及数额应当与工资支付台账相一致。劳动者有权查询和核对本人工资清单。"

六、自主实验

素材一: 1999 年 6 月,陈俊与广州市荣胜电器设备有限公司(简称荣胜公司)签订《临时工聘用合同》,双方约定:合同期限自 1999 年 6 月 1 日至 2000年 12 月 31 日,荣胜公司每月预付陈俊 800 元,陈俊的实际报酬按所在部门生产完成计件定额考核。随后,陈俊被安排在荣胜公司的铁附件车间工作。当时该车间有职工 4 名(包括车间主任)。陈俊 1999 年度的实际报酬是由荣胜公司制定的1999 年度各部门定额工资考核总则(截止期 1999 年 12 月 31 日)中确定的考核办法(铁附件车间产品按 370 元/吨计)计算出陈俊所在车间的总奖金后确定的。

2000 年 12 月 24 日,荣胜公司召开班组长及职工代表会议,会议决定 2001年各部门定额工资考核基数在 1999 年度基数上作适当调整。2000 年 12 月 25 日,荣胜公司公布了 2001 年度的定额工资考核总则。该总则规定,将职工技能工资、各种津贴、奖金捆绑与产品计件、计量定额挂钩进行考核,岗位工资不列入捆绑范围。其中,铁附件车间考核基数为:车间产品 100 吨以内按 370 元/吨计,100~200 吨按 300 元/吨计,200 吨以上按 260 元/吨计,不能计量的则以计件协商价核算;车间应按时保质保量完成生产任务,每月凭定额产值发放工资奖金;如不按时完成任务,每发生一次每人扣罚 50 元/天;车间主任有权根据本部门人员的工作表现、完成产品的数量、质量等分配工资奖金,车间主任的工资按本部门人员的平均数标准发放。同时规定该考核办法自 2001 年 3 月 1 日起执行。

陈俊合同期满后，未与荣胜公司续签合同，却仍继续工作至 2001 年 4 月 14 日。2001 年 1 月～2 月，铁附件车间共计完成产量 174.491 吨，加工路灯杆计奖金 1 400 元。期间，铁附件车间增加职工 3 名（共计职工 7 名）。荣胜公司在 2001 年 3 月前已预发除新增 3 名职工之外其余职工的预发工资和预发奖金合计 44 552.60 元，其中陈俊已领取 7 600 元。3 名新增职工 2001 年 1 月～2 月的报酬合计 4 170 元，荣胜公司并未另行拨发至铁附件车间。3 名新增职工在 2000 年 1 月～2 月属非计件制职工，未参与计件定额考核。铁附件车间 3 月份的奖金已按 2001 年度的考核办法结算。但荣胜公司与铁附件车间职工就 2001 年 1 月～2 月的奖金在最终结算时发生分歧。陈俊要求按 1999 年度考核办法计算 2001 年 1 月～2 月的奖金，理由是 2001 年度考核办法出台前就已完成了生产。荣胜公司认为应按 2001 年度考核办法计算。为此，至陈俊离职时，2001 年 1 月～2 月铁附件车间奖金仍未最终结算完毕。陈俊遂向广州市××区劳动争议仲裁委员会申诉，要求荣胜公司支付 2001 年 1 月～2 月的其余报酬。

荣胜公司认为：从 2001 年 1 月 1 日起，荣胜公司已按 2001 年度的定额工资考核总则考核公司各部门的奖金。陈俊却仍以 1999 年度的考核总则计算其报酬，与荣胜公司规定的考核办法不符。此外，陈俊所在车间在 2001 年 1 月～2 月共有 7 名工作人员，陈俊的报酬只应占车间总奖金金额的 1/7。

陈俊向仲裁庭提交的证据有：《临时工聘用合同》、工资条、工资存折、1999 年度考核办法。

荣胜公司向仲裁庭提交的证据有：2001 年度考核办法、职工代表会议决议的文件（证明 2001 年度考核办法的合法性）、铁附件车间主任王朝证言（由于考核办法变化，自 2001 年 1 月起车间主任的奖金在车间考核奖金中领取）、工资发放清单、定额考核记录表。

素材二： 1995 年，李忠进入广州市白云区美联公司（简称美联公司）工作，担任维修工，口头约定基本工资 1 600 元外加每小时 10 元的加班工资，并约定李忠每日的上班时间为 8 时至 12 时、13 时至 17 时、17 时 30 分至 20 时 30 分，每两星期休息一次，每次休息两日，双方没有签订书面劳动合同。李忠于 2001 年 6 月间曾离职，后于 2001 年 7 月再次进入美联公司维修部工作。2004 年 7 月 1 日，美联公司以其企业的生产分淡季、旺季，淡季时员工无生产任务则安排休息，旺季时生产较紧张则安排工人补休及计算加班工资等为由，向广州市白云区劳动和社会保障局申请实行综合计算工时工作制，并获该局批准。之后，美联公司又于 2005 年 1 月 20 日、2005 年 9 月 2 日、2006 年 3 月 1 日、2006 年 7 月 12 日、2007 年 6 月 5 日分别向该局申请实行综合计算工时工作制，最后一次申请的有效期限至 2007 年 12 月 31 日止，均经该局批准、同意。2005 年 3 月 1 日起，李忠

高等学校法学实验教学系列教材

的每月工资收入调整为 2 300 元，该月工资标准一直发放至 2007 年 3 月 31 日。2007 年 4 月 18 日，李忠向广州市白云区劳动和社会保障局递交了调解申请书，认为美联公司从 2005 年 3 月份没有经过其同意和协商的情况下单方面更改了工资为 2 300 元及延长了工作时间，但至今两年均没有支付超时工作的工资。2007 年 3 月 25 日，美联公司向李忠发出《关于续签劳动合同的通知》，要求李忠务必于 2007 年 5 月 16 日前到美联公司的人事部办理有关劳动合同续签手续，如过期即视为从当日起李忠自愿与美联公司解除双方的劳动关系；李忠认为该劳动合同的条款中将李忠的工资降回 1 600 元，故拒绝与美联公司签订劳动合同。2007 年 3 月 26 日，美联公司发出通知，认为李忠未能与美联公司签订劳动合同，在确保双方利益的情况下，决定暂停李忠的一切职务，时间由即日起直至新的劳动合同达成签署生效为止。2007 年 5 月 28 日，美联公司又作出《关于双方劳动关系自然终止的通知》，认为李忠没有按续签劳动合同通知的要求及期限与美联公司签订劳动合同，也没有收到李忠任何的书面回复，因此，双方的劳动关系从 2007 年 5 月 17 日自然终止。2007 年 6 月 7 日，李忠收到该通知。李忠依法申请劳动仲裁，要求美联公司向李忠支付：2005 年 5 月至 2007 年 4 月超时加班工资 43 145.10 元及 25% 的补偿金，合计 53 931.38 元；2005 年 5 月至 2007 年 4 月休息日加班工资 20 888.60 元及 25% 的补偿金，合计 26 110.75 元；2005 年至 2006 年法定节假日加班工资 1 978.96 元；解除劳动关系经济补偿金 16 100 元；解除劳动关系之日至仲裁期间的工资；以上合计 98 615.83 元。

美联公司认为：第一，其制订的薪资制度已经通过职工大会和张贴公告以及职工传阅等方式书面通知全体职工。而且，李忠一直亲自签收工资，并无异议，也可以推定其对该薪资制度是清楚的，也是认可的。第二，公司并无拖欠李忠工资的行为。公司提交的工资表中能够充分显示公司已经每月按时足额发放工资给李忠。第三，公司已经多次通知李忠签订劳动合同，但是李忠拒绝与公司签订劳动合同，造成事实劳动关系的责任主要在于李忠。

李忠向仲裁庭提交的证据有：厂牌、工资条、银行工资存折、证人吴果否定公司制订了《薪资制度》的书面证言。

美联公司向仲裁庭提交的证据有：《薪资制度》以及相关职工证人证词（证明公司制订的《薪资制度》已经通过职工大会和张贴公告以及职工传阅等方式书面通知全体职工）、职工大会会议纪要、工资表（李忠亲自签收）、《关于续签劳动合同的通知》、《关于双方劳动关系自然终止的通知》、广州市白云区劳动和社会保障局批准实行综合计算工时工作制的批文、美联公司于 2007 年 4 月 25 日通知李忠签订劳动合同的通知书。

实验四　　组成仲裁庭

一、实验目的

通过组成仲裁庭的实验，训练学生掌握在劳动仲裁案件准备阶段，作为劳动争议仲裁委员会的工作人员，如何组成仲裁庭。学生通过模拟组成仲裁庭的劳动争议仲裁委员会的工作人员，全面了解和掌握组成仲裁庭的事务，独立完成仲裁庭的组成工作。

二、实验要求

（1）在进行项目实验前，要求学生复习和掌握劳动争议处理法律制度的程序方面的基本知识，熟悉《劳动争议调解仲裁法》、《企业劳动争议处理条例》、《劳动争议仲裁委员会组织规则》、《劳动争议仲裁委员会办案规则》等重要法律法规，以便对实验内容有清楚的认识。

（2）了解仲裁庭组成的程序性知识。

（3）熟悉仲裁员选任的基本知识。

（4）了解并制作开庭通知书。

（5）了解当事人申请仲裁庭成员回避和申请延期开庭的规定。

三、实验步骤

（1）组成仲裁庭。

（2）选任仲裁员。

（3）制作开庭通知书。

（4）当事人申请仲裁庭成员回避和申请延期开庭。

四、实验原理

1. 仲裁庭的组成

劳动争议案件的仲裁，并不是由劳动争议仲裁委员会来进行具体的审理和裁决，而是由临时组成的仲裁庭来进行审理和裁决，此即"仲裁庭制"。劳动仲裁庭是根据"一案一庭"的原则，由劳动争议仲裁委员会经过一定程序选择出来的仲裁员组成的专门处理劳动争议案件的机构。劳动仲裁庭在劳动争议仲裁委员会领导下处理劳动争议案件。为保证仲裁活动的顺利进行，保障仲裁决定的公正、合理，有效维护当事人的合法权益，法律对仲裁庭的组成作出了严格规定。根据《劳动争议调解仲裁法》的规定，仲裁庭的组成有两种形式：一为合议庭，二为独任庭。

（1）合议庭。

这是劳动仲裁经常采用的组织形式。合议庭由三名仲裁员组成，三名仲裁员中设一名首席仲裁员。仲裁庭的组成人员为单数，这是为了确保仲裁庭成员对案件的裁决有不同意见时，可根据少数服从多数的原则形成最终裁决。因此，这种设置既有利于发挥集体智慧，对案件作出公正裁决，又有利于仲裁庭内部意见的集中统一，及时对劳动争议案件作出裁决。

劳动争议案件仲裁庭的产生方式和普通民事经济案件的仲裁庭的产生方式不同。专门调整普通民事经济案件的《仲裁法》规定，仲裁委员会受理普通民事经济案件仲裁申请后，应当在仲裁规则规定的期限内将仲裁规则和仲裁员名册送达申请人，并将仲裁申请书副本和仲裁规则、仲裁员名册送达被申请人。当事人约定由三名仲裁员组成仲裁庭的，应当各自选定或者各自委托仲裁委员会主任指定一名仲裁员，第三名仲裁员由当事人共同选定或者共同委托仲裁委员会主任指定。此第三名仲裁员就是首席仲裁员。如果当事人约定由一名仲裁员成立仲裁庭的，应当由当事人共同选定或者共同委托仲裁委员会主任指定仲裁员。

但《劳动争议调解仲裁法》没有规定由当事人来选择仲裁员。其原因在于劳动争议仲裁由劳动部门下设的劳动争议仲裁委员会处理，劳动争议仲裁委员会的经费由政府财政保障，劳动争议仲裁中体现了公权力，仲裁员也主要是专职人员担任，所以不应当由当事人来选择。当然，对于当事人是否可以选择劳动仲裁员的问题，国家也有支持当事人选择仲裁员的想法，一些地方的仲裁规则还作出了特别规定。例如，《北京市劳动争议仲裁办案规范》第二十一条就规定："除独任审理的案件外，仲裁委员会应自立案之日起七日内组成仲裁合议庭。仲裁合议庭由一名首席仲裁员和两名仲裁员组成。仲裁合议庭组成人员由仲裁委员会办公室负责人确定。"又如，江苏省也建立了当事人选择劳动仲裁员的制度，"当事人双方有权在劳动争议仲裁委员会向社会公布的仲裁员名册中，各自选择一名仲裁员审理劳动争议案件。当事人选择的仲裁员因故不能参加组庭，当事人可以重新选择，也可以委托劳动争议仲裁委员会办公室代为指定一名仲裁员。如双方当事人选择同一名仲裁员参与案件审理时，由后选的当事人重新选择或由劳动争议仲裁委员会办公室指定。""劳动争议仲裁委员会在收到劳动争议双方当事人书面选择仲裁员的名单后，在仲裁员名册中指定一名仲裁员作为首席仲裁员。""适用简易程序的案件，由双方当事人协商共同选择一名仲裁员独任审理。如双方协商不成，则由劳动争议仲裁委员会办公室负责人从劳动仲裁员名册中指定。"①

（2）独任庭。

所谓独任庭，是指由一名仲裁员组成仲裁庭对简单劳动争议案件进行仲裁。独任制是一种比较迅速、便捷、经济的仲裁方式，对一些简单的劳动争议采用独任庭制，可以更为简便易行地解决纠纷，不造成仲裁资源的浪费，发挥仲裁便捷和及时解决争议的优势。

《劳动争议仲裁委员会办事规则》第十六条规定，简单案件为"事实清楚，案情简单，适用法律法规明确"的劳动争议案件。所谓事实清楚，是指当事人双方对争议的事实陈述基本一致，并能提供相应的证据，劳动争议仲裁委员会即可判明事实、分清是非。所谓案情简单，是指权利义务关系明确，即谁是责任的承担者，谁是权利的享有者，关系明确。所谓争议不大，是指当事人对案件的是非、责任以及争议标的无原则分歧。当然，各地也可根据本地区的实际情况，对简单劳动争议及其适用的简易程序作出进一步的规定。例如，《北京市劳动争议仲裁办案规范》第二十条规定："仲裁委员会受理的劳动争议案件，事实清楚、案情简单、运用法律法规明确的案件，可由仲裁委员会办公室负责人指定一名仲裁员独任审理。简单案件在审理过程中，仲裁员发现案情复杂的，应向仲裁委员会办公室负责人报告，经批准另行组成合议庭审理。"因此，当双方当事人对案件事实争议不大，案情简单，如何适用法律法规已经比较明确的时候，由一名仲裁员独任审理即可做到仲裁的公正合理。

2. 选任仲裁员

作为专门从事劳动争议裁决工作的人员，劳动仲裁员应由劳动争议仲裁委员会依法聘任。选任仲裁员本来是当事人的权利，仲裁员应由当事人各自选定或者共同选定，或者各自委托或共同委托劳动争议仲裁委员会主任来指定。但是，根

---

① 参见《江苏省劳动争议当事人选择劳动仲裁员试行办法》（苏劳社仲〔2001〕6号）第六、九、十条。

据目前我国的实际情况，仲裁员一般由劳动争议仲裁委员会指定。

劳动仲裁员包括专职仲裁员和兼职仲裁员。仲裁员资格由省级人民政府考核认定，取得仲裁员资格方可在劳动争议仲裁委员会担任专职或者兼职仲裁员。兼职仲裁员由劳动争议仲裁委员会从劳动行政部门、人事行政部门或者其他行政部门的人员、曾任审判员的人员、工会工作者、专家、学者和律师中聘任。劳动争议仲裁委员会应当将聘任的专职和兼职仲裁员制作名册。劳动争议仲裁委员会可以按照劳动、人事、工会等不同专业方向制作仲裁员名册。仲裁员由劳动争议仲裁委员会聘任，劳动争议仲裁委员会应当从符合仲裁员条件的人员中聘任仲裁员，并将聘任的仲裁员按照不同专业设置仲裁员名册。

劳动仲裁员的任职条件包括：'（1）仲裁员的道德素养。要求仲裁员公道正派、坚持原则、秉公执法、作风正派、勤政廉洁，拥护党的路线、方针、政策。（2）仲裁员的业务素质。包括：第一，曾任审判员的。现职审判员不能被聘任。第二，从事法律研究、教学工作并具有中级以上职称的。第三，具有法律知识、从事人力资源管理或者工会等专业工作满五年的。第四，律师执业满三年的。

劳动仲裁员的主要职责是：（1）接受劳动争议仲裁委员会交办的劳动争议案件，参加仲裁庭；（2）进行调查取证，有权向当事人及有关单位、人员进行调阅文件、档案，询问证人，现场勘察，技术鉴定等与争议事实有关的调查；（3）根据国家有关法律、法规、规章、政策提出处理方案；（4）对争议当事人双方进行调解工作，促使当事人达成和解协议；（5）审查申请人的撤诉请求。

3. 仲裁庭成员的回避

回避制度是当事人监督仲裁庭成员的重要的程序性权利，可以保障仲裁活动的客观、公正进行，保证案件得到正确处理。仲裁员回避是指劳动争议仲裁委员会在劳动仲裁时，仲裁庭成员认为自己不适宜参加本案审理的，依照法律规定，自行申请退出仲裁，或者当事人认为由于某种原因仲裁庭成员可能存在裁决不公的情形，申请要求其退出仲裁活动。我国《劳动争议调解仲裁法》对回避制度作出了明确规定，赋予了当事人及其法定代理人这一基本权利，要求办案人员在办理案件时首先要向当事人及其法定代理人宣告这一权利，任何人都不能剥夺当事人及其代理人申请回避的权利。这里所指的仲裁庭成员，不仅包括仲裁员，也包括书记员、鉴定人、勘验人以及翻译人员，还应包括劳动争议仲裁委员会的成员。

回避方式主要有两种：（1）仲裁庭成员主动回避。指仲裁庭成员知道自己具有应当回避的情形，主动向劳动争议仲裁委员会提出回避申请，说明情况，提出不参加案件的审理。（2）当事人申请回避。指仲裁庭成员明知自己应当回避而不自行回避或者不知道、不认为自己具有应当回避的情形，因而没有自行回避的，仲裁案件的双方当事人及其法定代理人有权向劳动争议仲裁委员会提出申请，要求他们回避。

应当回避的情形主要包括以下几个方面：（1）是本案的当事人或者当事人、代理人的近亲属①。主要指仲裁员本人是本案的当事人一方或当事人一方的代理人或者是他们的近亲属。如果办案人员是本承办案件的当事人或者当事人、代理人的近亲属，就有可能偏袒他的近亲属，使案件得不到公正解决，所以这样的办案人员，不能参与办理此案，应当回避。（2）与本案有利害关系。与本案有利害关系是指审理本案的办案人员或者其近亲属与本案有某种利害关系，处理结果会涉及他们在法律上的利益。（3）与本案当事人、代理人有其他关系，可能影响公正仲裁的。"其他关系"主要指以下几种情况：是当事人的朋友、亲戚、同学、同事等，或者曾经与当事人有过恩怨、与当事人有借贷关系等。"可能影响公正仲裁的"是"与本案当事人、代理人有其他关系"而应当回避的必要条件，即只有在可能影响公正处理案件的情况下，才适用回避。（4）私自会见当事人、代理人，或者接受当事人、代理人的请客送礼的。案件当事人及其代理人有证据证明办理此案的人员有上述行为，就有权要求他们回避，维护自己的合法权益。

《劳动争议仲裁委员会办案规则》规定，劳动争议仲裁委员会主任的回避，由劳动争议仲裁委员会决定；劳动争议仲裁委员会其他成员、仲裁员和其他人员的回避由劳动争议仲裁委员会主任决定。劳动争议仲裁委员会或仲裁委员会主任对回避申请应在七日内作出决定。

附　当事人回避申请书（样本）：

<table>
<tr><td colspan="4" align="center">××劳动争议仲裁委员会
回避申请书</td></tr>
<tr><td>案号</td><td>×劳仲案字〔20　　〕　　号</td><td>申请人</td><td></td></tr>
<tr><td>回避人</td><td></td><td>回避方式</td><td></td></tr>
<tr><td>申请回避理由</td><td colspan="3">申请人：　　　20　　年　月　日</td></tr>
</table>

---

① 所谓近亲属，是指与当事人、代理人血缘关系较近的亲属，指当事人的夫、妻、父、母、子、女、兄弟、姐妹。

高等学校法学实验教学系列教材

续表

审批意见	
	负责人：　　　20　年　月　日
备注	

4. 开庭通知

仲裁庭组成后，应当做开庭准备的工作。仲裁庭成员应当拟定案件处理方案，并根据法律对劳动争议仲裁案件仲裁期限的规定，合理确定开庭日期。在确定开庭日期后，仲裁庭应当在开庭五日前，将开庭日期、地点书面通知双方当事人。

开庭通知的方式应为书面通知。法律作出这样的规定，一方面有利于当事人及其代理人调查收集有关证据、资料，为开庭辩论、质证做准备，另一方面也便于当事人及其代理人适当安排个人事务，以便当事人及其代理人按时出庭。

附　开庭通知书（样本）：

<table>
<tr><td colspan="2" align="center">广州市××区劳动争议仲裁委员会
通　知</td></tr>
<tr><td>案 件 号</td><td>穗×劳仲案字〔20　　　〕　　号</td></tr>
<tr><td>被通知人</td><td></td></tr>
<tr><td>地　　址</td><td></td></tr>
<tr><td>通知事由和事项</td><td>仲裁庭组成人员：

　　仲裁员：　　　　　　　　　　　书记员：</td></tr>
<tr><td>应到时间</td><td>20　　年　　月　　日　　午　　时　　分</td></tr>
<tr><td>应到地点</td><td></td></tr>
<tr><td>发送时间</td><td></td></tr>
<tr><td>附注</td><td>联系电话：</td></tr>
</table>

续表

注：1. 被通知人应持本通知准时到达应到地点。 　　2. 若申请人无正当理由不按时到庭或者未经仲裁庭同意中途退庭的，将视为撤回仲裁请求；若被申请人无正当理由不按时到庭或者未经仲裁庭同意中途退庭的，则作缺席裁决。 　　3. 劳动争议仲裁公开进行，当事人协议不公开进行或者涉及国家秘密、商业秘密和个人隐私的除外。	发送单位（盖章） 　　20　　年　月　日

5. 延期开庭

所谓延期开庭，是指当事人（包括申请人和被申请人）在仲裁庭通知其开庭审理日期后且开庭三日前，由于出现法定事由，导致仲裁审理程序无法按期进行的，提出延期审理的请求，经劳动争议仲裁委员会同意，将仲裁审理推延到另一日期进行的行为。延期开庭由当事人提出请求后，仲裁庭作出决定。

延期开庭请求权行使的起始日期非常明确，只有在仲裁庭通知其开庭日期后才能行使，而对截止日期，规定为开庭三日前。这样的规定，既能方便当事人，又不至于给仲裁员带来较大不便，或给对方当事人参加仲裁造成影响，扰乱仲裁庭及其仲裁员的正常工作秩序。

当事人请求延期开庭的，应当有正当理由。但《劳动争议调解仲裁法》并没有对正当理由作出明确具体的规定。在此，可以参照《民事诉讼法》第一百三十二条①的规定。正当理由包括：（1）当事人由于不可抗力的事由或其他特殊情况不能到庭的。例如，当事人患重大疾病或遭受其他身体伤害影响其行使权利的；重大自然灾害、战争等对当事人出庭形成障碍的。（2）当事人在仲裁审理中临时提出回避申请的。申请回避是当事人的一项重要权利，一般来说当事人应当在知道仲裁庭成员名单后至开庭前提出回避。但当事人可能事先并不知道仲裁员存在应当回避的情形，或者仲裁员接受一方当事人贿赂等的事实发生在仲裁审理过程中，当事人仍有权提出回避申请。这时，劳动争议仲裁委员会应当对当事人的回避申请进行审查，作出是否同意其回避申请的决定。（3）需要调取新的证据，需要重新鉴定、勘验的。

当事人在法定期限内提出延期开庭的请求后，仲裁开庭并不必然会延期进

---

① 《民事诉讼法》第一百三十二条规定："有下列情形之一的，可以延期开庭审理：（一）必须到庭的当事人和其他诉讼参与人有正当理由没有到庭的；（二）当事人临时提出回避申请的；（三）需要通知新的证人到庭，调取新的证据，重新鉴定、勘验，或者需要补充调查的；（四）其他应当延期的情形。"

行，劳动争议仲裁委员会必须判断当事人的申请是否有正当理由，并作出是否同意延期开庭的决定。需要注意的是，决定是由劳动争议仲裁委员会作出，而非由仲裁庭作出。

附　案件延期处理审批表（样本）：

<table>
<tr><td colspan="5" align="center">××劳动争议仲裁委员会
案件延期处理审批表</td></tr>
<tr><td>案　号</td><td colspan="2">×劳仲案字〔20　　〕　　号</td><td>案　由</td><td></td></tr>
<tr><td>立案日期</td><td colspan="2"></td><td>组庭日期</td><td></td></tr>
<tr><td>申请人</td><td colspan="2"></td><td>被申请人</td><td></td></tr>
<tr><td>第三人</td><td colspan="4"></td></tr>
<tr><td colspan="5">要求延期的期限：</td></tr>
<tr><td colspan="5">要求延期的理由：

　　　　　　　　承办人：　　　　　20　年　　月　　日</td></tr>
<tr><td>仲裁委

员会审

查意见</td><td colspan="4">

　　　　　　　　负责人：　　　　　20　年　　月　　日</td></tr>
<tr><td>仲裁庭

组成</td><td colspan="4">首席仲裁员：　　　　　　　　　仲裁员：

仲裁员：　　　　　　　　　　　书记员：</td></tr>
<tr><td>备注</td><td colspan="4"></td></tr>
</table>

五、实验范例

1. 实验素材

朱某是广州市强盛有限责任公司的员工。因广州市强盛有限责任公司擅自调动其工作岗位，朱某的劳动报酬也因此减少，双方为此发生争议。2008年9月5

日，朱某向广州市××区劳动争议仲裁委员会提出仲裁申请。2008年9月10日，××区劳动争议仲裁委员会审查朱某的仲裁申请后，认为符合受理条件，予以受理。受理后，××区劳动争议仲裁委员会认为案情简单，遂指定兼职仲裁员罗××（系在一大公司从事人力资源管理的人员）组成独任仲裁庭对此案进行仲裁。仲裁员罗××确定2008年10月17日下午3点整为该案的开庭时间，并向双方当事人送达应诉通知书和开庭通知等法律文件。罗××所在的公司与广州市强盛有限责任公司是贸易伙伴，生意往来，两个公司的关系非常密切。朱某知悉这一情况后，于2008年9月20日向××区劳动争议仲裁委员会提出仲裁员回避申请。在收到仲裁庭受理和应诉通知书后，2008年9月25日，朱某突然遭遇车祸，住进医院，动弹不得。朱某遂委托其代理人申请延期审理。

2. 实验准备

（1）实验流程的准备。

第一，劳动争议仲裁委员会依法组成独任仲裁庭。

第二，劳动争议仲裁委员会依法指派仲裁员。

第三，仲裁员制作开庭通知书。

第四，当事人申请仲裁庭成员回避和申请延期开庭。

（2）法律规定的准备。

《劳动争议调解仲裁法》第三十一条："劳动争议仲裁委员会裁决劳动争议案件实行仲裁庭制。仲裁庭由三名仲裁员组成，设首席仲裁员。简单劳动争议案件可以由一名仲裁员独任仲裁。"

《劳动争议调解仲裁法》第二十条："劳动争议仲裁委员会应当设仲裁员名册。仲裁员应当公道正派并符合下列条件之一：（一）曾任审判员的；（二）从事法律研究、教学工作并具有中级以上职称的；（三）具有法律知识、从事人力资源管理或者工会等专业工作满五年的；（四）律师执业满三年的。"

《劳动争议调解仲裁法》第三十三条："仲裁员有下列情形之一的，应当回避，当事人也有权以口头或者书面方式提出回避申请：（一）是本案当事人或者当事人、代理人的近亲属的；（二）与本案有利害关系的；（三）与本案当事人、代理人有其他关系，可能影响公正裁决的；（四）私自会见当事人、代理人，或者接受当事人、代理人的请客送礼的。劳动争议仲裁委员会对回避申请应当及时作出决定，并以口头或者书面方式通知当事人。"

《劳动争议调解仲裁法》第三十五条："仲裁庭应当在开庭五日前，将开庭日期、地点书面通知双方当事人。当事人有正当理由的，可以在开庭三日前请求延期开庭。是否延期，由劳动争议仲裁委员会决定。"

3. 实验结果

劳动争议仲裁委员会依法组成独任仲裁庭后，由劳动争议仲裁委员会指派的兼职仲裁员罗××制作开庭通知书，见表 3－5。

表 3－5　　　　　　　　　　　　　开庭通知书（范例）

广州市××区劳动争议仲裁委员会 通　知	
案 件 号	穗×劳仲案字［2008］2675 号
被通知人	广州市强盛有限责任公司
地　　址	广州市××区××路××号
通知事由和事项	你与朱某争议纠纷，本会已受理，请有关人员按规定的时间、地点参加开庭审理。 仲裁庭组成人员： 仲裁员：罗××　　　　　　书记员：齐×
应到时间	2008 年 10 月 17 日下午 15 时 00 分
应到地点	广州市××区××路××号劳动和社会保障局 2 号楼 1 号仲裁庭
发送时间	2008 年 9 月 5 日
附注	联系电话：020－88××××××

注：1. 被通知人应持本通知准时到达应到地点。　2. 若申请人无正当理由不按时到庭或者未经仲裁庭同意中途退庭的，将视为撤回仲裁请求；若被申请人无正当理由不按时到庭或者未经仲裁庭同意中途退庭的，则作缺席裁决。　3. 劳动争议仲裁公开进行，当事人协议不公开进行或者涉及国家秘密、商业秘密和个人隐私的除外。	发送单位（盖章） 2008 年 9 月 5 日

朱某申请仲裁员罗××回避，填写了回避申请书，见表 3－6。

表 3－6　　　　　　　　　　　　　回避申请书（范例）

广州市××区劳动争议仲裁委员会 回避申请书			
案号	穗×劳仲案字［2008］2675 号	申请人	朱某
回避人	罗××	回避方式	当事人申请回避

续表

申 请 回 避 理 由	鉴于本案仲裁员罗××所工作的单位与被申请人广州市强盛有限责任公司为生意上的伙伴关系，属于《劳动争议调解仲裁法》第三十三条规定的"与本案当事人、代理人有其他关系，可能影响公正仲裁的。"故申请仲裁员罗××回避本案。 　　　　　　　　　　　　申请人：朱某　　2008 年 9 月 20 日
审 批 意 见	 　　　　负责人：　　　　　　　20　　年　　月　　日
备注	

　　2008 年 9 月 25 日，由于朱某遭遇车祸，不能行动，无法在 2008 年 10 月份出庭，所以，朱某申请延期审理。广州市××区劳动争议仲裁委员会对朱某延期审理的申请做了登记并予以审批，见表 3 - 7。

表 3 - 7　　　　　　　　　　案件延期处理审批表（范例）

<table>
<tr><td colspan="5" align="center">广州市××区劳动争议仲裁委员会
案件延期处理审批表</td></tr>
<tr><td>案　号</td><td>穗×劳仲案字［2008］2675 号</td><td>案　由</td><td colspan="2">劳动合同变更</td></tr>
<tr><td>立案日期</td><td>2008 年 9 月 10 日</td><td>组庭日期</td><td colspan="2">2008 年 9 月 10 日</td></tr>
<tr><td>申请人</td><td>朱某</td><td>被申请人</td><td colspan="2">广州市强盛有限责任公司</td></tr>
<tr><td>第三人</td><td></td><td></td><td colspan="2"></td></tr>
<tr><td colspan="5">要求延期的期限：2008 年 12 月</td></tr>
<tr><td colspan="5">要求延期的理由：

　　申请人因车祸住院无法行动。

　　　　　　承办人：罗××　　　2008 年 9 月 28 日</td></tr>
<tr><td>仲裁委
员会审
查意见</td><td colspan="4">

　　负责人：　　　　　　20　　年　　月　　日</td></tr>
</table>

高等学校法学实验教学系列教材

劳动争议仲裁实验教程

仲裁庭 组成	首席仲裁员：		仲裁员：罗××
	仲裁员：		书记员：
备注			

六、自主实验

素材一：蔡某是广州市宝驰公司的员工。双方签订了书面劳动合同，合同期限到 2008 年 7 月 31 日止。2008 年 6 月，蔡某因重病住院，到 2008 年 7 月 31 日一直没有痊愈。住院期间，公司发给蔡某病假工资。2008 年 8 月 3 日，宝驰公司发出劳动关系终止通知书，以双方的合同到期为由终止劳动关系，宝驰公司只支付一个月工资的经济补偿金。蔡某的家人与宝驰公司为是否能终止劳动关系以及工资待遇问题和经济补偿金问题发生争议。2008 年 8 月 10 日，蔡某的家人以蔡某的名义向广州市××区劳动争议仲裁委员会申请仲裁。2008 年 8 月 20 日，××区劳动争议仲裁委员会审查蔡某的仲裁申请后，认为符合受理条件，予以受理。受理后，××区劳动争议仲裁委员会认为案情简单，遂指定仲裁员邹×组成独任仲裁庭对此案进行仲裁。仲裁员邹×确定 2008 年 12 月 5 日上午 10 点为该案的开庭时间，并向双方当事人送达应诉通知书和开庭通知等法律文件。仲裁员邹×与宝驰公司的负责财务的部门经理李某是大学同学，但邹×很久都没有与李某联系过了。蔡某听宝驰公司的职工说起这事，就决定申请邹×回避。2008 年 12 月 4 日，蔡某病情突然加重，第二天不能出庭，其家人要求延期审理。

素材二：彭某系广州澳特公司的职工，任技术研发部门的负责人，并被公司派出国学习培训，掌握了公司大量的核心技术信息。双方签订了书面劳动合同，约定了彭某的服务期到 2012 年 12 月 31 日。2008 年 10 月 8 日，彭某突然以身体不佳为由向公司提出辞职。公司苦苦挽留，但彭某执意要走。2008 年 10 月 12 日，彭某不再来公司上班，也不来公司办理交接手续。2008 年 11 月 1 日，澳特公司向广州市××区劳动争议仲裁委员会申请仲裁。2008 年 11 月 6 日，××区劳动争议仲裁委员会审查了澳特公司的仲裁申请后，认为符合受理条件，予以受理。受理后，××区劳动争议仲裁委员会认为案情简单，遂指定仲裁员王×组成独任仲裁庭对此案进行仲裁。仲裁员王×确定 2008 年 12 月 15 日上午 9 点为该案的开庭时间，并向双方当事人送达应诉通知书和开庭通知等法律文件。彭某认为仲裁员王×经常处理与澳特公司有关的仲裁案件，双方非常熟悉，请求仲裁员王×回避。2008 年 12 月 12 日，澳特公司的代理律师突然发现本月 15 日上午有两个案件需要出庭，遂请求延期审理。

高等学校法学实验教学系列教材

实验五　仲裁庭调查取证

一、实验目的

通过仲裁庭调查取证的实验，训练学生掌握在劳动仲裁案件准备阶段，作为仲裁庭的仲裁员，如何依职权进行调查取证。学生通过模拟进行调查取证的劳动仲裁员，全面了解和掌握调查取证的工作，独立完成仲裁庭调查取证。

二、实验要求

（1）在进行项目实验前，要求学生复习和掌握劳动争议处理法律制度的程序性基本知识，熟悉《劳动争议调解仲裁法》、《企业劳动争议处理条例》、《劳动争议仲裁委员会组织规则》、《劳动争议仲裁委员会办案规则》等重要法律法规，以便对实验内容有清楚的认识。

（2）熟悉仲裁庭调查取证的基础知识。

（3）了解仲裁庭询问的程序。

（4）了解仲裁庭委托鉴定和委托勘查的程序。

（5）了解仲裁庭委托其他劳动争议仲裁委员会调查的程序。

三、实验步骤

（1）仲裁庭制作调查笔录。

（2）仲裁庭委托鉴定和委托勘查。

（3）仲裁庭委托其他劳动争议仲裁委员会调查。

高等学校法学实验教学系列教材

四、实验原理

1. 仲裁庭调查取证

仲裁庭调查取证，是指劳动争议仲裁委员会和仲裁员针对申请人的申诉和被申请人的答辩中存在的某些疑点，找有关单位、知情人了解情况或收集证据的一种仲裁活动。根据《劳动争议仲裁委员会办案规则》的规定，仲裁庭成员应认真审阅申请书和答辩材料，依职权调查、收集证据，查明争议事实。然而，仲裁庭何时才能主动调查取证，相关法律并没有明确。对此，可以参照《民事诉讼法》等的相关规定。

《民事诉讼法》规定，人民法院认为审理案件需要的证据，人民法院可依职权调查收集。《最高人民法院关于民事诉讼证据的若干规定》将人民法院认为审理案件需要规定为两种情形：一是可能有损国家利益、社会公共利益或他人合法权益的事实；二是涉及依职权追加当事人、中止诉讼、终结诉讼、回避等与实体争议无关的程序事项。就诉讼的实体内容而言，人民法院如果在民事诉讼中发现当事人的民事行为或诉讼行为可能有损国家利益或社会公共利益或诉讼外第三人的合法权益时，可以依职权进行干预，依职权调查收集证据。对于诉讼的程序内容，由于与当事人实体权利没有直接关系，法院不依职权调查收集证据，则诉讼程序无法推进，基于公正与效率的考虑，以及更好地指挥诉讼和管理诉讼，程序性事项可以由法院依职权调查。因此，劳动仲裁庭在进行调查取证时，应当参照这些规定执行。

仲裁庭调查取证时，应当有两名以上工作人员参加。调查人员调查时，应向被调查人出示证件，告知被调查人应实事求是地提供证据。调查人员应当场制作调查笔录，由调查人员、记录人员分别签名或盖章；被调查人或者证人应在阅读笔录、确认无误后，逐页签名。

为了正确处理劳动争议案件，仲裁庭调查取证时，必须反对主观性、片面性和表面性，不能先入为主或附加任何外来成分。仲裁庭收集证据时，要力求全面、客观，对申请人、被申请人有利或不利的都要收集。收集的证据应涵盖书证、物证、视听资料、证人证言、当事人陈述、鉴定结论、勘验笔录等证据种类。劳动争议仲裁证据的收集，必须是合法的。

劳动争议仲裁委员会收集证据的基本方法是调查研究。调查手段大致有以下七种：（1）访问、座谈、进行谈话、制作笔录；（2）复印、抄录资料；（3）拍照；（4）录音；（5）鉴定；（6）勘验；（7）实验。

劳动争议仲裁委员会对其收集来的证据应当加以分析判断。分析判断证据的办法包括：（1）甄别。是指对收集的证据，逐个进行审查、辨别其真伪和确定其证明力。（2）比较。是指对两个或两个以上具有可比性的证据加以辨别。（3）综合。就是对证据进行综合分析。（4）取舍。是指仲裁人员对全案证据进行分析，形成对该案的基本看法后，把支持自己观点的证据排选出来加以组织，再判断组织起来的证据检验形成的观点是否正确。

附　协助查询函（样本）：

协助查询函

　　　　　　　　　　　　　　　　　　　　　×劳仲查字〔20　　　〕　　号

　　　　　　　　：

　　根据　　　　　　的规定，×劳仲案字〔20　　　〕　　号劳动争议案件的申请人/被申请人　　应当提供　　　　　　　用于　　　　　　。现　　　　等　　人，前往你处，查询　　　　　　，请接洽。

　　　　　　　　　　　　　　　　　　　　　　二○　　年　　月　　日

（有效期至二○　年　月　日）

附　劳动争议仲裁委员会调查提纲（样本）：

××劳动争议仲裁委员会
调 查 提 纲

案　　　号：

立案时间：

案　　　由：

申 请 人：

被申请人：

调 查 人：

被调查人：

预期完成时间：

需查阅的档案、资料和其他证明材料：＿＿＿＿＿＿＿＿＿＿＿

＿＿＿＿＿＿＿＿＿＿＿＿＿＿＿＿＿＿＿＿＿＿＿＿＿＿＿＿

＿＿＿＿＿＿＿＿＿＿＿＿＿＿＿＿＿＿＿＿＿＿＿＿＿＿＿＿

＿＿＿＿＿＿＿＿＿＿＿＿＿＿＿＿＿＿＿＿＿＿＿＿＿＿＿＿

　　调查项目和要求：＿＿＿＿＿＿＿＿＿＿＿＿＿＿＿＿＿＿

＿＿＿＿＿＿＿＿＿＿＿＿＿＿＿＿＿＿＿＿＿＿＿＿＿＿＿＿

＿＿＿＿＿＿＿＿＿＿＿＿＿＿＿＿＿＿＿＿＿＿＿＿＿＿＿＿

注：本页不够时可接用笔录纸，上下页间加盖骑缝章。

说明:

一、本调查提纲是根据《中华人民共和国企业劳动争议处理条例》第三十三条和《劳动争议仲裁委员会办案规则》第二十条、第二十三条的规定制作的。

二、本调查提纲供各级劳动争议仲裁委员会、仲裁庭及仲裁员处理劳动争议案件过程中,准备进行调查时使用。

三、本文书的"案号"一栏应填写本案"受理通知书"等仲裁文书的同一个编号:"×劳仲案字〔 〕 号"。"被调查人"一栏应依次写明姓名、性别、职务、住址及工作单位。如被调查人是单位,应写明法定代表人或主要负责人的姓名、单位名称、地址。

四、"需查阅的档案、资料和其他证明材料"一栏应列出有关的单位及要查阅的材料。

附 劳动仲裁调查笔录(样本):

劳动仲裁调查笔录

调查时间:_____年___月___日___时___分至 _时___分

调查地点:_____

调查人:_____

记录人:_____

被调查人:姓名:_____性别:____年龄:____

职务:_____工作单位:_____

电话:_____邮编:_____

地(住)址:_____

调查情况(问、答或观察情况):_____

_____

_____

注:1. 本页不够用时,可接用笔录纸副页。

2. 最后页应有调查人、被调查人签名。重要的调查笔录,被调查人要在每一页签名。

3. 上下之间应加盖骑缝章。

说明:

一、本文书是根据《劳动争议仲裁委员会办案规则》第二十条、第二十一条的规定制作的。

二、"调查笔录"是仲裁人员在审理案件过程中,依法向有关知情人员进行调查做记录时使用的文书。仲裁人员在审理案件过程中的全部调查,都应当制作调查笔录。

三、调查笔录本页不够用时,可接用专用笔录副页纸。

四、为了保证笔录的真实性、合法性,记录完毕,应交被调查人阅读(或念给被调查人听),如发现有错记、漏记,应当面纠正、补记,经校阅无误,应由被调查人在笔录的最后一页下方注明:"笔录经本人阅(听)后无误",并由被调查人签名,有些主要的调查笔录,可由被调查人在每一页笔录纸的下方签名。调查完毕,调查人应在笔录最后一页的下方签名并注明调查的日期。并在上下笔录之间加盖骑缝章。

高等学校法学实验教学系列教材

2. 仲裁庭委托鉴定和委托勘查

根据《劳动争议调解仲裁法》、《劳动争议仲裁委员会办案规则》的规定，在仲裁活动中，遇有需要勘验或鉴定的问题，应交由法定部门勘验或鉴定。没有法定部门的，由劳动争议仲裁行员会委托有关部门勘验或鉴定。

鉴定是指鉴定主体根据司法机关、仲裁机构或者当事人的申请，通过对鉴定材料的观察、比较、检验、鉴别，对案件涉及的专门性问题进行分析、判断，作出鉴定结论的专业性、技术性活动。勘验是指劳动争议仲裁机关办案人员为了查明一定的事实，对与案件有关的现场或物品亲自进行勘查检验，或者指定有关人员拍照、测量，并对勘验情况与结果形成笔录的活动。

在劳动仲裁过程中，经常会遇到与案件有关的一些专门性问题，如文书的真伪、签名的真假、工伤导致的伤残等级等，对此，仲裁员无法运用自己的知识和经验来作出判断，必须由专业机构、专业人员运用专门知识、专业技能和职业经验进行鉴定。劳动争议仲裁案件中常见的鉴定有医学鉴定、痕迹鉴定、文书鉴定、会计鉴定、事故鉴定，特别是劳动能力鉴定、职业病鉴定等。

关于鉴定的程序性规定，需要注意以下几方面：（1）鉴定程序的启动。一是当事人就有关问题向仲裁庭提出鉴定申请，仲裁庭认为需要鉴定的；二是当事人没有就有关问题提出鉴定申请，但仲裁庭认为有关问题需要鉴定的。当然，在劳动仲裁前，当事人也可自行委托鉴定。（2）鉴定机构的确定。一般应当按照当事人的约定确定鉴定机构；当事人没有约定或者无法达成约定的，由仲裁庭指定鉴定机构。约定或者指定的鉴定机构应当是依法取得相应资格的鉴定机构。（3）鉴定人参加开庭。当事人请求或者仲裁庭要求鉴定人参加开庭的，鉴定机构应当派负责此次鉴定的鉴定人参加开庭。当事人经仲裁庭许可，可以向鉴定人提问。当事人可以向仲裁庭申请由一至二名具有专门知识的人员出庭对鉴定人进行询问。（4）申请重新鉴定的条件。这些条件包括：第一，鉴定机构或者鉴定人员不具备相关的鉴定资格；第二，鉴定程序严重违法；第三，作出鉴定结论的依据明显不足；第四，经过质证认定不能作为证据使用的其他情形。

在仲裁庭的主持下，勘验人会对案件发生的现场或者不便移动的物证采取勘察、检验、绘图、拍照等措施，并形成一种实况记录。勘验是在仲裁庭的主持下和双方当事人的见证下进行的，能够比较真实地反映现场或者物证的客观情况，具有较强的证明力。制作勘验笔录是保全原始证据的重要手段。

高等学校法学实验教学系列教材

附　劳动争议仲裁委员会委托鉴定/勘验函（样本）：

××劳动争议仲裁委员会
委托鉴定/勘验函

×劳仲鉴（勘）字〔20　　〕　　号

　　　　　　　　　　：

　　本委受理_____诉_____劳动争议一案，双方当事人对_____表示异议。根据《中华人民共和国劳动争议调解仲裁法》第三十七条的规定，当事人约定由你单位进行鉴定/勘验（或当事人未就鉴定机构达成约定，由本委指定你单位进行鉴定/勘验）。鉴定（勘验）内容及要求如下：

1.
2.

　　请将鉴定（勘验）结果于____年____月____日前函复本委。

　　　　　　　　　　　　　　　　　　　　　　　二〇　　年　　月　　日

附　劳动争议仲裁委员会委托鉴定/勘验函存根（样本）：

××劳动争议仲裁委员会
委托鉴定（勘验）函（存根）

×劳仲鉴（勘）字〔20　　〕　　号

受委托单位：
案　　　号：
申　请　人：
被申请人：
第　三　人：
勘验内容：

鉴定
1.
2.
签发人：　　　　　　　　　　二〇　　年　月　日
经办人：　　　　　　　　　　二〇　　年　月　日
　　　　　　　　　　　　　　　　　二〇　　年　月　日

---

3. 仲裁庭委托其他劳动争议仲裁委员会调查取证

　　根据《劳动争议仲裁委员会办案规则》的规定，各地劳动争议仲裁委员会之间可以互相委托调查。受委托方仲裁委员会应当在委托方仲裁委员会要求的期限内完成调查，因故不能完成的应当在期限内函告委托方仲裁委员会。

附 委托调查函（样本）：

委 托 调 查 函

×劳仲调字〔　　〕　　号

＿＿＿＿＿＿劳动争议仲裁委员会：

　　我委受理＿＿＿＿案件（案号：×劳仲案字〔　　〕　　号），根据《中华人民共和国企业劳动争议处理条例》第三十三条规定，请你委协助调查，并在＿＿月＿＿日前将调查结果函告我委。如不能按期完成调查，请在＿＿月＿＿日前函告我委。

　　调查事项：

×××劳动争议仲裁委员会

年　月　日

---

4. 当事人申请仲裁庭调查取证

　　一般来讲，劳动仲裁当事人应当对自己的主张举证证明，既便某些情况下实行举证责任倒置，但也是由当事人之一的用人单位负举证责任。不管如何，仲裁庭不应随意替代当事人进行调查取证，从而弱化当事人的举证责任。但是，如果当事人及其代理人确因客观原因不能自行收集证据的，就可以申请仲裁庭调查取证。当事人及其代理人申请仲裁机构调查取证的，应当提交书面申请。申请书应当写明被调查人的姓名或者单位名称、住所地等基本情况、所要调查收集的证据的内容、需要由仲裁机构调查收集证据的原因及要证明的事实。

　　我国的《劳动争议调解仲裁法》并没有对当事人申请仲裁庭调查取证作出具体规定，因此，可以参照《民事诉讼法》的相关规定执行。按照《民事诉讼法》和《最高人民法院关于民事诉讼证据的若干规定》的规定，人民法院依当事人申请调查收集的证据，主要是对当事人存在客观原因不能自行收集的证据。《最高人民法院关于民事诉讼证据的若干规定》将此解释为三种情形：一是属于国家部门保存并须由人民法院依职权调取的档案材料；二是涉及国家秘密、商业秘密、个人隐私的材料；三是当事人及其诉讼代理人确因客观原因不能收集的其他材料。

附 申请仲裁庭调查取证申请书（样本）：

申请仲裁庭调查取证申请书

申请人：

姓名（名称），性别，年龄，民族，籍贯，工作单位，现在住址，联系方式。

请求事项：

事实和理由：

此致

××劳动争议仲裁委员会

申请人：

年 月 日

附：

1. 申请调查的证据名称
2. 证据来源
3. 被调查人的姓名（单位名称）和现住址

五、实验范例

1. 实验素材

2006 年，张某的好友林某担任广州市新星公司（国有中型企业）的董事长。应林某邀请，2006 年 2 月，张某入职广州市新星公司，任销售部经理。双方并没有签订书面劳动合同，林某口头允诺张某的年薪为 100 万元，并口头指示人事部经理刘某按照这一薪酬标准发放张某的工资。2006 年年末，董事长林某因重病从工作岗位上退下，董事长职位由副董事长孙某接替。孙某早就看不惯前任董事长任人唯亲的做法，一上台就撤换了一批中层领导，包括人事部经理刘某。鉴于销售部经理张某的工作业绩不错，孙某没有撤换张某，但指示人事部将张某的工资调整为每月 1 万元。2007 年 1 月 7 日，张某听说后非常愤怒，找到孙某理论，在激烈的争吵中张某将董事长孙某打伤（轻微伤），孙某报警，警察将张某带回派出所处理。当日傍晚 8 点左右，张某从派出所出来回家的路上因工作上不顺心的事而精神恍惚，以致遭遇车祸，住进医院，身体受到一定损害。2007 年 4 月，张某出院后，董事长孙某以张某违反公司的规章制度为由欲将其解雇，并不打算支付任何经济补偿金。张某则要求公司按照原来约定的薪酬支付工资，并支付解除劳动关系的经济补偿金以及因工受伤的工伤待遇。双方对此争议无法自行解决，张某遂于 2007 年 5 月申诉至劳动争议仲裁委员会，请求劳动仲裁。张某拿出了前董事长林某签名的在 2006 年 3 月出具在公司信纸上的一份函件（复印件），上写："人事部：销售部经理张某的薪酬为年薪 100 万元。请按此标准计算其薪酬。"仲裁庭在审查仲裁申请书和答辩书等相关材料后，决定对一些案件疑点进行调查取证。

2. 实验准备

（1）实验流程的准备。

第一，仲裁庭需要对前董事长林某以及前人事部经理刘某询问并做调查笔录。

第二，仲裁庭需要对前董事长林某签名的一张便条（在 2006 年 3 月书写）委托相关部门进行鉴定。

第三，仲裁庭需要对张某受伤情况和张某的劳动能力委托相关部门进行鉴定。

第四，公司欲申请仲裁庭调取派出所处理张某的相关证据。

（2）法律规定的准备。

《劳动争议调解仲裁法》第三十七条："仲裁庭对专门性问题认为需要鉴定的，可以交由当事人约定的鉴定机构鉴定；当事人没有约定或者无法达成约定的，由仲裁庭指定的鉴定机构鉴定。根据当事人的请求或者仲裁庭的要求，鉴定机构应当派鉴定人参加开庭。当事人经仲裁庭许可，可以向鉴定人提问。"

《最高人民法院关于民事诉讼证据的若干规定》第十七条："符合下列条件之一的，当事人及其诉讼代理人可以申请人民法院调查收集证据：（一）申请调查收集的证据属于国家有关部门保存并须人民法院依职权调取的档案材料；（二）涉及国家秘密、商业秘密、个人隐私的材料；（三）当事人及其诉讼代理人确因客观原因不能自行收集的其他材料。"

《劳动争议仲裁委员会办案规则》第二十条："仲裁庭成员应认真审阅申诉、答辩材料，调查、收集证据，查明争议事实。"

《劳动争议仲裁委员会办案规则》第二十一条："仲裁员进行调查时，应当先向被调查人出示证件。调查笔录经被调查人校阅后，由被调查人、调查人签名或盖章。"

《劳动争议仲裁委员会办案规则》第二十二条："在仲裁活动中，遇有需要勘验或鉴定的问题，应交由法定部门勘验或鉴定；没有法定部门的，由仲裁委员会委托有关部门勘验或鉴定。"

《劳动争议仲裁委员会办案规则》第二十三条："各地仲裁委员会之间可以

互相委托调查。受委托方仲裁委员会应当在委托方仲裁委员会要求的期限内完成调查，因故不能完成的应当在要求期限内函告委托方仲裁委员会。"

《劳动争议仲裁委员会办案规则》第二十四条："仲裁庭成员应根据调查的事实，拟定处理方案。"

3. 实验结果

（1）仲裁庭对前董事长林某以及前人事部经理刘某进行了询问，并做了调查笔录，见表3-8、表3-9。

表3-8 协助查询函（范例）

协助查询函
×劳仲查字［2007］202号
林某、刘某：
根据《劳动争议仲裁委员会办案规则》的规定，×劳仲案字［2007］2076号劳动争议案件的申请人张某应当提供证人证言用于证明你与其约定的劳动报酬。现仲裁员黄××、书记员苏××等2人，前往你处，查询相关事宜，请接洽。
2007年5月20日
（有效期至2007年6月30日）

表3-9 劳动仲裁调查笔录（范例）

劳动仲裁调查笔录
调查时间：2007年5月25日9时30分至11时30分
调查地点：广州市××医院
调查人：黄××、苏××
记录人：苏××
被调查人：姓名：刘某　性别：男　年龄：58
职务：（前）董事长　工作单位：广州市新星公司
电话：56×××××　邮编：51××××
地（住）址：广州市××区××路××号
调查情况（问、答或观察情况）：
问：刘某，就张某与广州市新星公司劳动报酬纠纷一事，现需要向你核实相关事实，希望你能如实向我们反映。
答：可以。我一定如实反映相关情况。
问：你是何时在广州市新星公司工作的，担任什么职务，何时离开广州市新星公司？

高等学校法学实验教学系列教材

劳动争议仲裁实验教程

答：我是大概 2002 年调入广州市新星公司，担任公司的董事长兼总经理。直到 2006 年 11 月份因病退下。

问：张某是不是你邀请进入公司的？

答：是的。我觉得张某在产品销售方面很有才能，就决定高薪聘用。

问：那么张某在任职广州市新星公司销售部经理时，他的月工资是多少？

答：当时经我提议，公司董事会批准同意，张某的劳动报酬为年薪人民币 100 万元。等到年终考察其销售业绩后一并给予。在此之前，公司每月只发给张某工资 1 万元。

问：当时公司董事会作出该决定时，有没有形成书面文件或者有没有会议记录？

答：没有。当时那次董事会开会时没有书面的会议记录。

问：现向你出示一份 2006 年 3 月由你签名的公司函件复印件，该函件要求公司人事部按照张某 100 万元年薪标准计算其薪酬。这份函件你是否见过，是否为你所签？

答：这份函件我见过，是我签的名。当时公司人事部还有存底，原件应当在公司人事部。

问：你以上所述是否属实？

答：保证属实，如果有假，愿意承担相应法律责任。

（调查人、被调查人签名）

注：1. 本页不够用，可接用笔录纸副页。

　　2. 最后页就有调查人、被调查人签名。重要的调查笔录、被调查人要在每一页签名。

　　3. 上下之间应加盖骑缝章。

说明：

　　一、本文书是根据《劳动争议仲裁委员会办案规则》第二十条、第二十一条的规定制作的。

　　二、"调查笔录"是仲裁人员在审理案件过程中，依法向有关知情人员进行调查做记录时使用的文书。仲裁人员在审理案件过程中的全部调查，都应当制作调查笔录。

　　三、调查笔录本页不够用时，可接用专用笔录副页纸。

　　四、为了保证笔录的真实性、合法性，记录完毕，应交被调查人阅读（或念给被调查人听），如发现有错记、漏记，应当面纠正、补记，经校阅无误，应由被调查人在笔录的最后一页下方注明："笔录经本人阅（听）后无误"，并由被调查人签名，有些主要的调查笔录，可由被调查人在每一页笔录纸的下方签名。调查完毕，调查人应在笔录最后一页的下方签名并注明调查的日期。并在上下笔录之间加盖骑缝章。

　　（2）仲裁庭委托相关部门鉴定前董事长林某在 2006 年 3 月出具并签名的函件（复印件），见表 3 - 10。

表 3 - 10　　　　　劳动争议仲裁委员会委托鉴定函（范例）

××劳动争议仲裁委员会
委托鉴定
×劳仲鉴字〔2007〕168 号
××大学司法鉴定中心：
本委受理张某诉广州市新星公司劳动争议一案，双方当事人对前董事长林某在 2006 年

续表

3 月出具并签名的一函件复印件表示异议。根据《中华人民共和国劳动争议调解仲裁法》第三十七条的规定，当事人约定由你单位进行鉴定。鉴定内容及要求如下：

    1. 检材上的正文字迹是打印形成还是复印形成。

    2. 检材上的"刘某"签名字迹的形成方式。

    3. 检材上加盖的公司公章是否在 2006 年 3 月同期形成。

    请将鉴定结果于 2007 年 7 月 30 日前函复本委。

（劳动争议仲裁委员会盖章）

2007 年 5 月 25 日

（3）仲裁庭需要对张某受伤情况和张某的劳动能力委托相关部门进行鉴定，见表 3 – 11。

表 3 – 11　　　　劳动争议仲裁委员会委托鉴定函（范例）

××劳动争议仲裁委员会
委托鉴定

×劳仲鉴字［2007］169 号

××劳动能力鉴定委员会：

    本委受理张某诉广州市新星公司劳动争议一案，双方当事人对张某受伤后的劳动能力表示异议。根据《中华人民共和国劳动争议调解仲裁法》第三十七条的规定，当事人约定由你单位进行鉴定。鉴定内容及要求如下：

    1. 张某劳动功能障碍程度鉴定。

    2. 张某生活自理障碍程度鉴定。

    3. 张某停工留薪期延长鉴定。

    4. 张某配置辅助器具鉴定。

    请将鉴定结果于 2007 年 7 月 31 日前函复本委。

（劳动争议仲裁委员会盖章）

2007 年 5 月 25 日

（4）公司欲申请仲裁庭调取派出所处理张某的相关证据，见表 3 – 12。

表 3 – 12　　　　　申请仲裁庭调查取证申请书（范例）

申请仲裁庭调查取证申请书
申请人： 　　名称：广州市新星公司，现在住址：广州市××区××路××号，联系方式：88×××××。 　　请求事项： 　　调取 2007 年 1 月 7 日广州市公安局××派出所的处警资料及对张某的处理情况。 　　事实和理由： 　　贵委受理的申请人张某劳动报酬纠纷案（案号为×劳仲案字［2007］2076 号），由于张某故意伤人的责任认定对我公司将其开除有直接的影响，但申请人及代理人均无法从公安部门获取相关资料，属法律规定的"申请人及诉讼代理人因客观原因无法自行收集"的证据。为保证公正裁决，维护申请人的合法权益，现根据相关法律的规定，申请贵委调取收集以上证据。 　　此致 ××劳动争议仲裁委员会 　　　　　　　　　　　　　　　　　　　　　　　申请人：广州市新星公司 　　　　　　　　　　　　　　　　　　　　　　　　2007 年 5 月 26 日 附： 1. 申请调查的证据名称：2007 年 1 月 7 日广州市公安局××派出所的处警资料 2. 证据来源：广州市公安局××派出所 3. 被调查人的单位名称：广州市公安局××派出所，现住址：广州市××区××路××号，联系方式：66×××××。

六、自主实验

素材一： 广州市富源公司的经营范围为生产、制造、销售竹、木制品。2007 年 1 月 9 日，广州市富源公司与李龙签订劳务协议书一份，双方约定：富源公司将公司工棚盖瓦、拆瓦、做油漆等项目以包工不包料的形式发包给李龙施工。同日，李龙雇请苏林等人施工，由苏林负责刷油漆。2007 年 1 月 13 日下午，苏林在钢棚上刷油漆时不慎从钢棚顶部摔到地面上严重受伤，后被送到广州市××区人民医院治疗。2007 年 3 月 5 日，苏林向××区劳动和社会保障局提请工伤认定。2007 年 4 月 20 日，××区劳动和社会保障局出具工伤认定书，富源公司对此有异议，认为该决定在程序上存在不当之处，并对此申请了行政复议。2007 年 5 月 26 日，苏林向广州市××区劳动争议仲裁委员会提出仲裁申请，要求广州市富源公司给予工伤赔偿。

苏林认为，2007 年 1 月，其受富源公司的请求去公司的建设工棚，并口头约定每天工资 75 元。苏林受伤后要求该公司支付医疗等费用，公司以该工程发包给李龙为由拒绝给付，苏林并不知该工程已发包给李龙。公司与苏林就工资达成了协议，而且苏林也听从公司的指示来完成建设工棚的任务。

富源公司认为，公司将工棚修复工程以包工不包料的形式发包给李龙，双方形成加工承揽合同关系。工程施工中，李龙雇请苏林从事刷油漆工作，双方形成雇佣合同关系。苏林是李龙雇请的，公司没有雇请苏林。公司将工棚修复工程发包给李龙施工，虽然李龙不具备用工主体资格，但公司所发包的工程，并非其所经营业务，苏林所提供的劳动，并非公司的业务组成部分。因此，双方之间并不存在事实劳动关系。

苏林向仲裁庭提交的证据有：工伤认定决定书（证明苏林与公司之间存在事实劳动关系）、医院诊断治疗书、医疗费清单。富源公司向仲裁庭提交的证据有：富源公司的营业执照、公司章程、公司与李龙的承包协议书、2007 年 4 月 14 日李龙领取工程款的凭证（证明李龙承揽公司该工程完工后已领取 5 850 元工程款）。

广州市××区劳动争议仲裁委员会在审查仲裁申请书和答辩书等相关材料后，决定对一些案件疑点进行调查取证。主要包括：委托相关部门对苏林的劳动能力等级进行鉴定、对李龙雇请苏林的情况进行调查询问并做调查笔录。

素材二：李军系广州荣威有限责任公司（简称荣威公司）员工。自 2006 年起，李军在该公司任木工。荣威公司与李军没有签订劳动合同。荣威公司经常安排职工加班。荣威公司实行每日 9 小时工作时间制以及星期六上班，没有特别的补休或发放加班工资，只是按照平常的计酬方式支付报酬。2007 年 12 月，李军向公司提出要求补足加班费，公司予以拒绝。

另外，李军投诉公司工作场所内的二甲苯超标，卫生环境不符合国家卫生标准。对此，荣威公司请广州市疾病预防控制中心于 2007 年 12 月 15 日作了检验。检验报告显示，经过对 2、3 号喷漆房等多个工作场所的 7 个检验项目先后两次进行检验，除 3 号喷漆房的二甲苯指标为 236. 72mg/m^3（按照《工业企业设计卫生标准》，该项指标应≤100mg/m^3）外，其余结果全部符合相关标准。

荣威公司于 2007 年 12 月 28 日发出通告，要求员工尽快与荣威公司签订劳动合同。李军拒绝与荣威公司签订劳动合同。2009 年 1 月 6 日，李军离开荣威公司，双方已按约定的工资标准结清了之前的全部工资、办理了相应的工作交接手续。李军仍然要求公司补足加班费，并认为公司没有按照劳动法的要求提供劳动条件，存在过错，其被迫辞职，公司应当支付经济补偿金。双方为此发生争议。李军向广州市××区劳动争议仲裁委员会申请仲裁。

双方提交了相关证据。李军向仲裁庭提交的证据有：厂牌、工资单、离职手续办结证明。荣威公司向仲裁庭提交的证据有：入职登记表、工资支付台账、广州市疾病预防控制中心于 2007 年 12 月 15 日所作的检验报告。其中，李军等人于每月领取工资时，均须在荣威公司制作的方块形工资单上签名，每个劳动者的方块形工资单都是独立的，记载了劳动者的编号、姓名、每天工资、总工数、总金额以及实得金额等项目。但是，现在荣威公司提交的工资支付台账明确包含了加班费这一项，李军认为以前的工资支付台账上一直没有这一项，而且上面的签名也是模仿他的笔迹。

广州市××区劳动争议仲裁委员会在审查仲裁申请书和答辩书等相关材料后，决定对一些案件疑点进行调查取证。主要包括：委托相关部门对李军在工资支付台账上的签名进行笔迹鉴定、委托相关部门对荣威公司的安全卫生情况进行检验。

第四部分　劳动仲裁庭开庭审理

　　法律对劳动仲裁庭开庭审理程序作了原则性规定，其具体实施办法则由各省级地方劳动行政部门结合自己的实际情况加以规定。实际上，各地的劳动争议仲裁庭开庭审理程序基本相同。对于这些开庭审理程序，劳动争议仲裁委员会的工作人员以及当事人必须遵照执行。劳动仲裁庭开庭审理的基本流程如下：

　　（1）仲裁庭在开庭前做好开庭准备。主要包括：第一，通知双方当事人开庭的具体时间、地点；第二，仲裁庭开庭当日，由书记员查明双方当事人、代理人员是否到庭；第三，书记员宣布仲裁庭纪律；第四，首席仲裁员宣布开庭，宣布仲裁员、书记员名单，并告知当事人在仲裁活动中的权利和义务，询问当事人是否申请回避。

　　（2）仲裁庭调查。主要包括：听取申请人的申诉和被申请人的答辩，向双方当事人有针对性地提问，主导双方当事人对证据进行举证和质证。

　　（3）仲裁庭辩论。由双方当事人围绕争议焦点分别阐述各自的观点。

　　（4）仲裁庭调解。由仲裁庭主持双方当事人调解。只有在双方当事人都表明有调解意愿的情况下，才能协商调解。对调解不成的案件，仲裁庭应当庭裁决或宣布庭后等待裁决。

实验一　仲裁庭开庭

　　此处的仲裁庭开庭，实际是指仲裁庭开庭准备。仲裁庭开庭准备既包括开庭日前的一些法律文书的送达①，也包括开庭当日的审理前奏，即仲裁庭在开庭当

---

　　①　该内容在第三部分中已有详述。

日启动整个仲裁庭审的准备过程。此处仅指后一种情况。在此阶段，仲裁庭的工作主要包括：书记员查明双方当事人及其代理人是否到庭；书记员宣布仲裁庭纪律；首席仲裁员宣布开庭，宣布仲裁员、书记员名单，并告知当事人在仲裁活动中的权利和义务，询问当事人是否申请回避。

一、实验目的

通过仲裁庭开庭的实验，训练学生掌握在劳动仲裁案件开庭审理阶段，作为仲裁庭工作人员，如何对待当事人及其代理人的到庭情况，需要宣布哪些仲裁纪律，需要告知当事人哪些仲裁权利义务，以及如何处理当事人申请回避的问题。学生通过模拟开庭准备的仲裁庭工作人员，全面了解和掌握仲裁庭的开庭工作，独立完成劳动仲裁的庭审开庭。

二、实验要求

（1）在进行项目实验前，要求学生复习和掌握劳动争议处理法律的基本知识，熟悉《劳动争议调解仲裁法》、《企业劳动争议处理条例》、《劳动争议仲裁委员会组织规则》、《劳动争议仲裁委员会办案规则》等重要法律法规，以便对实验内容有清楚的认识。

（2）清楚了解劳动仲裁案件的开庭准备程序。

（3）掌握处理当事人及其代理人的到庭情况。

（4）了解如何宣布仲裁庭纪律。

（5）熟悉当事人的仲裁权利和义务。

（6）了解如何处理当事人的回避申请。

三、实验步骤

（1）处理当事人及其代理人的到庭情况。

（2）宣布仲裁庭纪律。

（3）告知当事人的仲裁权利和义务。

（4）处理当事人的回避申请。

四、实验原理

1. 处理当事人及其代理人的到庭情况

仲裁庭开庭当日，由书记员查明双方当事人、代理人等仲裁参加人是否到庭。如果当事人到庭，就需要核对当事人及代理人的身份、询问代理人的代理权限、询问双方当事人对参加庭审的对方当事人及代理人的身份是否有异议。当事人身份包括：姓名、出生年月、民族、工作单位、职业、家庭住址。委托代理人身份包括：姓名、工作单位、职业。询问当事人是否有证人到庭（如有证人到庭，请证人在庭外等候）。

如果发现仲裁参加人尚有未到庭的，应立即查明开庭通知书是否已经合法送达，并查明当事人未到庭的原因。对于仲裁参加人尚未到庭的情况，由首席仲裁员和仲裁员共同研究、决定是否开庭或是延期开庭。经过查明，开庭通知书确已合法送达当事人，而当事人或其他仲裁参加人在有正当理由的情况下未能按时到庭，仲裁庭应延期审理案件；如果当事人收到了书面通知书，却无正当理由①拒不到庭的，或在开庭期间未经仲裁庭同意而中途退庭的，对申请人按照撤诉处理，对被申请人作缺席仲裁。

所谓撤诉，是指申请人自仲裁庭立案到裁决前的仲裁过程中，主动撤回仲裁请求、申请仲裁庭终止仲裁程序的活动，是申请人处分其仲裁请求的活动。一经撤诉，仲裁程序随即终止。申请撤诉必须符合下列条件：（1）申请人申请撤诉必须以书面或口头形式向仲裁庭提出申请。（2）必须是申请人及其法定代理人，以及申请人特别授权的代理人提出。有独立请求权的第三人，参加仲裁后与申请人地位相同，也可申请撤诉，但他的撤诉并不影响申请人和被申请人之间仲裁的正常进行。（3）撤诉必须是申请人自愿。（4）撤诉目的必须正当合法。实体上不得有规避法律行为，不能违反现行法律、法规和政策的规定，如果撤诉是另一方当事人的胁迫或者撤诉的结果会损害国家利益和他人合法权益的，那就不得撤诉。（5）必须撤销全部仲裁请求。（6）必须在仲裁庭裁决之前提出。（7）必须经仲裁庭作出裁定。

需要注意的是，当事人撤诉或者劳动争议仲裁委员会按撤诉处理的案件，如当事人就同一仲裁请求再次申请仲裁，只要符合受理条件，劳动争议仲裁委员会

---

① 所谓正当理由，前文已述，是指：（1）当事人由于不可抗力的事由或其他特殊情况不能到庭的。例如，当事人患重大疾病或遭受其他身体伤害影响其行使权利的；重大自然灾害、战争等对当事人出庭行使权利形成障碍的。（2）当事人在仲裁审理中临时提出回避申请的。（3）需要调取新的证据、需要重新鉴定、勘验的。

应当再次立案审理，申请仲裁时效期间从撤诉之日起重新开始计算。

2. 宣布仲裁庭纪律

在核实当事人及其代理人等仲裁参加人的到庭情况后，书记员应当向仲裁参加人宣布仲裁庭纪律。内容如下："为了维护仲裁庭的庭审秩序，保障庭审程序的顺利进行，参加仲裁庭庭审的人员应当遵守如下纪律：（1）仲裁庭可以根据需要决定是否公开审理。公开审理的案件，旁听人员需凭仲裁委员会发出的旁听证进入仲裁庭。旁听人员必须遵守仲裁庭纪律，不准随意走动和进入审理区。（2）遵守仲裁庭秩序，保持庭内安静、庄严、不许喧哗、吵闹。不准吸烟。未经仲裁庭许可，不准录音、录像、摄影和进行其他妨碍庭审的活动。（3）当事人及其代理人在陈述事实、辩论问题时，必须在首席仲裁员或独任仲裁员的主持下，围绕争议的要点进行。未经首席仲裁员或独任仲裁员允许不得发言。发言应实事求是，文明礼貌，不得进行人身攻击。（4）当事人在仲裁庭开庭后，未经仲裁庭许可，不得中途退庭。擅自退庭的，申诉人按撤诉处理，被诉人按缺席仲裁处理。（5）旁听人员不得随意走动和进入审理区，不准发言和提问。（6）当事人及其代理人、旁听人员将携带的手机等通讯工具关闭或置于振动状态，在庭审期间不得随意接听手机。（7）如有违反仲裁庭纪律的，仲裁员及工作人员有权劝告或制止；情节严重的，可责令退出仲裁庭。违反《中华人民共和国治安管理处罚法》的，报请公安机关处理；触犯刑律构成犯罪的，报送司法机关依法追究刑事责任。"

3. 告知当事人的仲裁权利和义务

一般情况下，当事人的仲裁权利义务并不会由仲裁庭当庭告知，而会采取书面形式随同应诉通知书一起发给当事人。但无论怎样，仲裁庭应当清楚了解当事人在仲裁过程中所享有的权利和承担的义务。

劳动争议当事人在仲裁活动中享有如下权利：（1）申请仲裁与撤销仲裁申请、变更仲裁申请的权利；（2）仲裁答辩权。承认或者反驳仲裁申请人申诉请求的权利；（3）反诉权。被申请人有权就同一案件向同一仲裁机关提起对申请人的反申诉；（4）委托代理人的权利；（5）享受劳动争议仲裁委员会为其指定代理人的权利。对于那些无民事行为能力和限制行为能力的职工或死亡的职工，没有法定代理人代为参加仲裁的，由仲裁委员会为其指定代理人；（6）申请回避权；（7）参加开庭审理权。当事人有权得到仲裁庭的开庭通知并出庭参加仲裁，在审理活动中，当事人享有发言权、辩论权等一系列权利；（8）自行和解权。双方当事人可以自行和解；（9）要求或拒绝调解及达成调解协议的权利。仲裁庭先行调解，应在双方当事人自愿的基础上进行。达成调解协议，也要尊重当事人双方的自愿，不得强迫其达成和接受调解协议。当事人在调解达成协议后、调解书送达之前仍有权反悔；（10）当事人有提供证据，要求调查、勘验和鉴定的权利；（11）当事人有要求延期审理的权利；（12）起诉权。当事人对未生效的裁决不服，有权向人民法院起诉；（13）申请强制执行权。对已生效的裁决，有权申请强制执行。

劳动争议当事人在仲裁过程中应自觉履行下列义务：（1）当事人应保持克制，不应有激化矛盾的行为；（2）应在法律、法规、规章规定的时效范围内及时申请仲裁；（3）申请人应以书面形式申请仲裁，被申请人应自收到申请书副本之日起10日内提交答辩书和有关证据；（4）应按时到庭参加仲裁活动，自觉遵守仲裁庭纪律；（5）仲裁程序中自愿达成调解协议，并且在调解书送达之后，不应再反悔；（6）对发生法律效力的仲裁调解书、仲裁裁决书，应当依照规定的期限履行。

4. 处理当事人的回避申请①

由于当事人可能事先对于是否申请仲裁庭工作人员回避并不清楚，因此在开庭后，首席仲裁员或独任仲裁员还需要进一步确认当事人是否申请仲裁庭组成人员回避。首席仲裁员或独任仲裁员询问的顺序依次为申请人、被申请人、第三人。首席仲裁员或独任仲裁员可向当事人解释有下列情况之一的，当事人有权以口头或者书面方式申请回避：（1）是本案当事人或者当事人、代理人的近亲属的；（2）与本案有利害关系的；（3）与本案当事人、代理人有其他关系，可能影响公正裁决的；（4）私自会见当事人、代理人，或者接受当事人、代理人的请客送礼的。

如果当事人提出回避申请，则仲裁庭应当中止审理，报劳动争议仲裁委员会，由其对回避申请及时作出决定，并以口头或者书面方式通知当事人。如果当事人均不申请回避，则首席仲裁员或独任仲裁员宣布："当事人均不申请回避，本次仲裁庭依法对本案拥有审理权。"

5. 仲裁庭审笔录

庭审笔录是仲裁庭记录人员制作的，如实反映仲裁庭开庭审理过程中仲裁员、当事人及其他仲裁参加人陈述意见、互相质证、进行辩论、变更请求、庭前调解等活动的书面记录。庭审笔录可以有效地固定证据，防止当事人事后对自己的言行不予承认。同时，庭审笔录也是仲裁庭作出裁决的重要依据，为以后的审判监督程序提供了原始资料。因此，庭审笔录必须全面、准确、真实、清楚。记录人员必须忠实于庭审过程的实际情况，对仲裁员、当事人的言论，均应尽量记录原话，不得随意引申、发挥。庭审笔录的用语应使用规范语言，尽量不要使用方言俗语。

---

① 相关内容详见第三部分。

庭审笔录应当记明下列内容：（1）案由；（2）开庭时间、地点；（3）仲裁员、记录人员姓名；（4）当事人姓名、性别、年龄、民族、职业、住所、到庭情况；（5）首席仲裁员或者独任仲裁员告知当事人的仲裁权利义务，以及是否申请仲裁员回避的情况；（6）当事人陈述、证人作证、出示证据、宣读鉴定结论、宣读勘验笔录以及当事人互相质证的情况；（7）当事人辩论的情况；（8）当事人增加、变更、撤回仲裁请求的情况；（9）先行调解的，应当记明调解的过程；（10）当庭裁决的，应当记明裁决内容、当事人对裁决的声明；（11）仲裁员、记录人员、当事人以及其他仲裁参加人的签名盖章，或者拒绝签名盖章的情况。

当事人及其他仲裁参加人有权了解庭审笔录的内容。为了保证庭审笔录的准确性，庭审笔录应当庭宣读，也可告知当事人和其他仲裁参加人当庭或者在五日内阅读。当事人和其他仲裁参加人认为庭审笔录对自己陈述的记录有遗漏或差错的，有权申请补正。经核实，如果仲裁庭认为确有遗漏或差错的，同意补正的，由记录人员将补正的内容和补正的经过记入笔录；如果仲裁庭认为没有遗漏或差错，不同意补正的，由记录人员将申请的内容和不同意补正的理由记入笔录。

开庭结束后，仲裁员、记录人员、当事人和其他仲裁参加人应当在庭审笔录上签名或者盖章。

五、实验范例

1. 实验素材

2008 年 6 月初，郑某因被广州市 ×× 公司解雇而与公司发生劳动争议，郑某要求公司支付近几年的加班费以及解除劳动关系的经济补偿金。双方的协商并没有达成协议，郑某于 2008 年 6 月 15 日向广州市 ×× 区劳动争议仲裁委员会申请仲裁。广州市 ×× 区劳动争议仲裁委员会受理该仲裁申请，定于 2008 年 8 月 12 日下午 3 点在广州市 ×× 区劳动争议仲裁委员会 4 号仲裁庭开庭，并向当事人送达应诉通知书等相关法律文书。2008 年 8 月 12 日下午 3 点整，仲裁庭按时开庭。开庭日，公司没有派公司代表出席，但聘请了代理人出席。而郑某的五个老乡都来看看郑某是如何进行劳动仲裁的。仲裁庭工作人员为仲裁庭开庭审理进行准备。

2. 实验准备

（1）实验流程的准备。

仲裁庭工作人员（仲裁员和书记员）应当为仲裁庭开庭审理做以下准备：

第一，查明当事人及其代理人的到庭情况并做出处理。

第二，宣布仲裁庭纪律。

第三，告知当事人的仲裁权利和义务。

第四，处理当事人的回避申请。

（2）法律规定的准备。

《劳动争议调解仲裁法》第三十五条："仲裁庭应当在开庭五日前，将开庭日期、地点书面通知双方当事人。当事人有正当理由的，可以在开庭三日前请求延期开庭。是否延期，由劳动争议仲裁委员会决定。"

《劳动争议调解仲裁法》第三十六条："申请人收到书面通知，无正当理由拒不到庭或者未经仲裁庭同意中途退庭的，可以视为撤回仲裁申请。被申请人收到书面通知，无正当理由拒不到庭或者未经仲裁庭同意中途退庭的，可以按缺席裁决。"

《劳动争议仲裁委员会办案规则》第二十五条："仲裁庭审理劳动争议案件，应于开庭四日前，将仲裁庭组成人员、开庭时间、地点的书面通知送达当事人。当事人接到通知，无正当理由拒不到庭的，或在开庭期间未经仲裁庭同意自行退庭的，对申诉人按撤诉处理，对被诉人作缺席裁决。"

《劳动争议仲裁委员会办案规则》第二十七条："仲裁庭开庭裁决，可以根据案情选择以下程序：（一）由书记员查明双方当事人、代理人及有关人员是否到庭，宣布仲裁庭纪律；（二）首席仲裁员宣布开庭，宣布仲裁员、书记员名单，告知当事人的申诉、申辩权利和义务，询问当事人是否申请回避并宣布案由；（三）听取申诉人的申诉和被诉人的答辩；（四）仲裁员以询问方式，对需要进一步了解的问题进行当庭调查，并征询双方当事人最后意见；（五）根据当事人的意见，当庭再行调解；（六）不宜进行调解或调解达不成协议时，应及时休庭合议并作出裁决；（七）仲裁庭复庭，宣布仲裁裁决；（八）对仲裁庭难作结论或需提交仲裁委员会决定的疑难案件，仲裁庭应当宣布延期裁决。"

《劳动争议调解仲裁法》第四十条："仲裁庭应当将开庭情况记入笔录。当事人和其他仲裁参加人认为对自己陈述的记录有遗漏或者差错的，有权申请补正。如果不予补正，应当记录该申请。笔录由仲裁员、记录人员、当事人和其他仲裁参加人签名或者盖章。"

3. 实验结果

郑某诉广州市××公司的劳动仲裁庭开庭程序：

一、书记员宣布仲裁纪律。

书记员宣布：仲裁庭决定，本案为公开审理。公开审理的案件，旁听人员需凭仲庭委员会发出的旁听证进入仲裁庭。旁听人员必须遵守仲裁庭纪律，不准随意走动和进入审理区。……

二、书记员报告仲裁庭的准备工作和双方当事人到庭情况。

书记员报告：本仲裁庭已于开庭五日前，将开庭日期、地点书面通知了双方当事人。申请人郑某已到庭，被申请人广州市××公司代表人没有到庭，但其代理人广东中元律师事务所律师陈某到庭。根据法律规定，本仲裁庭依法开庭审理。

三、宣布开庭

独任仲裁员宣布：

1. 现在开庭。

2. 广州市××区劳动争议仲裁委员会现在开庭审理郑某诉广州市××公司解除劳动关系争议案。

四、宣布仲裁庭组成人员

独任仲裁员宣布：本仲裁庭由独任仲裁员蒋××组成，何××任书记员负责本庭记录。

五、核对当事人身份

独任仲裁员询问：

1. 现在核对当事人身份。

2. 请申请人说明自己的姓名、性别、年龄、民族、原工作单位、职务、现工作单位、现住址；请委托代理人说明自己的姓名、性别、工作单位、职务、委托权限。

申请人答：我的名字是郑某，男，32岁，汉，原在广州市××公司工作，职务为油漆工，现无业，住址是广州市××区××街××号。

3. 请被申请人说明单位全称、单位性质、上级主管部门；法定代表人的姓名、性别、工作单位、职务；请委托代理人说明自己的姓名、性别、工作单位、职务、委托权限。

被申请人的代理人答：被申请人是广州市××公司，私营，法定代表人是秦某，公司董事长。我是被申请人的代理人，名字叫陈某，广东中元律师事务所律师，受广州市××公司的委托代理本案，是特别授权。

4. 申请人对被申请人的情况有质疑吗？

申请人答：无质疑。

5. 被申请人对申请人的情况有质疑吗？

被申请人的代理人答：无质疑。

六、宣布当事人在仲裁活动中的权利、义务

独任仲裁员宣布：

1. 当事人在仲裁活动中享有以下权利：当事人有权委托代理人、申请回避、提供证据、进行辩论、请求调解、提起诉讼、申请执行。申请人有变更、撤回仲裁申请的权利；被申请人有反驳、承认申请人申请的权利。

2. 当事人在仲裁活动中应履行以下义务：当事人有义务依法行使属于自己的权利，遵守仲裁活动的程序，有义务回答仲裁员的提问，尊重对方当事人及其他仲裁活动参加人的权利，履行发生法律效力的裁决、调解协议。

3. 申请人听清了吗？

申请人答：听清了。

4. 被申请人听清了吗？

被申请人的代理人答：听清了。

七、当事人申请回避

独任仲裁员询问当事人是否需要申请仲裁庭人员回避。

申请人答：不需要。

被申请人的代理人答：不需要。

六、自主实验

素材一：小蒋是一名年轻的教师，2006 年他来到李老师开办的某培训学校从事家教工作。2006 年 12 月，双方签订了正式的书面协议，约定：小蒋提供 10 个月的家教服务，李老师支付不低于 3 万元的劳务费。同时小蒋须将自己的毕业证书和教师资格证书交李老师作为抵押。合同期限为 2006 年 11 月至 2007 年 8 月。届时算清所有账目及办理完所有交接工作后，若小蒋不带走信息及师生和不从事与李老师有竞争的家教工作，一个月左右结清小蒋所有收入和抵押物。之后，小蒋称自己干了 10 个月却没有得到合同中应得的报酬。李老师称，小蒋来到他那里做专职教师，发现小蒋不仅教学水平不高，工作还很不负责，从不认真备课，并与学生一起打游戏、抽烟等，还在外面兼职做其他工作。小蒋称，其按照协议要求，尽职尽责地完成了工作要求，但是李老师以各种理由拒不支付应得的劳务费，虽经多次催要，李老师明确表示拒绝支付，也不还他的毕业证和教师资格证。双方发生争议，小蒋于 2007 年 9 月 15 日向广州市××区劳动争议仲裁委员会申请仲裁。广州市××区劳动争议仲裁委员会受理该仲裁申请，定于 2007 年 11 月 12 日上午 9 点在广州市××区劳动争议仲裁委员会 2 号仲裁庭开庭，并向当事人送达应诉通知书等相关法律文书。2007 年 11 月 12 日上午 9 点整，仲裁庭按时开庭。开庭日，培训学校聘请了代理人出席。小蒋也聘请了代理人出席。仲裁庭工作人员为仲裁庭开庭审理进行准备。

素材二：孔某与广州市 B 公司于 2006 年签订了为期 3 年的劳动合同，双方约定孔某负责仓库保管员工作，月工资 900 元。合同签订第二年，B 公司以食堂缺少人员为由，在未与孔某协商的情况下，调孔某到食堂工作。孔某不同意，认为签订合同时双方约定是担任仓库保管员工作，一年来他工作认真负责，要求 B 公司履行双方的约定，拒绝去食堂上班。而 B 公司则认为，变动职工工作岗位是企业行使用人自主权的正当行为，并以孔某不服从分配为由，停发工资，并限期一个月离开公司。孔某于 2007 年 8 月 22 日向广州市××区劳动争议仲裁委员会申请仲裁。广州市××区劳动争议仲裁委员会受理该仲裁申请，定于 2007 年 9 月 5 日 14 时 30 分在广州市××区劳动争议仲裁委员会 1 号仲裁庭开庭，并向当事人送达了应诉通知书等相关法律文书。2007 年 9 月 5 日 14 时 30 分，仲裁庭按时开庭。开庭日，广州市 B 公司聘请了代理人出席。孔某没有聘请代理人，自己出席。另外，孔某的好友李某也想来旁听。仲裁庭工作人员为仲裁开庭审理进行准备。

高等学校法学实验教学系列教材

实验二　仲裁庭审调查

一、实验目的

仲裁庭审调查是仲裁开庭审理的实质性程序。在此阶段，仲裁庭将对当事人争议的事实、理由和依据展开调查，为下一步的辩论、调解以及裁决打下基础。可以说，仲裁庭审调查就是查明事实，这对于仲裁胜败有着至关重要的影响。因此，无论仲裁庭组成人员还是当事人及其代理人，都应当高度重视仲裁庭审调查。

通过本节仲裁庭审调查的实验，训练学生掌握在劳动仲裁案件审理阶段，作为仲裁庭工作人员、当事人及其代理人，如何开展仲裁庭审调查，当事人如何陈述，仲裁员如何归纳争议焦点，如何询问证人，如何宣读鉴定结论和勘验笔录，当事人如何举证及对证据进行质证。学生分别扮演不同的角色，模拟仲裁庭审调查，以便了解和掌握仲裁庭审调查程序，独立完成劳动案件的仲裁庭审调查。

二、实验要求

（1）在进行项目实验前，要求学生复习和掌握劳动争议处理法律的基本知识，熟悉《劳动争议调解仲裁法》、《企业劳动争议处理条例》、《劳动争议仲裁委员会组织规则》、《劳动争议仲裁委员会办案规则》等重要法律法规，以便对实验内容有清楚的认识。

（2）了解劳动仲裁庭审调查程序。

（3）熟悉当事人陈述。

（4）掌握仲裁员归纳争议焦点的技巧。

（5）熟悉仲裁员和当事人询问证人的方法。

（6）了解鉴定结论和勘验笔录的宣读程序。

（7）掌握当事人的举证及质证的程序和技巧。

（8）熟悉仲裁员认证的标准。

三、实验步骤

（1）当事人陈述。
（2）仲裁员归纳争议焦点。
（3）证人作证。
（4）宣读鉴定结论和勘验笔录。
（5）当事人举证及质证。
（6）仲裁员认证。

四、实验原理

1. 当事人陈述

狭义的当事人陈述，只指当事人（即申请人、被申请人、第三人）对事实问题的陈述。而广义的当事人陈述，包括当事人在仲裁过程中向仲裁庭所作的关于案件事实情况的陈述、仲裁请求的提出、对证据的分析意见、适用法律的意见，等等。此处仅指狭义。

仲裁员主持当事人陈述，应按申请人（代理人）、被申请人（代理人）、第三人（代理人）的顺序进行。申请人（代理人）陈述其请求及事实和理由（也可宣读申请书），被申请人（代理人）答辩（也可宣读答辩书）、第三人（代理人）最后进行陈述。同一称谓中有数人的，可以分别进行陈述，也可由他们推选出的代表人发言陈述。

作为当事人及其代理人在进行陈述时，应围绕自己的仲裁主张、案件事实以及证明主张得以成立的理由来进行陈述。切忌感情用事，大肆攻击对方，或离题千里，漫无边际。

当事人陈述也是仲裁证据中一种独立的证据形式。当事人就他们对案件的事实的感知和认识所作的陈词及叙述，可以反映案件事实的全部或部分面貌。当事人陈述是在仲裁过程中形成的证据，在产生的时间上具有事后性的特点，而且，当事人与案件的解决结果有直接利害关系。由于当事人仲裁地位的复杂性，决定了当事人陈述具有两面性：一是具有较强的可信性和证明力。因为当事人是案件的亲历者，对争议的过程应该是最直接的参与者或目击者。二是基于趋利避害的特性，当事人的陈述与其他证据比较，易夹带虚假成分，当事人可能向仲裁庭作不真实陈述。因此，仲裁员在审理过程中，必须对当事人陈述进行严格审查，应以其他证据作为旁证，最终审查确定当事人陈述是否真实可信，是否能成为案件事实的证据。因此，只有提出主张的一方当事人的陈述而没有其他证据时，一般不能证明其主张。

2. 首席仲裁员或独任仲裁员归纳争议焦点

在当事人陈述后，首席仲裁员或独任仲裁员应归纳申请书和答辩书中反映出来的无争议的事实和有争议的问题，归纳案件争议焦点，并征求当事人的意见。这样，仲裁员可以引导当事人围绕争议焦点进行举证和质证。这样做可以突出仲裁庭审调查的重点，有利于查清案情。需要注意避免的是，开庭时没有归纳当事人的争议焦点，或者虽然归纳了争议焦点，但是仲裁庭审调查没有围绕争议焦点进行。这往往导致仲裁庭审调查的盲目性，影响仲裁庭审调查的效果。

这个阶段对于整个仲裁庭审活动的进行是非常重要的。当事人一定要认真听仲裁员所归纳的争议焦点，如发现有遗漏，一定要向仲裁员说明，并请求将遗漏补列为争议焦点。因为如果不补上，将使得某些案件事实得不到仲裁庭审调查和辩论，也就将得不到法律的保护。

附 仲裁员归纳争议焦点（范例）：

申请人资某系被申请人广州市高声公司职工，2005 年 4 月参加工作，2008 年 6 月 15 日因工作需要，从某项目部调往深圳某项目部工作，资某接到调令后未到深圳项目部报到，而是以生病为由擅自返回家中治病，后一直未到单位上班，期间资某的父亲曾多次到被申诉人处请假，均未获批准。广州市高声公司于 2008 年 10 月 30 日以旷工为名对资某作出除名决定，资某不服于 2008 年 11 月 12 日向广州市××区劳动争议仲裁委员会提起劳动仲裁，要求广州市高声公司撤销除名决定，补办病假手续，补发病假工资，报销医药费等。

在仲裁庭审中，资某声称，其是在准备前往深圳某项目部的途中因病情加重被迫回家看病的，有广州市人民医院的住院证明，而不是擅自离岗。因其患的是传染病，才由其父多次到单位向领导请假，领导也认可其生病，但不知何原因未被批准，这是单位所造成的，其已经履行了请假手续，不属于旷工，因此单位按旷工除名的理由不能成立。

在仲裁庭审中，广州市高声公司认为，职工有病应当先办理请假手续，然后才可以休息治疗，资某所患肺结核并不是急症，在医院治疗期间并没有住院，资某应当先到单位说明情况后，再到医院检查后凭医院的病情证明及建议休息的手续到单位请假，办理请假手续。只有资某行动不方便确实无法到单位请假的情况下，方可由其家人代理到单位办理请假手续。资某在长达 4 个月的时间内未到单位上班，也未与单位有任何联系，包括电话联系，也未有请假手续，已严重违反了本单位的劳动纪律，公司按照旷工除名并无不当。

仲裁员归纳总结了本案的争议焦点：1. 申请人是否应当履行完备的病假手续；2. 申请人是否已经履行了完备的请假手续；3. 被申请人按照旷工给予申请人资某除名是否成立；4. 被申请人是否应当撤销除名决定，为申请人补办病假手续，补发病假工资，报销医药费等。

3. 证人作证

证人证言，是指知道案件真实情况的人，向仲裁庭所做的有关案件部分或全部事实的陈述。证人证言的内容包括对查清案件真相的一切事实，而与案件无关的内容或是证人的估计、猜测、想象等，则不能作为证言。仲裁庭只能要求证人陈述案件事实，而不能让证人作出判断。证人陈述的情况，可以是亲自听到或者看到的，也可以是别人转告的，但必须说明来源。

证人证言同仲裁中其他证据相比，特别是同其他言辞证据比较，其客观性相对较强。因为证人不像仲裁案件中当事人那样，与案件结果的关系那样密切。证人证言同物证、书证等实物证据相比，更为生动、具体、形象，对案件事实真相揭示得更为深入。证人证言可能同案件的一部分或全部相联系，往往能证明案件所涉及法律关系的一部分或全部。即使证明不了一部分或全部，它还可以反映案件的有关线索，为仲裁庭进一步调查，收集证据提供帮助。

证人应当依法出庭作证。这是因为：第一，虽然我国劳动仲裁程序法并没有对此作出强制性规定，但我国《民事诉讼法》及最高人民法院的司法解释均规定了一切证据都应当庭出示，并由当事人相互质证。证人也就有了出庭的必要性。第二，证人出庭作证是保证证言真实性的需要。由于种种原因，证人就其了解的案件情况所提供的证言，有可能不真实或不完全真实。在开庭审理中，如果采取直接言辞的作证方式则可以有效避免这种情况，提高证人证言的客观性。因为证人出庭可能会更严谨和负责，也会增强其道德责任感，同时，仲裁庭要告知证人如作伪证或虚假证词时所要承担的法律后果，也会促使证人作出忠实于事实和法律的陈述。第三，证人出庭是仲裁员正确认证的需要。仅靠传来证言，仲裁员较难分辨其真伪，只有在证人出庭作证的情况下，仲裁员才能在充分听取双方当事人对证人的质询后，对证人证言形成较为全面的看法，进而对证言的证明力作出科学判断。当然，证人因年迈体弱或者行动不便、特殊岗位确实无法离开、路途特别遥远交通不便、自然灾害等不可抗力或者其他特殊情况，确实不能出庭的，经仲裁庭许可，可以出具书面证言等方式作证。

证人出庭作证，仲裁员在询问证人姓名、性别、年龄、工作单位、住址、与当事人的关系后，应告知证人的权利义务，要求证人如实地提供与本案有关的一切情况，证言必须客观，如有伪证，依法应负法律责任。不能正确表达意志的人，不能作为证人。

4. 宣读鉴定结论和勘验笔录

鉴定结论作为一种法定证据，同其他证据一样，必须经过查证属实方可成为定案的依据。鉴定人应与其他诉讼参与人一样出庭作证并接受双方当事人、律师以及仲裁员的询问。这一方面通过对鉴定人的询问，可以帮助仲裁员解决专门性问题；另一方面也可以使当事人明白鉴定结论的形成过程，从而使当事人对鉴定结论产生信任感。

如需鉴定人出庭作证，仲裁庭必须在开庭前通知鉴定人。鉴定人在接到开庭通知后，可根据本案的鉴定情况作出必要的准备工作。主要包括：（1）是否需要申请回避。（2）鉴定人要对本案的基本案情，鉴定的过程、步骤、方法以及全部档案资料等重新进行分析研究，查清有关文献，准备用简练的语言回答可能提出的问题。（3）准备有关的书面材料。鉴定人出庭作证应提供哪些书面材料我国没有明确规定，但一般应当包括鉴定书和鉴定人声明。关于鉴定书，在庭审时，如原有的鉴定书内容符合上述要求，没有保密内容的，则使用原鉴定书。如原鉴定书存在保密内容，则要另拟写庭上宣读的鉴定书，甚至要提供投影的胶片复制件。关于鉴定人声明，鉴定人在出庭前要写好书面声明，其内容包括：鉴定人的姓名、年龄、工作单位及住址，鉴定人的学历、现从事专业、职务、职称、专业工作情况，与本案有关的检验程序、设备，本案物证送检要求，鉴定结论，并在声明上签名。

在仲裁庭上，一般是先宣读鉴定书，然后由鉴定人对鉴定结论作出口头说明。宣读鉴定结论后，仲裁员可询问当事人的意见；当事人也可以经仲裁庭许可，向鉴定人发问，也可提出重新鉴定的要求，是否许可，由仲裁庭决定。仲裁员对鉴定结论发生怀疑，或者当同一需要鉴定的问题，不同的鉴定得出不同的鉴定结论时，可以通知鉴定人员重新鉴定或另请有关部门鉴定。

另外，经过仲裁庭或者劳动争议仲裁委员会指定的有关人员在现场进行勘验而依法制作的笔录也应当庭宣读，在勘验时拍摄的照片或绘制的图像应向当事人出示。在宣读出示后，应询问当事人对笔录内容、照片或图像的意见。

5. 当事人各自举证及互相质证

质证，是指当事人在仲裁庭的主持下，对对方当事人提供的证据的真实性、关联性和合法性提出质疑，否定其证明力的活动。根据仲裁中"谁主张、谁举证"的原则，当事人有责任对自己提出的仲裁主张提供证明。证据应当在仲裁庭上出示，由当事人质证。未经质证的证据，不能作为认定案件事实的依据。因此，质证是通过双方的互相质疑和自我辩护，审查证据的真实性、关联性和合法性，判断其证明力，去伪存真的过程。

当事人举证及质证按下列顺序进行：申请人出示证据，被申请人及第三人对申请人出示的证据质证；被申请人出示证据，申请人及第三人对其所出示的证据质证；第三人出示证据，申请人、被申请人对第三人出示的证据进行质证。举证与质证是仲裁庭认证的基础，是仲裁庭审调查阶段的核心，事关仲裁胜败。

质证分两种情况：（1）庭前已经进行证据交换的，可当庭宣读质证意见，并征询当事人是否有新的质证意见补充（但当事人不能推翻证据交换过程中的质证意见）。如当事人没有新的质证意见补充，质证程序结束。（2）庭前未进行证据交换的，可按照先由被申请人对申请人提供的证据发表质证意见、第三人对申请人提供的证据发表质证意见；再由申请人对被申请人提供的证据发表质证意见、第三人对被申请人提供的证据发表质证意见；最后由申请人对第三人提供的证据发表质证意见、被申请人对第三人提供的证据发表质证意见的顺序进行。仲裁庭应将当事人的质证情况记入笔录，并由当事人核对后签名或盖章。

质证的范围包括所有在仲裁庭上出示的证据：（1）证人应当出庭接受当事人的质询。仲裁员和当事人可以对证人进行询问。证人不得旁听仲裁庭审；询问证人时，其他证人不得在场。仲裁庭认为有必要的，可以让证人进行对质。（2）鉴定人应当出庭接受当事人质询。鉴定人确因特殊原因无法出庭的，经仲裁庭准许，可以书面答复当事人的质询。（3）对书证、物证、视听资料进行质证时，当事人有权要求出示证据的原件或者原物。但有下列情况之一的除外：第一，出示原件或者原物确有困难并经仲裁庭准许出示复制件或者复制品的；第二，原件或者原物已不存在，但有证据证明复制件、复制品与原件或原物一致的。（4）仲裁庭出示其依职权调取的其他证据，当事人有权对这些证据进行质证。

6. 仲裁员认证

认定证据是认定事实的基础，是案件审理中的一个必要环节。对于仲裁员认证的时间、场所和程序，目前法律还没有规定。按照司法解释的规定和办案的实践经验，认证有两种形式：一种是在仲裁庭上当庭认证，另一种是在法律文书中予以认证①。从庭审效果上说，在当事人举证和质证之后，仲裁员对当事人争议的证据是什么态度，应该给出意见。因此，当质证达到证据确实、充分，能够反映案件的客观真实时，仲裁庭可以进行认证，而且，能当庭认证的，仲裁员应该当庭认证。当庭认证的操作方式有：一种是对当事人没有争议的证据及有把握当场认定的证据，在当事人质证之后当场给予认定或否定；另一种是休庭合议后，恢复开庭时进行认证。对于不能当庭认证的，应该在裁决时认证。但是对当事人有争议的证据和事实，特别是涉及当事人责任的证据和事实，应该在当事人辩论之后再认定。

根据《关于民事诉讼证据的若干规定》的规定，证据认证的基本标准是：（1）一方当事人提出的有效证据材料，对方当事人提出异议但没有足以反驳的相反证据的，仲裁庭应当确认其证明力；（2）一方当事人提出的有效证据材料，另一方当事人认可或者提出的相反证据不足以反驳的，仲裁庭可以确认其证明力；（3）一方当事人提出的有效证据，另一方当事人有异议并提出反驳证据，对方当事人对反驳证据认可的，可以确认反驳证据的证明力。

---

① 《最高人民法院关于民事诉讼证据的若干规定》第七十九条规定："人民法院应当在裁判文书中阐明证据是否采纳的理由。"这就是关于在裁判文书中认证的规定。

实践中，在当事人陈述的基础上，仲裁庭应当庭进行庭审归纳，包括：固定仲裁请求、固定证据（包括当事人陈述）、固定仲裁争议的情况。对当事人陈述认证结论有：（1）对当事人有争议的事实，经仲裁庭确认后作出认证结论："对（有争议的事实）不予认定"。（2）对当事人无争议的事实，如依法不能直接认定的，经仲裁庭确认后作出认证结论："对（无争议的事实）虽然各方当事人均无争议，因……，依法不能直接予以认定"。（3）对当事人无争议的事实，且依法能够直接认定的，经仲裁庭确认后作出认证结论："对（无争议的事实）各方当事人均无异议，足以认定"，并可宣布"已经仲裁庭认定的事实，当事人无须举证和质证"。

附　仲裁庭审调查（样本）：

［仲裁庭审调查示范］

一、诉辩阶段

（仲裁员根据双方诉辩意见进行总结。总结围绕案件事实进行，首先对双方认可的事实予以认定。其次，总结双方争议的事实，按顺序逐一列出。暂时不总结双方法律关系方面的争议点。）

仲裁员：现在进行仲裁庭审调查。由申请人及其代理人陈述仲裁请求和事实理由。（现在进行仲裁庭审调查。鉴于庭前证据交换程序中，申请书与答辩书已依法送达给各方当事人，申请人的仲裁请求、事实、理由与被申请人的答辩意见不再当庭陈述。）

申请人：……

仲裁员：申请人对仲裁请求、事实、理由有无变更或补充？

申请人：……

仲裁员：由被申请人及其代理人陈述答辩意见及事实理由。

被申请人的代理人：……

仲裁员：被申请人对答辩意见有无变更或补充？

被申请人：……

仲裁员：根据双方诉辩意见，本庭认为以下事实是双方认可的事实：1.……；2.……。双方争议焦点有：1.……；2.……。

仲裁员：申请人，对本庭归纳的争议焦点有无异议？

申请人：……

仲裁员：被申请人，对本庭归纳的争议焦点有无异议？

被申请人：……

二、质证阶段

（经庭前证据交换，证据应装订成册，按顺序分类编订，并已就证据来源、证据内容、所证明的事实做出说明。仲裁员仅指导当事人围绕仲裁庭总结的争议焦点进行质证。仲裁庭已认定的事实，当事人不再举证，仲裁庭也不认证。）

仲裁员：现在由申请人、被申请人双方就庭前证据交换程序中提交的证据进行质证。

仲裁员：由申请人出示证据。（围绕第一个争议焦点举证）

申请人：证据一，……，证明……；证据二，……，证明……。

仲裁员：被申请人质证。（被申请人只对证据的真实性、合法性、关联性、证明力进行质证，如谈到法律意见，仲裁员应予以制止。）

被申请人：……

仲裁员：被申请人出示证据。

被申请人：证据一，……，证明……；证据二，……，证明……。

仲裁员：申请人质证。（申请人也只能对证据的真实性、合法性、关联性、证明力进行质证，如谈到法律意见，仲裁员应予以制止。）

申请人：……

（下面再围绕第二个争议焦点举证和质证，依此类推。）

三、证人出庭

仲裁员；申请人有无证人到庭作证？

申请人：有。

仲裁员：传证人到庭。

仲裁员：证人姓名，性别，年龄，职业，住所地，你与申请人的关系？

证人：……

仲裁员：根据法律规定，凡是知道案件真实情况的单位和个人，都有义务出庭作证。伪造、隐藏、毁灭证据或者作伪证的，要承担法律责任。证人听清楚了没有？

证人：听清楚了。

仲裁员：（根据证人作证的目的进行有目的的询问）

仲裁员：申请人，你是否需要向证人提问？

申请人：需要。（对申请人琐碎的问题予以制止）我问完了。

仲裁员：被申请人，你是否需要向证人提问？

被申请人：需要。（对被申请人琐碎的问题予以制止）我问完了。

仲裁员：证人，你刚才的回答是否属实？

证人：属实。

仲裁员：证人退庭。

仲裁员：被申请人有无证人到庭作证？

被申请人：有。

仲裁员：传证人到庭

仲裁员：证人姓名，性别，年龄，职业，住所地，你与被申请人的关系？

证人：……

仲裁员：根据法律规定，凡是知道案件真实情况的单位和个人，都有义务出庭作证。伪造、隐藏、毁灭证据或者作伪证的，要承担法律责任。证人听清楚了没有？

证人：听清楚了。

仲裁员：（根据证人作证的目的进行有目的的询问）

仲裁员：申请人，你是否需要向证人提问？

申请人：需要。（对申请人琐碎的问题予以制止）我问完了。

高等学校法学实验教学系列教材

仲裁员：被申请人，你是否需要向证人提问？

被申请人：需要。（对被申请人琐碎的问题予以制止）我问完了。

仲裁员：证人，你刚才的回答是否属实？

证人：属实。

仲裁员：证人退庭。

四、问答阶段

仲裁员针对当事人未提供证据证实，但又必须查清的事实，询问双方当事人。双方当事人也可针对此类事实互相发问。

仲裁员：（对事实不清楚的地方进行询问）

申请人：……

被申请人：……

五、实验范例

1. 实验素材

贺某原为中国人，1985 年申请移民成为加拿大人，持有加拿大身份证和护照。1986 年~1993 年任珠海市××公司总经理，月薪 3 万元。1994 年~2002 年任惠州市××公司总经理，月薪 5 万元。2003 年 10 月，贺某到广州市××公司工作，任公司总裁。贺某任职期间，每月收取的工资情况为：2003 年 10 月~2004 年 7 月，每月 9 155 元；2004 年 8 月~2004 年 12 月，每月 8 905 元；2005 年 1 月~2006 年 3 月，每月 9 633 元。2006 年 3 月 31 日，广州市××公司向贺某发出函告："自 2006 年 4 月 1 日起，解除阁下在本公司所承担的工作及职务。"广州市××公司多支付了贺某一个月的工资（9 633 元）以及 4 个月工资的经济补偿金。同日，贺某在公司的《解除员工工资表》上签署："本人声明：这次仅暂收 48 165 元的补发工资。因本人与公司董事会商定的薪酬不符合上述数额，所以保留追索的权利。"贺某认为，广州市××公司在他任职时曾商定工资为每月 6.8 万元，因公司财务比较紧张，为缓解公司流动资金的压力，董事会提出每月只发给贺某部分工资，其余待日后再一次性支付。当时贺某出于为公司着想的考虑同意了该请求。事后，时任公司董事长的徐某还给公司财务部写了一个决定书："财务部：经董事会决定，现聘任贺某为本公司总裁，月薪为人民币 6.8 万元，暂每月支付 8 000 元。另 60 000 元暂存公司，待贺某要求取款时一次性给予支付。董事长：徐××"现贺某手上只有该决定的复印件。公司认为该决定子虚乌有，完全是贺某利用职权伪造的。双方为贺某劳动报酬一事发生争议，诉致广州市××区劳动争议仲裁委员会。2006 年 7 月，仲裁庭开庭审理了此仲裁案件，并进行了仲裁庭审调查。

2. 实验准备

（1）实验流程的准备。

第一，仲裁员让当事人陈述案情。

第二，在当事人陈述后，仲裁员归纳双方的争议焦点。

第三，当事人举证及质证。

第四，仲裁员让证人出庭作证并质证。

第五，仲裁员让相关人员宣读鉴定结论并质证。

第六，仲裁员认证。

（2）法律规定的准备。

《劳动争议调解仲裁法》第三十七条："仲裁庭对专门性问题认为需要鉴定的，可以交由当事人约定的鉴定机构鉴定；当事人没有约定或者无法达成约定的，由仲裁庭指定的鉴定机构鉴定。根据当事人的请求或者仲裁庭的要求，鉴定机构应当派鉴定人参加开庭。当事人经仲裁庭许可，可以向鉴定人提问。"

《劳动争议调解仲裁法》第三十八条："当事人在仲裁过程中有权进行质证和辩论。质证和辩论终结时，首席仲裁员或者独任仲裁员应当征询当事人的最后意见。"

《劳动争议调解仲裁法》第三十九条："当事人提供的证据经查证属实的，仲裁庭应当将其作为认定事实的根据。劳动者无法提供由用人单位掌握管理的与仲裁请求有关的证据，仲裁庭可以要求用人单位在指定期限内提供。用人单位在指定期限内不提供的，应当承担不利后果。"

《劳动争议仲裁委员会办案规则》第二十七条："仲裁庭开庭裁决，可以根据案情选择以下程序：（一）由书记员查明双方当事人、代理人及有关人员是否到庭，宣布仲裁庭纪律；（二）首席仲裁员宣布开庭，宣布仲裁员、书记员名单，告知当事人的申诉、申辩权利和义务，询问当事人是否申请回避并宣布案由；（三）听取申诉人的申诉和被诉人的答辩；（四）仲裁员以询问方式，对需要进一步了解的问题进行当庭调查，并征询双方当事人最后意见；（五）根据当事人的意见，当庭再行调解；（六）不宜进行调解或调解达不成协议时，应及时休庭合议并作出裁决；（七）仲裁庭复庭，宣布仲裁裁决；（八）对仲裁庭难作结论或需提交仲裁委员会决定的疑难案件，仲裁庭应当宣布延期裁决。"

《最高人民法院关于民事诉讼证据的若干规定》第二条："当事人对自己提出的诉讼请求所依据的事实或者反驳对方诉讼请求所依据的事实有责任提供证据加以证明。没有证据或者证据不足以证明当事人的事实主张的，由负有举证责任的当事人承担不利后果。"

《最高人民法院关于民事诉讼证据的若干规定》第八条："诉讼过程中，一方当事人对另一方当事人陈述的案件事实明确表示承认的，另一方当事人无须举证。但涉及身份关系的案件除外。对一方当事人陈述的事实，另一方当事人既未表示承认也未否认，经审判人员充分说明并询问后，其仍不明确表示肯定或者否定的，视为对该项事实的承认。当事人委托代理人参加诉讼的，代理人的承认视为当事人的承认。但未经特别授权的代理人对事实的承认直接导致承认对方诉讼请求的除外；当事人在场但对其代理人的承认不作否认表示的，视为当事人的承认。当事人在法庭辩论终结前撤回承认并经对方当事人同意，或者有充分证据证明其承认行为是在受胁迫或者重大误解情况下作出且与事实不符的，不能免除对方当事人的举证责任。"

《最高人民法院关于民事诉讼证据的若干规定》第十三条："对双方当事人无争议但涉及国家利益、社会公共利益或者他人合法权益的事实，人民法院可以责令当事人提供有关证据。"

《最高人民法院关于民事诉讼证据的若干规定》第二十九条："审判人员对鉴定人出具的鉴定书，应当审查是否具有下列内容：（一）委托人姓名或者名称、委托鉴定的内容；（二）委托鉴定的材料；（三）鉴定的依据及使用的科学技术手段；（四）对鉴定过程的说明；（五）明确的鉴定结论；（六）对鉴定人鉴定资格的说明；（七）鉴定人员及鉴定机构签名盖章。"

《最高人民法院关于民事诉讼证据的若干规定》第四十七条："证据应当在法庭上出示，由当事人质证。未经质证的证据，不能作为认定案件事实的依据。当事人在证据交换过程中认可并记录在卷的证据，经审判人员在庭审中说明后，可以作为认定案件事实的依据。"

《最高人民法院关于民事诉讼证据的若干规定》第五十条："质证时，当事人应当围绕证据的真实性、关联性、合法性，针对证据证明力有无以及证明力大小，进行质疑、说明与辩驳。"

《最高人民法院关于民事诉讼证据的若干规定》第六十四条："审判人员应当依照法定程序，全面、客观地审核证据，依据法律的规定，遵循法官职业道德，运用逻辑推理和日常生活经验，对证据有无证明力和证明力大小独立进行判断，并公开判断的理由和结果。"

3. 实验结果

贺×诉广州市××公司劳动仲裁庭调查：

仲裁员：现在进行仲裁庭审调查。由申请人及其代理人陈述仲裁请求和事实理由。申请人，你请求的事实、理由、诉求有无变更和补充？

申请人：无，依申请书所述。

仲裁员：你申请仲裁时提交了哪些证据？

申请人：我提交的证据有：第一，2003 年 10 月 12 日由被申请人的法人代表签署的劳动合同，证明申请人与被申请人存在劳动合同关系；第二，2006 年 3 月 31 日被申请人向申请人发出的函告，证明被申请人在 2006 年 3 月 31 日书面通知我解除劳动合同关系；第三，被申请人公司内部的解聘员工工资表，证明被申请人解聘申请人时，申请人所获得的经济补偿的情况；第四，还有两份工商查询。以上文件都没有原件，公司没有将原件给我。

仲裁员：有无新证据提交？

申请人：有两份新证据：一份是公司人事登记表，另一份是公司前董事长徐某的函件，是从公司人事部和财务部复印出来的，行政部盖了章。

仲裁员：请庭后提交公司设立期间的工商登记，证明徐某是否曾担任公司法人代表。

申请人：可以。

仲裁员：申请人在被申请人处任职的情况，请申请人说说。

申请人：我在 2003 年 10 月开始任职，登记表反映是在 10 月 11 日开始任职的，被聘为被申请人公司的总经理。因我在空调行业有一定知名度，并有丰富经验、技术，双方约定工资为每月 6.8 万元，因公司在筹建阶段，公司周转资金有一定问题，所以双方同意先暂付 8 000 元给我，剩余的 6 万元工资就暂存在公司，等申请人要求时再一次性支付给申请人。2004 年 10 月，被申请人内部股东发生变更，人员变动，2004 年 10 月，我改任为副总经理。2006 年 3 月 31 日，被申请人突然书面通知申请人解除双方劳动合同关系。当天，被申请人支付了 2006 年 3 月份工资 8 000 元，另外再补偿了我四个月的工资。

仲裁员：你请求被申请人给付劳务报酬 180 万元，另支付拖欠劳务报酬补偿金 45 万元，解除劳动关系补偿金 27.2 万元，额外补偿金 13.6 万元的法律依据何在？

申请人：首先，请求支付劳务报酬 180 元的依据是，申请人共在被申请人处工作 30 个月，申请人每月工资为 6.8 万元，但每月只获得 8 000 元，另外每月有 6 万元暂存在被申请人处，30 个月一共就是 180 万元暂存在被申请人处。按双方约定，申请人有权要求被申请人一次性支付。2003 年 11 月 27 日的函件也显示了。其次，拖欠劳务报酬补偿金 45 万元是依照《违反和解除劳动合同经济补偿办法》第三条的规定，180 万元的 25% 就是 45 万元。再次，解除劳动关系补偿金 27.2 万元是依照《违反和解除劳动合同经济补偿办法》第五条的规定，在被申请人处工作四年，每一年补偿一个月的经济补偿金，四年就是 27.2 万元。最后，额外补偿金 13.6 万元，是依照《违反和解除劳动合同经济补偿办法》第十条的规定，27.2 万元的 50% 就是 13.6 万元。

仲裁员：你认为你的工资是每月 6.8 万元，为什么在 2006 年 3 月 31 日被解雇时没有提出来呢？

申请人：已经提出来了。工资表就在被申请人处复印的，在声明人签名处，我已写明异议了。我在工资单上写明对工资的发放和经济补偿有异议。

仲裁员：你在法院就另案已起诉被申请人？

申请人：是的，那是另外一件借款案。

仲裁员：请庭后复印诉状等材料给仲裁庭。还有没有新证据提供？

申请人：我申请证人出庭，并提供书面证言一份。

仲裁员：因双方均申请证人出庭，对此是否有需要，合议庭将作出决定。现在被申请人答辩意见。

被申请人：我方答辩意见依答辩书所述。申请人的请求是虚假的，我们不承认，请仲裁庭驳回其请求。

仲裁员：被申请人有无新证据提交？

被申请人：无。另外，我们申请证人出庭，并要求提取申请人的指模。

仲裁员：请被申请人把证据原件交申请人查看，由申请人对被申请人的证据质证。

申请人：证据一002号鉴定书经核对原件，我对鉴定书结论无异议，但证明内容我有异议，鉴定书只能证明当时被申请人的人事登记表中行政管理部公章的落印时间。鉴定书不能证明人事登记表是申请人伪造的。对证据二003号鉴定书无异议，但证明内容有异议。鉴定书只能证明当时的签名是用复印机复印的，不能证明此文件被申请人处不具备，文件存放在被申请人处，不能证明此复印件是申请人伪造的。我提供的证据与此证据是一致的。证据三006号公证书真实性无异议，但对证明内容有异议，公证所所公证的内容是徐某单方陈述，且其与被申请人有利害关系，不能推翻财务人事登记表等的真实性。证据四036号公证书与本案无关。另外，徐某如作为证人作证，其本人应该出庭，不能授权代为作证。证据五038号审计报告书，说明依据的资料是由被申请人方提供的，并由其单方委托。中介机构对资料的真实性及合法性是不负责任的，故不能证明申请人在被申请人处领取工资的真实情况。对证据六、七无异议。对证据八的真实性无异议，但证明不了被申请人对申请人进行了合理补偿，且申请人也声明了保留追索的权利。对证据九、十无异议。但证据九、十与本案无关。证据十一是被申请人恶意投诉，是被申请人单方面的控告，不能作证据使用。其余的材料不属于证据，不予质证。

仲裁员：请申请人把证据原件交被申请人查看，由被申请人对申请人证据质证。

申请人：我们提供5份书证只有2份原件，其余的复印件与被申请人提供的证据是一致的。

被申请人：2003年11月27日的工资通知，上面盖了我们公司行政管理部的章，并手写公司存档，有董事长徐某签字。徐某是亲笔签字还是复印签字？从肉眼看，是复印的，不是亲笔签的。证据如何取得，请申请人解释。请仲裁庭留存此材料作进一步鉴定使用。人事登记表也有鉴定证明时间不对，是刚进入公司时登记的，不可能在2005年才补发，故人事登记表是伪造的。申请人确认了司法鉴定的结论，只是对证明内容有异议。司法鉴定书明确了徐某的签字是复印的。

仲裁员：本案最主要的证据是徐某的证据。徐某签名的证据与司法鉴定书送检的样本是不同的。两份材料是不同的，从肉眼可进行分辨，上有原件由公司保存的字样。现在由双方对此证据并结合鉴定报告书发表质证意见。

申请人：我们提交的材料是申请人从被申请人行政部用信笺纸复印出来的，故一张是白纸，一张是信纸。徐某签名是否复印件与本案处理无关，被申请人处存有此份材料的复印件，故证实徐某是给行政财务部发过此文件。故也能证明被申请人处有此份材料的原件。依据《最高人民法院关于民事诉讼证据的若干规定》第七十五条的规定，被申请人拒不提供的，应承担不利后果，推定我方的主张成立。我方提供的人事登记表及这份证据均证明申请人的工资收入。

仲裁员：被申请人的意见。

被申请人：徐某签字的月薪6.8万元，申请人质证承认存放于我处的是原件。此份原件是否就是我们公司留存而提取送检的？鉴定书说明是复印上去的，故是伪造的。申请人当时掌管我公司的大权，伪造这样证据存放于档案部是很容易的。我们对公章、印鉴形成时间都作了鉴定。另我们把徐某接回来，在深圳作了公证，其对当时情况作了明确的说明。

仲裁员：是否要对此两份证据进行再次鉴定？

申请人：不需要，对方是拖延时间。

被申请人：我们认可鉴定结论。

仲裁员：被申请人，这两份材料原件何时能提交？

被申请人：现在能提交。

仲裁员：申请人，你在被申请人处工作外，还在哪里工作过？

申请人：在惠州市××公司做过总裁。以前我的工资是5万元月薪。

仲裁员：有相关证据吗？

申请人：有。

仲裁员：请被申请人看看。

被申请人：不予质证，与本案无关。

仲裁员：双方对案件事实有无补充？

申请人：我们的证据都是在被申请人处复印的，故是真实的。

被申请人：审计报告书对股东、总经理等人的工资等都有明确记载。审计报告书的资料是真实的，如申请人认为我们有隐瞒，没有完全提供，请举证证明。

仲裁员：申请人何时离开被申请人公司？

申请人：被申请人发出辞退函时，即2006年3月31日。

仲裁员：本案争议焦点为：两份证据效力问题如何认定。请双方发表辩论意见。

申请人：被申请人的鉴定书等与本案处理无关联，申请人证据是在被申请人处复印来的，是真实的，所以作再次鉴定无意义。关于劳动报酬的举证责任在被申请人，被申请人持有证据原件却拒绝提供，应推定我们的请求成立。

被申请人：徐某的通知盖了我公司行政部的章，章是如何盖上去的？证据来源是否合法？申请人当时是总经理，各方面的权力很大，所有的工资也要他签字才能发，申请人也有权利使用公章。我们已证明对申请人的工资支付完毕，徐某因患重病，故在深圳作公证予以证明，声明其反映的情况为真实的。这些都证明申请人的证据是伪造的。

仲裁员：被申请人提供的用塑胶钉起来的材料是否就是被申请人公司留存的原件？

被申请人：是。

仲裁员：申请人，从工资表上看和辞退通知上显示的工资为什么不同？

申请人：房补的800元不属于工资，9 800元扣除800元，再扣税，所以发的是8 420元。

被申请人：我们的工资表有扣税记录，对方有无此方面的证明？

仲裁员：关于司法鉴定的申请，庭审后仲裁庭将评议后作书面答复。申请人提交了其在惠州市××公司的聘任协议，被申请人是否不予质证？

被申请人：是，但我们需要留存一份。

仲裁员：现在先由申请人申请的证人出庭作证。你身份情况？

赵：我叫赵坚，男，1970年9月2日出生，住广东省惠州市惠城区××路1号。身份证号：4402×××××××××。

仲裁员：赵坚，本委受理了申请人贺某诉被申请人广州××公司劳动报酬纠纷一案，依照法律规定，你有作证的义务，故请你如实作证，如有虚假陈述，将承担相应的法律责任，你清楚吗？

赵：清楚。

仲裁员：你何时在广州××公司工作？是否知道贺某月工资多少？

赵：我于2004年1月在广州××公司工作，任行政部经理，我进去时，前任有交接下来，因工资做好后都交我审核，我看过档案，贺某工资是每月6.8万元，我说为什么实际发这么少，行政部的人就把一份通知给我看过，我在2005年10月中旬离开该公司。

仲裁员：询问笔录签名是你签的吗？

赵：是的。

仲裁员：申请人有无问题提问？

申请人：无。

仲裁员：被申请人有无问题提问？

被申请人：请赵坚辨认人事工资表，此表你见过吗？

赵：见过，我进去工作时就翻到此表了，我是2004年2月～3月份就见过了。

被申请人：你通过什么途径进公司工作？

赵：是董事长徐某请我去的，我原在惠州金盛公司工作。

被申请人：外籍人员工资和内地人员工资列表是分开的吗？

赵：没有。只是有分栏。

被申请人：其他的外籍人员是否也是像贺某一样先领一部分工资的？

赵：还有一个贺杰也一样。

被申请人：他们是什么关系？

赵：不清楚，他也是公司副总。

被申请人：2005年10月，你什么原因离开公司的？

赵：我自己辞职离开的。

被申请人：公司有副总经理吗？

赵：我进去时是有一个副的，走时也聘了一个副的。

仲裁员：请证人退庭。

仲裁员：现在请被申请人的证人出庭。

李：我叫李军，男，1965年5月30日出生，汉族，住广东省佛山市××区××路2号。身份证号：4402×××××××××。

仲裁员：本委受理了申请人贺某诉被申请人广州××公司劳动报酬纠纷一案，依照法律规定，你有作证义务，故请你如实作证，如有虚假陈述，将承担相应的法律责任，你清楚吗？

李：清楚。

仲裁员：因徐某患重病，故经公证转为李军代为作证，证人资格是否成立，证人证言是否传来证据等，待李军作证后，双方可发表意见。李军，请读一下公证书的内容。

李：（声明书内容略）2004年8月份，徐某发现肺癌晚期，当时有关大权由贺某持有，其可能凭其权利伪造证据。

仲裁员：你代表徐某陈述事实和法律上的意见，是否属于适格证人，请双方发表意见。另有关徐某向你说的意见，如与声明书的不一致，请庭后补充一书面材料。

被申请人：徐某的声明内容和没有形成书面内容，李军有权代为陈述。

申请人：证人不能转委托作证，故其仅是徐某的代理人，不是证人，我想问：你如何认识徐某的？

李：2000年通过贺某认识她的。

申请人：你与贺某是什么关系？

李：好朋友。

申请人：徐某与贺某什么关系？

李：不知道。

申请人：你说徐某查出癌症后将公司大权给贺某，有证据吗？

李：没有。我只是说徐某跟我说过的话，我没有证据。

仲裁员：请证人退庭。请鉴定人出庭。

仲裁员：本委受理了申请人贺某诉被申请人广州××公司劳动报酬纠纷一案，依照证据规则，你有出庭接受询问的义务，故请你如实陈述，如有虚假陈述，将承担相应的法律责任，你清楚吗？

陈：清楚。

仲裁员：你的身份？

陈：我叫陈君，鉴定人。

仲裁员：仲裁庭将不作询问，请双方询问。

申请人：落款时间是2003年，但结论是2004年或2005年。为什么？是否做了技术处理？

陈：原来落款是2003年的，后来检测盖印时间，确定是2004年12月～2005年2月时间段盖的，不是推断的，而是科学鉴定。

申请人：有相关科学材料吗？

陈：鉴定书后面附了样本，是2003年7月～2005年6月期间的印纹样本54份，我们是依照印纹样本作出分析判断，并作出结论的。

申请人：除了54份样本，要鉴定的是哪份材料？

陈：贺某的人事表，原件在仲裁庭。样本是被申请人送检的。

仲裁员：请鉴定人陈君庭后按技术上的层面向仲裁庭提交一份书面意见。另外，广州××公司当时是送封存好的徐某签字的那份书面材料作检材给你们吗？

陈：是。

被申请人：鉴定方法是否用比较法？

陈：是的。

申请人：结论是百分之百正确的吗？

陈：是的。

仲裁员：本案的处理，请双方发表最后意见。

申请人：从证据上可以证明我们的主张成立。从人事登记表看，不管被申请人对此意见如何，均证明从被申请人处取得的该证据是真实的。徐某写给财务部的文件，被申请人承认其公司有一份。我们的请求应得到支持。

被申请人：在法律适用上，贺某是加拿大人，如要适用劳动法，他应持有外籍人员的劳务证，但其没有，此案不应适用劳动法。故其第二、三项的补偿费请求，无法律依据。在证据上，人事登记表仅有行政部印章，无其他经办人员签字，故此登记表不符合公司工作流程，且其笔迹部分是由申请人本人书写的。贺某是公司总经理，2004 年 10 月 12 日后担任副董事长，一直以来，行政部都隶属其主管，所以仅凭印章不能显示是公司意思，贺某有权利用职权进行盖章。文件是伪造的，鉴定结论表明盖章和落款时间不一致。当时有行政部经理赵坚，其与贺某关系是何种程度？证人表示在 2004 年 2 月～3 月见过人事登记表原件，但此文件形成是 2005 年在其离开后的，故其证言真实性可疑。徐某向公司财务和行政部作出的文件是公司内部决议，贺某手头没有此文件达 2 年～3 年，也从不需要弥补。每个月 6 万元不是小数目。申请人是公司总经理和副董事长，他需要把一个文件放到公司财务部是轻而易举的事，不能因为公司有这样一份有利于公司高层的文件而要求公司对其进行补偿。我门提供的财务经理、董事长贺某签字确认的员工工资表（在审计报告内），一张不漏的提供到评估机构了，所有表格没有显示公司欠申请人 6 万元。申请人作为总经理是对公司财务资料负责的，对真实性、完整性负责。故工资表完整反映双方的劳务报酬关系。贺某离开公司后，为了获取非法利益，伪造证据，贺某提供的所谓决定和人事登记表是间接证据，是存疑的证据。比较公司所有经营管理人员工资数额，贺某在公司不是最高职务，其不是董事长，徐某是董事长，一直领取的工资只有 9 000 多元，其月工资从未超过 1 万元。贺某作为总经理，不可能高于董事长 8 倍之多。申请人工资对比所有外籍人员，公司也只有两人曾经超过 1 万元/月。凭什么公司会给出 6.8 万元的工资给申请人？我们进行过审计，没有应付款说明要付给申请人款。徐某也否认曾经签发申请人工资 6.8 万元的决定。综上，申请人的请求不合理、不合法，请予以驳回。

仲裁员：庭后请双方提交一份代理词，今天庭审到此。

六、自主实验

素材一：赵红于 1996 年 1 月 1 日进入广州市星河实业总公司从事财务工作。1999 年，该公司更名为广州星河旅游资源开发有限责任公司。2000 年，广州星河旅游资源开发有限责任公司用部分土地作投资与广东国际技术促进公司等股东成立了广州和物房地产开发有限责任公司（简称"和物公司"）。和物公司于 2000 年 8 月 30 日正式登记成立，赵红在和物公司工作期间，月工资 1 200 元（已发放至 2006 年 8 月）。和物公司于 2006 年 8 月 1 日通知赵红提交身份证去办理社会保险手续，未果。赵红在和物公司工作期间向公司借款 30 000 元，赵红从事财务期间从补发工资中扣除 4 800 元冲抵及另偿还一部分，尚欠和物公司 17 812 元。赵红在和物公司工作期间于 2004 年 6 月 17 日生育一小孩，休产假为 2 个月。2006 年 8 月 30 日，和物公司以其公司项目发展变化机构需重组，公司暂无适于赵红的职位为由，向赵红送达了"员工解聘通知书"，内容为自 2006 年 8 月 31 日和物公司解除了与赵红的劳动合同关系，通知赵红 15 日内到公司办理解聘手续。后因解除劳动合同后的经济补偿金、社保、公积金等问题双方发生争议。赵红提出请求如下：第一，和物公司支付其经济补偿金 1 200 元 × 11 年 = 13 200 元；第二，和物公司支付其额外经济补偿金 13 200 元 × 50% = 6 600 元；第三，和物公司赔偿劳动关系存续期间单位应缴部分的社会保险：（1）养老保险 1 200 元 × 20% × 129 个月 = 30 960 元；（2）医疗保险 1 200 元 × 10.86% × 129 个月 = 16 811.26 元；（3）工伤保险 1 200 元 × 1% × 129 个月 = 31 548 元；第四，和物公司赔偿拖欠工资 1 200 元 × 4 个月 = 4 800 元；第五，和物公司赔偿拖欠工资的赔偿金 4 800 元 × 50% = 2 400 元；第六，和物公司支付 2006 年 9 月份的工资 1 200 元；第七，和物公司赔偿劳动关系存续期间（11 年）的住房公积金 1 200 元 × 10% × 129 个月 = 15 480 元；第八，和物公司赔偿违法扣除产假的补偿金 1 200 元 × 1 个月 × 300% = 3 600 元；第九，和物公司赔偿原告生育相关费用 3 200 元。上述 9 项共计应赔偿 103 199.26 元。

　　和物公司认为，劳动合同订立时所依据的客观情况发生重大变化，致使原劳动合同无法履行，经当事人协商不能就变更劳动合同达成协议，由用人单位解除劳动合同的，用人单位按劳动者在本单位工作的年限，工作时间每满一年发给相当于一个月工资的经济补偿金。故公司愿意支付相应的经济补偿金。公司是 2000 年 8 月才成立的具有法人资格的公司，赵红在其他公司上班的时间是不能计算在和物公司里，赵红的工作年限应以在和物公司工作的 6 年计算。关于工资，赵红工资收入包含有 200 元的电话费，计算解除劳动合同经济补偿金时应当扣除。赵红的经济补偿金为 1 000 元 × 6 年 = 6 000 元。其他各项都已经发放。

　　赵红认为，其月工资收入为 1 200 元。公司对其工龄计算错误，没有按规定连续计算。对其享有的社会保险和福利按法律、法规的规定应当予以支持；对公司拖欠其的工资应按规定给予赔偿金。

　　和物公司向仲裁庭提交的证据有：（1）劳动合同；（2）公司营业执照；（3）员工解聘通知书；（4）员工工资支付台账。赵红向仲裁庭提交的证据有：（1）劳动合同（与广州市星河实业总公司签订）；（2）劳动合同（与和物公司签订）；（3）员工解聘通知书；（4）社保部门社保缴纳查询记录；（5）公积金缴纳查询记录。

　　素材二：1995 年 8 月 25 日，王超应聘入南海航空股份有限公司飞行部门从事飞行工作。1997年3月18日，南海航空股份有限公司作为甲方与王超作为乙方签订一份《劳动合同》。该合同第一条规定："合同期限为无固定期限（其中试用期3个月）。"第五条规定："甲方未经乙方同意，不得强迫乙方延长工作时间或在休息休假日工作，甲方安排乙方加班加点的，应安排乙方同等时间补休或依照有关规定支付加班工资。"第十六条第一款、第八款、第九款规定："乙方应遵守甲方依法制定的规章制度"、"在国家规定的最高限制范围内，乙方如已明确同意甲方延长工作时间或在法定休假日工作安排，除因不可抗力因素影响外的，不得临时拒绝"、"任何情况下，乙方均不得擅自离职"。第二十九条规定："订立无固定期限劳动合同的，乙方离休、退休、退职或本合同约定的解除条件出现，本合同终止。"第三十三条规定："乙方违反本合同书第十六条第九款的，除按有关标准付给甲方违约金外，再按合同期每未满一年支付乙方正常工作一个月工资的标准付给甲方违约金。"第三十四条规定："甲方违反本合同书第五条，或乙方违反本合同书第十六条第八款，按乙方可获工资报酬的百分之三百的标准付给对方违约金。"第三十五条规定："甲方违反本合同书第十六条第十款或者符合本合同书第二十七条第二款情况的，按乙方每服务一年支付相当于乙方正常工作1个月工资的标准付给乙方违约金（不足一年的按一年计）；乙方违反本合同书第十六条第六、十、十一款或者符合本合同书第二十一条第二、三款情况的，按合同期每未满一年支付相当于乙方正常工作1个月工资的标准付给甲方违约金（无固定期限的劳动合同，未满年限等于法定退休年龄减去解除合同当年乙方年龄，不足一年的按一年计）。"第四十一条规定："乙方解除本合同的，凡由甲方出资培训和招接收的人员，应向甲方偿付培训费和招收费。其标准按《人事培训工作手册》第三版及有关规定执行。"第三十五条规定："执行甲乙双方违约责任时，赔偿年限均以乙方工作年限为准。甲方按乙方每工作一年支付给乙方正常工作二个月标准工资的违约金；乙方按乙方每工作一年支付给甲方正常工作一个月标准工资的违约金。"

2000年5月，南海航空公司将王超调到长安航空公司担任飞行工作，但工资和社会保险仍由南海航空公司支付和缴纳。2006年5月7日，王超因种种原因决定辞职，并向南海航空公司递交了辞职申请。同年5月9日、10日、12日、19日、20日王超继续飞行。同年5月19日，王超向南海航空公司申请休假（从同年5月22日至6月13日），但休假期限届满，王超没有及时销假。南海航空公司于同年6月21日发给《关于限期上班的通知》，告知王超其辞呈未获批准并继续为其安排飞行任务。王超未回复，也没到南海航空公司公司上班。自2006年6月起至今，南海航空公司按每月600元的标准向王超支付工资。

为提高飞行人员的忠诚度，南海航空公司于2005年下发《南海航空股份有限公司飞行员安全奖统计细则》（琼航综〔2005〕520号），设立飞行员安全基金，用于对已签订无固定期限劳动合同，且继续忠于公司、忠于职守且无安全事故的飞行员进行鼓励。该文件规定：1. 自2005年1月起正式设立飞行员安全奖，享受范围为南海航空公司（含各基地）在飞的飞行员（即未退出航班飞行队伍的飞行员），并对截至2005年1月1日仍在飞的飞行员给予追溯；2. 安全奖自飞行员进入公司参加航班生产开始按月计提，至退出航班飞行队伍次月停止计提；3. 安全奖按年度（自然年）发放，当年累计的30%于次年发放（2005年累计的30%安全奖在2006年8月20日前发放），剩余70%在计提期结束后分10年按月等额发放；4. 飞行员因退休、身体等原因退出公司航班飞行队伍的，经公司领导批准，已计提尚未兑现的安全奖自退出次年起分10年按月等额发放；5. 其他因任何原因离职的，当年不享受安全奖，已计提尚未兑现的安全奖视为自动放弃。

2006年8月9日，王超向××省劳动争议仲裁委员会提起劳动仲裁申请。王超的请求为：一、确认王超与南海航空公司的劳动合同已经解除；二、南海航空公司为王超办理解除劳动合同的手续，出具解除劳动合同证明，并依法移交王超全部档案；三、南海航空公司按照王超的实际工资收入为王超补缴各项社会保险以及住房公积金；四、南海航空公司向王超补发拖欠的飞行安全奖410 000元以及25%的经济补偿金102 500元，合计512 500元；五、南海航空公司向王超支付违约金704 850.65元；六、王超向南海航空公司退还每月600元的最低生活保障金。南海航空公司按王超上一年度月平均收入标准赔偿王超自提出辞职之后30日至南海航空公司为王超办理解除劳动关系全部手续并依法移交完毕全部档案期间的工资收入损失；七、南海航空公司承担本案的仲裁费。

南海航空公司认为：一、双方签订的《劳动合同书》为无固定期限，王超不得擅自解除劳动合同。双方于1995年建立劳动关系，并于1997年3月18日签订了《劳动合同书》，双方约定合同期限类型为无固定期限。合同约定："任何情况下，乙方（指王超）均不得擅自离职"、"乙方不得违反国家法律的规定单方面解除本劳动合同"、"订立无固定期限劳动合同的，乙方离休、退休、退职或本合同约定的解除条件出现，本合同终止"，合同还约定了王超违反合同约定应承担的违约责任及赔偿责任等。因此，按照劳动合同约定，王超不得擅自解除劳动合同。二、王超与南海航空公司存在着深厚的感情，在其提出辞职后，南海航空公司即通过各种途径和方式尽力挽留，并考虑其在职期间做出的贡献，本着以人为本的原则，为其发放工资报酬至今。飞行员是一项特殊的职业，其飞行作业关乎社会公共利益和国家、人民群众生命财产安全，因此，在坚持劳动自由的同时，对飞行员自由择业权予以合理限制是必要的。① 因此，为保障航空安全，促进飞行队伍稳定，维护飞行队伍正常流动秩序，南海航空公司与王超之间宜维持现有的劳动关系，采用平等协商的方式解决。

王超向仲裁庭提交的证据有：王超的工资清单网页、王超工资一览表、工资存折、王超的养老保险个人账户清单、医疗个人账户清单、劳动合同。南海航空公司向仲裁庭提交的证据有：劳动合同、工资支付台账、《南海航空股份有限公司飞行员安全奖统计细则》（南航综〔2005〕520号）、《关于规范飞行人员流动管理保证飞行安全的通知》（民航人发〔2004〕187号）、《关于规范飞行人员流动管理保证民航飞行队伍稳定的意见》（民航人发〔2005〕104号）、《关于贯彻落实规范飞行人员流动管理保证民航飞行队伍稳定意见有关问题的通知》（民航人发〔2005〕109号）、《关于进一步加强民航飞行队伍管理的意见》（民航发〔2006〕109号）。

---

① 2004年10月27日，民航总局下发《关于规范飞行人员流动管理保证飞行安全的通知》（民航人发〔2004〕187号），要求飞行员流动应协商解决，辞职飞行员的飞行执照交用人单位所在地民航地区管理局保管，飞行记录本和健康记录本由用人单位保管六个月后交所在地民航地区管理局保管；2005年5月27日，中国民用航空总局、劳动和社会保障部、人事部、国务院国资委、国务院法制办联合下发《关于规范飞行人员流动管理保证民航飞行队伍稳定的意见》（民航人发〔2005〕104号），要求：1. 飞行员流动应协商一致，并按70万~210万元的标准向原单位支付补偿费；2. 飞行员辞职，劳动合同中约定了违约责任的，应按照约定承担违约责任。该文件经最高人民法院法发〔2005〕13号文件转发。中国民用航空总局还先后下发了《关于贯彻落实规范飞行人员流动管理保证民航飞行队伍稳定意见有关问题的通知》（民航人发〔2005〕109号）和《关于进一步加强民航飞行队伍管理的意见》（民航发〔2006〕109号），进一步明确飞行人员流动、辞职费用标准的计算方法，强调飞行员流动、辞职等事宜必须严格遵守〔2005〕104号文件的规定。

实验三 仲裁庭审辩论

一、实验目的

在整个仲裁过程中，当事人都有辩论权。但此处所指辩论，仅指当事人在仲裁庭开放审理过程中所进行的辩论，也就是在仲裁庭审中的一种口头辩论。庭审辩论一般是在庭审调查后，当事人及其代理人为维护己方的仲裁请求、反驳对方的主张，在首席仲裁员或独任仲裁员主持下在仲裁庭上相互进行辩论。仲裁庭审辩论的顺序为：（1）申请人及其代理人发言；（2）被申请人及其代理人答辩；（3）第三人及其代理人发言或者答辩；（4）互相辩论；（5）陈述最后意见。

通过仲裁庭审辩论的实验，训练学生掌握在劳动仲裁案件开庭审理阶段，一方面，作为仲裁庭工作人员，如何正确引导当事人及其代理人进行辩论，充分保证当事人行使其辩论权利；另一方面，作为当事人及其代理人，如何正确行使自己的辩论权，如何就仲裁庭审调查的事实和证据，应当适用的法律以及对方的发言、答辩提出自己的意见。学生通过模拟进行仲裁庭审辩论的仲裁庭工作人员和当事人及其代理人，全面了解和掌握仲裁庭审辩论技巧，分角色独立完成劳动案件的仲裁庭审辩论。

二、实验要求

（1）在进行项目实验前，要求学生复习和掌握劳动争议处理法律的基本知识，熟悉《劳动争议调解仲裁法》、《企业劳动争议处理条例》、《劳动争议仲裁委员会组织规则》、《劳动争议仲裁委员会办案规则》等重要法律法规，以便对实验内容有清楚的认识。

（2）熟悉劳动仲裁开庭审理的辩论程序。

（3）了解和掌握仲裁员引导当事人及其代理人进行辩论的技巧。

（4）了解和掌握当事人及其代理人辩论的技巧。

三、实验步骤

（1）申请人及其代理人发言。

（2）被申请人及其代理人答辩。

（3）第三人及其代理人发言或者答辩。

（4）互相辩论。

（5）陈述最后意见。

四、实验原理

1. 庭审辩论的基本知识

常言道："事实愈辩愈清，法理愈辩愈明。"当事人在仲裁开庭审理过程中，有权进行辩论。这种辩论是在仲裁庭的主持下，双方当事人就争议的事实认定问题和法律适用问题各自陈述己方的主张和根据，挑战对方的主张和根据，对对方的挑战进行反驳，以维护己方的合法权益。辩论终结时，首席仲裁员或者独任仲裁员应当征询当事人的最后意见。通过双方当事人的辩论，仲裁庭可以进一步查清事实，确定定案根据，正确适用法律，为最终作出公正裁决打下基础。

辩论的顺序由双方当事人及其代理人依次进行：（1）申请人及其代理人发言。仲裁员宣布进入仲裁庭审辩论阶段后，先由申请人就仲裁庭审调查的事实和证据、应当适用的法律，陈述自己的意见。申请人陈述后，申请人有代理人的，由其代理人对申请人的发言作进一步补充或说明。（2）被申请人及其代理人答辩。申请人及其代理人发言完毕，由被申请人就仲裁庭审调查的事实和证据、应当适用的法律发言，并针对申请人的发言进行答辩。被申请人有代理人的，在被申请人发言完毕后，其代理人对被申请人的发言作进一步补充或说明。（3）第三人及其代理人发言或答辩。有第三人参加仲裁的，申请人、被申请人发言、答辩后，仲裁庭应当让第三人发言或者答辩，让其就仲裁庭审调查的事实和证据、应当适用的法律，以及申请人、被申请人的发言、答辩，提出自己的意见。第三人有代理人的，可由其代理人发言或者答辩。（4）互相辩论。经过上述仲裁庭审辩论顺序后，仲裁员应当让双方当事人、第三人就本案的问题互相向对方发问，辩驳对方的主张并阐述自己的意见。仲裁员在当事人互相辩论时，应当使辩论集中在案件必须解决的问题上，必要时，可以对当事人进行启发、引导。仲裁员必须公平地保障双方当事人的辩论权利。当事人不得滥用辩论权利，无理狡辩，互相争吵，甚至哄闹滋事。（5）陈述最后意见。当事人在仲裁庭审辩论终结时，由仲裁员按照申请人、被申请人、第三人的先后顺序征询各方最后意见。

第一轮辩论结束后，首席仲裁员或者独任仲裁员应当询问当事人是否还有补充意见。当事人要求继续发言的，应当允许，但当事人不得重复第一轮的发言。

附 仲裁庭审辩论示范：

首席仲裁员：现在进行庭审辩论，双方应就本案审理的（案由）争议所涉及的主要事实和证据进行辩论，辩论应围绕本庭归纳的焦点，发表对本案性质、法律关系、法律适用、责任承担等方面的意见。（仲裁庭应正确引导当事人进行辩论，当事人应根据焦点进行辩论，不应再赘述事实部分。）

首席仲裁员：先由申请人发言。

申请人：……（争议焦点）

首席仲裁员：请申请人的委托代理人发言。

申请人代理人：……（争议焦点）

首席仲裁员：请被申请人发言。

被申请人：……（争议焦点）

首席仲裁员：请被申请人的委托代理人发言。

被申请人代理人：……（争议焦点）

首席仲裁员：申请人，是否有新的辩论意见？

申请人：……（争议焦点，但不重复上面的内容）

首席仲裁员：被申请人，是否有新的辩论意见？

被申请人：……（争议焦点，但不重复上面的内容）

（辩论结束）

首席仲裁员：双方意见本庭已经清楚，仲裁庭审辩论结束。当事人作最后陈述。先请申请人做最后陈述。

申请人：……（最后陈述）

首席仲裁员：再请被申请人做最后陈述。

被申请人：……（最后陈述）

（特殊情况处理）

首席仲裁员：（如果双方当事人就已清楚的问题争论不休，应提醒双方当事人）本庭对这个陈述已经清楚，不要再对这个问题进行争辩。

首席仲裁员：（如遇当事人或当事人的委托代理人违反仲裁庭纪律或攻击仲裁庭，可作如下处理）×××（姓名），请注意，您的发言已脱离本庭的辩论范围。

首席仲裁员：×××（姓名），本庭再次提醒您，您的发言不应离开本案的事实，如果您不听仲裁庭的再次劝告，请您退庭。

首席仲裁员：×××（姓名），请您退庭。（视情况，对申请人按撤诉处理，对被申请人作出缺席仲裁）

2. 仲裁员正确引导庭审辩论

（1）仲裁庭应注意对当事人辩论观点的归纳。庭审调查是"摆事实"，庭审

劳动争议仲裁实验教程

辩论是"讲道理"。为了让庭审辩论有针对性和有效率，在辩论开始前，仲裁员应该归纳庭审调查中当事人形成的争议焦点问题，要求当事人围绕争议的焦点问题进行辩论。在第一轮辩论结束之后，仲裁员还应对当事人的辩论观点进行归纳。这一方面便于要求当事人在第二轮辩论中不重复；另一方面使当事人知道仲裁员已经注意到他的观点，增加当事人对仲裁员的信任感。在辩论全部结束后，对第一轮辩论中没有归纳的当事人的新观点，应该再次进行归纳，并明确表示会注意到当事人的这些意见。对当事人有争议的事实以及法律适用问题，如果有条件在庭审辩论之后认定的，也可当庭认定。

（2）仲裁庭应引导当事人围绕案件争议焦点进行辩论。对当事人在辩论中所提出的看法和意见，以及所做的回答和辩解，仲裁员一般不予限制，但应进行必要的引导和启发，不应让当事人作无理的纠缠，或在与案情无关的问题上浪费时间。必要时，仲裁庭可以限定当事人及其代理人发表意见的时间。仲裁庭的引导突出表现在以下几个方面：第一，要求当事人按先后顺序进行辩论。第二，当事人在对方发言时，不得打断对方陈述，也不得抢先发言。第三，当事人在辩论时如果需要向对方发问，必须向首席仲裁员或独任仲裁员提出申请，经仲裁员同意后，才可发问。第四，当事人在陈述观点时，发言应简明扼要，对于需要表达的观点不要多次重复。在发言时不得人身攻击。第五，辩论结束时，要求各方当事人发表最后的陈述意见。第六，如果在辩论过程中，发现新的事实需要进一步调查的，可以停止辩论，恢复调查，待事实查清后再进行辩论，将调查和辩论结合进行。

3. 当事人及其代理人的辩论技巧

庭审辩论技巧是律师参与仲裁活动的基本技能之一，是彰显律师水平高明之处的一门口才艺术。好的律师在出庭辩论时，都应具有驾驭、支配辩论形势的能力，这首先需要做到：（1）设计好开场白。要能够立即抓住整个仲裁庭的注意力，能够传达案件的严重性或表现出对本案的真诚。（2）脱稿辩论。这样才能表明律师的水平以及对本案的信心。（3）控制语速，吐字清晰。要让仲裁庭和对方听清楚，也要让书记员有时间记录。因为有了好的辩论内容，还需有好的表达方式，律师应做到口齿清楚、发音准确、音调和谐、快慢适度，以提高辩论的感染效果。（4）注意以情感打动人，以道理征服人。律师应注意具体案件的辩论语言的感情色彩要与案情相适应，律师操作的情感是经过理智语言处理过的辩论情感、法律语言情感，情感措辞应是中性语言。

其次，律师还需要注意辩论谋略和方法。可以参考下列辩论方法：（1）先声夺势法。即一方对另一方可能提出的问题避而不谈，而对己方极有利的问题，先在辩论发言中全面论证，以达到先入为主，争取主动的战术。这就需要律师在庭审前做好充分准备，且在庭审调查阶段对己方有利的事实、证据逐一认定，然后根据事实和证据，针对对方不正确的观点主动出击进行反驳，以期掌握辩论主动权，夺取制高点，使对方陷入被动。(2) 避实就虚法。对方的弱点往往是对方力求回避的地方，甚至对方会采用偷换论题、偷换概念、答非所问的方式，企图达到转移视线，扰乱视听的目的。因此，应善于抓住对方薄弱环节进攻，直到把问题辩论清楚为止。(3) 设问否定法。律师在设问时要把辩论的目的深藏不露，绝不能让对方察觉设问的真正意图。尤其是第一问，一定要让对方在尚未了解发问意图的情况下予以回答，等到对方自觉难以自圆其说时，对方已处于被动。(4) 间接否定法。是指在辩论中不直接把矛头指向对方，而是若无其事地将辩论对手的错误观点搁在一旁置之不理，郑重地从正面提出自己的见解，并充分论证。(5) 示假隐真法。先举与本案无关的事实证据，运用掩盖真相或本意的语言技巧，形成对方的错觉，然后出其不意，拿出对己方真实有利的证据或观点，致对方于被动。(6) 以退为进法。己方先将对方提出的观点假设为真，然后从这个假设为真的命题推导出一个或一系列荒谬的结论，从而得出对方观点为假。(7) 后发制人法。先发制人可以产生优势，后发制人则可以变被动为主动。由于后发，己方可以知道对方的基本观点，发现对方的矛盾和弱点，然后以自己掌握的材料有针对性地集中进行反驳，可以致对方于被动。

再次，律师应充分利用最后的陈述意见机会。通常的做法是：(1) 提出要求。当对方在整个辩论中已受到了辩论的影响，此时提出合理的要求，对方容易接受，也易为仲裁庭认可，以促成双方和解结案。(2) 提出问题。以提出问题为结尾，进一步深化自己的辩论主题，让仲裁员去甄别和思考。(3) 概括主题。用简洁明了的语气将自己辩论的全部内容概括成几句话，易加深仲裁员对己方辩论观点的印象。

最后，律师应掌握善于拒绝无味辩论的技巧。在辩论时，如发现对方纠缠不休、死不认账等情况，律师应拒绝无味的辩论。例如，当对方抓住一些无碍案件处理的枝节问题不放时，则应采取"对这个问题不予辩论"或"发言到此结束"的办法。

五、实验范例

1. 实验素材

学文秘专业的吕某于 2006 年 9 月 2 日进入广州市奇宝公司上班。双方签订了劳动合同，约定了试用期，但没有具体约定试用期的时间长度。第二天，公司就安排吕某到该公司生产车间从事资料管理工作。吕某由于对车间的一种生产原料（无毒）产生过敏，遂住进医院治疗。2006 年 11 月 7 日，吕某治愈出院后，公司安排吕某到另一车间从事机床操作工作（这一车间没有可能导致吕某过敏的那种生产原料），但对于从来没有学过机床操作方面知识也无实践经验的吕某，操作机床实在太困难了。无奈之下，吕某提出了能否调往公司行政部门从事文秘工作的请求，公司予以拒绝。吕某在操作机床时经常生产次品，效率也很低下。2006 年 12 月 26 日，公司在没有事先声明的情况下突然提出解雇吕某。公司认为，吕某在试用期不符合录用条件，并以此为由解除与吕某的劳动合同。吕某则认为，公司不应当解雇她，而应当安排恰当的工作岗位（即公司行政部门的文秘工作）给她。双方的争议无法协商，遂诉致劳动仲裁。劳动仲裁庭依法开庭审理，在庭审调查完以后，双方就争议事项开始了庭审辩论。仲裁庭据申请人的申诉书和被申请人的答辩书以及庭审调查对本案争议的焦点归纳如下几个方面：（1）公司方是否能以试用期考查不符合条件与申请人吕某解除劳动合同；（2）公司方是否同意申请人在行政科室任文秘一职；（3）公司解除吕某劳动关系是否符合法律规定。

附　该案仲裁庭审调查资料：

　　仲裁员：现在开始仲裁庭审调查。仲裁庭审调查的重点是双方当事人争议的事实，当事人对自己提出的主张有责任提供证据，反驳对方的主张也应提供相应的证据加以证明。现在由申请人发表申诉意见。

　　申请人的代理人：（宣读申诉书）

　　仲裁员：请问申请人对你的申诉请求还有要补充的吗？

　　申请人：没有。

　　仲裁员：请被申请方宣读答辩书。

　　被申请人的代理人：（宣读答辩书）

　　仲裁员：请问被申请方对你的答辩要求还有要补充的吗？

　　被申请人：没有。

　　仲裁员：双方还有什么其他意见要陈述的吗？

　　申请人：没有。

　　被申请人：没有。

　　仲裁员：现在由申请人出示证据，并说明要证明的内容。

　　申请人：广州市奇宝公司解除吕某劳动合同决定书一份，证明被申请人单方解除与申请人劳动关系的事实。

　　仲裁员：被申请人对申请人提交的证据有无异议？

　　被申请人：属实，无异议。

　　仲裁员：请申请人继续举证。

　　申请人：医院诊断证明书一份，证明申请人曾经被诊断患有过敏症。

　　仲裁员：被申请人对申请人提交的证据有无异议？

被申请人：无异议。

仲裁员：请申请人继续举证。

申请人：举证完毕。

仲裁员：被申请方有无证据提交？

被申请人：没有。

仲裁员：本庭据申请人的申诉书和被申请人的答辩书对本案争议的焦点归纳如下几个方面：（1）公司方能否以试用期考查不符合条件与申请人吕某解除劳动合同；（2）公司方是否同意申请人在科室任文员一职；（3）公司解除吕某劳动关系是否符合法律规定。现在请双方当事人就本案争议的焦点如实回答本庭提出的问题。

仲裁员：请问申请人，你何时进入广州市奇宝公司工作？

申请人：2006 年 9 月 2 日。

仲裁员：申请人曾经被诊断患有过敏症，是否在一星期后同样症状再次发生？

申请人：是。

仲裁员：请问申请人是否不脱离过敏源该病症会再次发生？

申请人：是。

仲裁员：是否有病假条？

申请人：有，由被申请人保存。

仲裁员：请问申请人，你凭何条件可以保证自己能够从事公司行政科室工作？

申请人：我有文秘职业资格证书可以保证能够从事公司行政科室工作。（提交）

仲裁员：你是否只同意在公司行政科室工作？

申请人：是。

仲裁员：请问被申请方，是否保存申请方的病假条？

被申请人：保存。

仲裁员：仲裁庭提问结束。

2. 实验准备

（1）实验流程的准备。

首席仲裁员或独任仲裁员应当主导庭审辩论，应当保障当事人及其代理人能够充分行使其辩论权。

第一，仲裁员让申请人及其代理人发言。

第二，仲裁员让被申请人及其代理人答辩。

第三，如果有第三人，仲裁员让第三人及其代理人发言或者答辩。

第四，在仲裁员的指挥下，第三人及其代理人互相辩论。

第五，仲裁员让双方陈述最后意见。

（2）法律规定的准备。

《劳动争议调解仲裁法》第三十八条："当事人在仲裁过程中有权进行质证和辩论。质证和辩论终结时，首席仲裁员或者独任仲裁员应当征询当事人的最后意见。"

《劳动争议仲裁委员会办案规则》第二十七条："仲裁庭开庭裁决，可以根据案情选择以下程序：（一）由书记员查明双方当事人、代理人及有关人员是否到庭，宣布仲裁庭纪律；（二）首席仲裁员宣布开庭，宣布仲裁员、书记员名单，告知当事人的申诉、申辩权利和义务，询问当事人是否申请回避并宣布案由；（三）听取申诉人的申诉和被诉人的答辩；（四）仲裁员以询问方式，对需要进一步了解的问题进行当庭调查，并征询双方当事人最后意见；（五）根据当事人的意见，当庭再行调解；（六）不宜进行调解或调解达不成协议时，应及时休庭合议并作出裁决；（七）仲裁庭复庭，宣布仲裁裁决；（八）对仲裁庭难作结论或需提交仲裁委员会决定的疑难案件，仲裁庭应当宣布延期裁决。"

3. 实验结果

附　吕某诉广州奇宝公司劳动仲裁庭审辩论：

仲裁员：现在进行仲裁庭审辩论。辩论应当围绕本案争议焦点进行，发言时应简明扼要，避免重复，并不得进行人身攻击。下面由各方当事人，按先申诉方后被诉方的顺序分别发表辩论意见。

申请人的代理人：请公司方注意，根据《劳动法》第二十一条规定，"劳动合同可以确定试用期，试用期长度不得超过六个月"。可你方未约定与我当事人的试用期长度。因此，你公司方不能以试用期不符合录用条件为由，解除与我当事人的劳动合同。

被申请人的代理人：即使我们没有书面证明约定试用期，但也给申请人更换了工作，保证其脱离过敏源。

申请人的代理人：《劳动法》第二十六条规定，劳动者患病或因工负伤，医疗期满后，不能从事原工作，也不能从事由用人单位另行安排的工作的，应提前 30 日以书面形式通知劳动者本人，而你们公司方却没有书面通知，并且在 2006 年 12 月 26 日当天就解除了与我当事人的劳动合同，这是违背劳动法的。

被申请人的代理人：我们肯定是根据她的能力给她安排合适的工作，不会给她安排不能从事的工作。

申请人的代理人：对方当事人，虽然你公司安排我当事人到另一车间工作，脱离了过敏源，但此车间操作机床的工作与前一车间的资料管理工作有着本质的区别，我当事人不具备有适应操作机床工作的技能，所以不能服从你方的安排。我当事人持有文秘的职业资格证书，要求到职能科室工作是十分合理的要求，但却被你方无理拒绝，我方要求你方恢复劳动关系，并调配我当事人到职能科室工作。再者，试用期虽属约定条款，然而你方却未与我的当事人签署书面说明，明确具体约定期限，并写入劳动合同中。因此，试用期的约定因为约定不明而无效。

被申请人的代理人：请你方代理人注意你的言辞，首先我公司不是无理拒绝你当事人的要求，其次我公司有严格的职能科室录用制度，我公司招聘文员的标准是：1. 大专以上学历，会熟练使用各种办公软件；2. 持有文秘职业资格证书；3. 两年以上相关实践经验。而你当事人并不符合我公司的职能科室录用条件，况且科室编制已满，根本没有额外的工作岗位安排给你方当事人。

仲裁员：请双方注意调整好自己的情绪。请问双方还有什么其他意见要陈述的吗？

申请人的代理人：没有。

被申请人的代理人：没有。

仲裁员：请申请人最后陈述意见。

申请人的代理人：我方坚持认为，对方与我方当事人约定的试用期条款因为不明确而无效。而且，对方解除劳动关系的行为违反了劳动法的规定。我方当事人要求从事本专业岗位的要求合情合理。

仲裁员：请被申请人最后陈述意见。

被申请人的代理人：我方认为，对方当事人在我公司工作，并不是想从事什么岗位就可以从事什么岗位，我公司在这方面有法律规定的用工自主权。我公司认为，对方当事人在医疗期满后仍然不能从事由用人单位另行安排的工作，公司将其解雇，是符合法律规定的。

仲裁员：仲裁庭审辩论结束。

六、自主实验

素材一：赵程自 2002 年 10 月起在广州盛景公司工作，双方签订了期限至 2007 年 12 月 7 日的劳动合同，约定每月工资标准为 2 万元，其中包括交通费 200 元、通信费 100 元。盛景公司自 2007 年 4 月起按每月 1 万元标准向赵程发放工资。2007 年 6 月 14 日，赵程致函盛景公司，以该公司拖欠工资为由提出解除双方劳动合同。盛景公司向赵程提出因经济困难而需降低工资，待经济状况好转后再弥补，赵程当时表示若真有经济困难，其愿意接受。双方未就此签订书面协议，对何时恢复原工资待遇也没有明确。其后，赵程对盛景公司是否有经济困难等提出异议，盛景公司于 2007 年 7 月 9 日要求与赵程签订变更工资的书面协议，否则不愿再与赵程延续劳动关系，赵程对此不予同意。双方因此发生争执，盛景公司收回赵程的门卡，赵程此后亦未到盛景公司上班。赵程后向广州市××区劳动争议仲裁委员会提出申诉。

赵程称：赵程于 2002 年 10 月 8 日到广州盛景公司工作，签订了期限至 2007 年 12 月 7 日的劳动合同。合同约定每月工资为 2 万元。盛景公司从 2007 年 1～3 月就曾拖欠工资三个月，以后进行过补发，但是没有给付拖欠工资的经济补偿金。从 2007 年 4～6 月，盛景公司又只发放了一半工资。2007 年 6 月 14 日，赵程曾给盛景公司总经理发信要求停止克扣工资行为，同年 7 月 9 日，盛景公司要求赵程必须在降薪变更书或自动离职协议书上签字，并且强行收缴了赵程的门卡，口头宣布辞退赵程。盛景公司单方破坏了赵程的劳动条件，停发了工资和社

高等学校法学实验教学系列教材

会保险，致使劳动合同无法履行。此外，劳动合同书中明确规定了竞业限制条款，盛景公司应该支付补偿。赵程要求仲裁庭确认盛景公司单方面与其解除劳动合同；要求盛景公司补发其 2007 年 4 月 30 日至 7 月 9 日工资及拖欠工资的经济补偿金 49 450 元、给付 2007 年 1 ~ 3 月拖欠工资的经济补偿金 15 000 元、解除劳动合同的经济补偿金 10 万元、竞业限制费 12 万元、通信费和交通费1 000 元。

广州盛景公司称：我公司从未与赵程解除劳动合同。广州盛景公司并非违约扣发赵程的工资，而是协商变更工资标准；双方协商变更工资标准是因经营发生严重困难，为了共渡难关而不得已采取的临时措施，该措施在当时得到了包括赵程在内的大多数员工的理解与支持，盛景公司根本无意以此迫使赵程解除劳动合同。既然没有迫使的故意，赵程提出解除劳动合同是其真实意思的表示，盛景公司没有支付补偿金的义务。关于通信费、交通费问题，我公司在工资里已经发放。赵程与我公司口头协商一致变更工资标准后反悔，拒绝签订书面协议，因此解除劳动合同的责任在赵程，不同意赵程的请求。

赵程向仲裁庭提交的证据有：1. 2002 年 10 月签订的劳动合同；2. 银行工资存折；3. 2007 年 6 月 14 日，赵程给盛景公司总经理的信件（要求停止克扣工资行为）。

广州盛景公司向仲裁庭提交的证据有：1. 2002 年 10 月签订的劳动合同；2. 录音资料（证明双方口头同意临时降低工资待日后再补）；3. 双方来往信函（证明赵程提出解除劳动合同）。

素材二：汪某、曹某于 2004 年 4 月进入广州市康力公司拓展部工作，未签订书面劳动合同。2004 年 4 月 28 日，康力公司授权汪某、曹某作为公司业务员，负责公司产品在广州市各诊所、民营医院的销售、回款、投标工作，并由公司签发《法人授权证明书》，注明"兹授权我单位汪某同志（职务：业务员）为我方签订经济合同经办人"、"兹授权我单位曹某同志（职务：业务员）为我方签订经济合同经办人"、"本授权证明书系法人授权本单位非法定代表人签订经济合同时的证明。并作为正式合同附件交对方当事人保存"、"有效期限至 2004 年 12 月31 日止"等内容。

2005 年 1 月 24 日，汪某、曹某分别与公司签订《销售责任合同书》。双方签订的《销售责任合同书》有如下内容：第一条"乙方服从甲方的管理（制度见附件）"、第二条"甲方（即本案原告）对乙方（即本案二被告）的销售工作负有监督和指导的权利……"、第六条"乙方（即本案二被告）不得在其他医药企业任职……"、第十条"乙方代表公司同需方签订合同时应慎重审查需方的真实情况……"。该合同另约定，汪某、曹某负责 2005 年度公司在广州地区的药品销售业务，作为公司的代理人，以公司的名义进行民事法律行为；依据公司确定的提成比例，对汪某、曹某的销售业务进行提成，每月扣除 350 元后，作为公司承担的销售费用与汪某、曹某的劳动报酬。公司从 2004 年 10 月起至 2005 年 2 月期间，每月扣发了汪某、曹某各 100 元的保证金。2005 年 8 月 15 日、16 日，因汪某、曹某要求公司补发工资，公司拒绝。2005 年 8 月 16 日，汪某离开公司；2005 年 9 月 20 日，曹某离开公司。2005 年 8 月 31 日，汪某、曹某向广州市××区劳动争议仲裁委员会提起仲裁申请，要求公司依法分别为其补办工作期间（即 2004 年 4 月起至 2005 年 8 月止）的社会保险，分别为其补发 2005 年 3 月至 2005 年 8 月 15 日工资，公司分别退还其 2004 年 10 月至 2005 年 2 月期间被扣发的保证金 500 元。

广州康力公司认为：公司与汪某、曹某分别签订了《销售代理协议书》，协议明确约定：汪某、曹某受公司委托以公司名义对外开拓市场，报酬采取以一定比例提成的方式。根据国务院《药品流通监督管理办法》第三十六条规定，自然人可以接受药品生产企业的委托，作为其药品销售代理人员。双方之间签订的《销售代理协议书》恰好明确了双方的这一民事代理法律关系。仅以工作牌与《法人授权证明书》就认定双方之间为劳动关系是错误的。因为工作牌与《法人授权证明书》皆是公司为方便汪某、曹某对外以其名义开拓业务需要而对外出具的证实其代理人员身份的法定凭据。事实上，汪某、曹某并不受公司劳动纪律的约束，其工作时间是自由的，其报酬体现在对外努力开拓业务的提成比例上，与用人单位劳动者按月发放固定工资有着本质的区别。另外，公司于 2005 年 3 月起在没有书面通知的情况下停发了工资。《劳动法》明确规定，用人单位必须按月足额发放工资，可见从 2005 年 3 月起汪某、曹某已明知其权利受到了侵害。但汪某、曹某提出仲裁的时间为 2005 年 8 月 31 日。根据《劳动法》第八十二条："提出仲裁要求的一方应当自劳动争议发生之日起六十日内向劳动争议仲裁委员会提出书面申请。"汪某、曹某的仲裁申请早已超过了 60 日的仲裁时效，依法不应受法律保护。

汪某、曹某称：我们于 2004 年 4 月 16 日到公司工作，双方没有签订书面劳动合同。2004 年 4 月 21 日，公司为其所在拓展部购买了一辆汽车，该车一直由其驾驶使用，也由其代办了购车的一切手续。春节前夕，公司召开年终总结会，老总认可了拓展部的工作，同时还口头提出要给拓展部下发工作目标。此后，公司经营困难，无法下发工资，拓展部面临着这样一个问题：即拓展部是撤销还是继续存在。2005 年 8 月 3 日，拓展部主管向公司提交了一份有拓展部全部员工签字的书面报告，询问拓展部将会存在与否的事项。因为公司称"你们拓展部的人员对外拓展业务，必须由你们自己先用钱在公司购买药品，再由你们自己到外面向医院推销药品"，我们认为这样操作，基本上等于我们个人以自然人身份做生意，留在康力公司已没有多少意义。康力公司后来又下发了一份文件，决定撤销拓展部，让我们自己决定是否继续在公司工作。因此，在2005年8月16日，我们与公司协商解除了劳动关系，随即离开了公司，但要求公司将社会保险金和工资发给我们，康力公司拒绝支付。于是，我们申诉至劳动争议仲裁委员会。直到我们离开公司之时，从未接收到任何销售合同。公司从2004年10月扣了我们的保证金100元/月，保证用途康力公司没有告诉我们，也没有出具任何收据，直到停发工资时，康力公司一直每月在扣我们100元/月的保证金。

康力公司向仲裁庭提交的证据有：2005年1月24日公司与汪某、曹某分别签订的《销售责任合同书》原件2份。汪某、曹某向仲裁庭提交的证据有：1. 汪某、曹某的《法人授权证明书》原件各1份；2. 汪某、曹某的《工作证》原件各1份；3. 汪某、曹某所驾驶的粤A××××微型轿车、粤A××××微型普通客车的行驶证复印件、汪某、曹某的驾驶证复印件各1份；4. 拓展部主管2005年8月3日书写的由拓展部全体员工签字的《报告》原件1份；5. 公司与曹某签订的《销售责任合同书》复印件1份，证明公司提供给仲裁庭的销售合同书没有发生效力；6. 曹某提交的中国光大银行《阳光卡对账单》，拟证明直到2005年3月2日，公司仍然按月定额给汪某、曹某发放工资。

实验四　仲裁庭调解

一、实验目的

调解贯穿于劳动争议处理的全过程，无论在申请劳动仲裁前，还是在劳动仲裁过程中，以及在劳动诉讼过程中，调解都是极为重要的一步。因为发生劳动争议后，让双方当事人有机会协商和解，有利于使劳动争议在比较平和的气氛中得到解决，防止矛盾激化，维护劳动关系的和谐稳定。

在本实验中，通过仲裁庭调解的实验，训练学生掌握在劳动仲裁案件开庭审理阶段，一方面，作为仲裁庭工作人员，如何正确引导当事人及其代理人进行调解；另一方面，作为当事人及其代理人，如何在调解过程中正确行使自己的权利。学生通过模拟进行仲裁庭调解的仲裁庭工作人员和当事人及其代理人，全面了解和掌握仲裁庭调解程序和技巧，并分角色独立完成仲裁庭调解。

二、实验要求

（1）在进行项目实验前，要求学生复习和掌握劳动争议处理法律的基本知识，熟悉《劳动争议调解仲裁法》、《企业劳动争议处理条例》、《劳动争议仲裁委员会办案规则》、《最高人民法院关于人民法院民事调解工作若干问题的规定》等重要法律法规，以便对实验内容有清楚的认识。

（2）熟悉劳动仲裁庭调解的相关知识。

（3）了解和掌握仲裁员引导当事人及其代理人进行调解的技巧。

（4）了解和掌握律师作为当事人的代理人参与调解的技巧。

三、实验步骤

（1）仲裁员主导双方的调解。

（2）申请人及其代理人提出调解方案。

（3）被申请人及其代理人提出调解方案。

（4）双方达成调解协议或达不成调解协议的处理。

四、实验原理

1. 仲裁庭调解的基本知识

根据我国法律的规定，仲裁庭在作出裁决前，应当先行调解。因此，调解既是一种审理活动，又是一种结案方式。

所谓调解，就是第三方做劳动关系双方当事人的思想工作，帮助双方解决分歧，就争议事项达成共识。所谓仲裁庭调解，就是指在仲裁庭的主持下，根据案件审理的实际情况，对于有可能通过调解解决的案件，由仲裁庭做双方当事人的工作，帮助双方达成调解协议，化解分歧。通过调解解决劳动纠纷，有利于增强当事人之间的团结，防止矛盾的激化。同时，也有利于彻底解决纠纷和提高办案效率，避免仲裁案件的拖延解决。因此，仲裁庭调解应遵循的原则有：（1）自愿原则。即是否采用调解方式解决纠纷，应由当事人自愿决定，仲裁庭不得强迫；是否达成调解协议，也应由双方当事人自愿决定。（2）合法原则。即调解程序合法，任何违反程序法的行为都将影响到调解协议的效力；调解协议内容要符合法律和政策的规定；调解协议不能侵犯国家、集体和他人的合法权益。（3）查明事实、分清是非的原则。即调解应以事实为根据，以法律为准绳，分清是非与责任，真正保护当事人的合法权益，而不能和稀泥，以损害弱势者合法权益为代价而达到调解的目的。

需要注意的是，调解与和解既有相同之处，也有不同地方。相同之处在于，和解和调解都是当事人在自愿和享有处分权的前提下，通过平等协商，互相妥协达成解决争议的协议的行为。不同之处在于：（1）是否由仲裁庭主持。和解是当事人自行协商达成解决方案，而调解是当事人在仲裁庭的主持下达成解决方案。（2）发生的阶段不同。和解可以发生在当事人申请仲裁后到裁决作出前的任一阶段；而调解只能发生在仲裁庭作出裁决前的那一阶段。（3）达成协议后结案的方式不同。达成和解协议后，当事人撤回仲裁申请的，劳动仲裁即结案；而达成调解协议后，仲裁庭应制作调解书，劳动仲裁才结案。

仲裁庭调解的程序如下：（1）宣布仲裁庭调解。仲裁庭要把握时机，根据案件审理的实际情况，在庭审调查和庭审辩论中适时组织调解。在庭审辩论之后，仲裁庭应当组织调解。庭后有调解必要和可能的，应当于休庭后组织调解。（2）询问当事人调解的意愿。仲裁员征询各方当事人是否愿意调解。各方当事人均表示愿意调解的，仲裁庭即可组织调解；有一方当事人不同意调解的，仲裁员应宣布终结调解，并随即宣布休庭。由于刚经过庭审调查和庭审辩论，当事人情绪对立可能比较严重，所以，仲裁庭应注意调整庭审气氛，讲究工作方法，在做好思想工作的基础上，适时征询当事人调解意愿。即使不能当庭调解，但确有再行调解的必要和可能的，应当在休庭后进一步做调解工作。同时，还应确定或者建议适当的调解方式。（3）组织调解。经确认各方当事人均有调解意愿的，仲裁员应宣布由仲裁庭组织调解。先由申请人提出调解方案，征询被申请人的意见。如被申请人同意申请人的调解方案，仲裁庭予以审查确认；如被申请人拒绝的，则由被申请人提出新的调解方案，并征询申请人的意见。申请人同意被申请人提出的新的调解方案，仲裁庭予以审查确认；申请人拒绝的，仲裁庭可以再进行调解或者终止调解程序。如果当事人各方提出的调解方案均被对方拒绝的，仲裁庭可以提出调解方案，并征询当事人的意见。对当事人达成的调解协议，仲裁庭经审查确认调解协议内容的合法性和当事人意思表示的真实性后，应制作调解书。调解书经双方当事人签收后，即具有法律效力。不需要制作调解书的案件，当事人各方同意在调解协议上签名或盖章后生效，经仲裁庭审查确认后，应当记入笔录或将协议附卷，并由当事人、仲裁员、书记员签名或者盖章后即具有法律效力。当事人请求制作调解书的，仲裁庭应当制作调解书送交当事人。当事人拒收调解书的，不影响调解协议的效力。（4）终结调解。调解成功后，仲裁员宣布仲裁庭调解结束，宣布闭庭。调解不成功的，仲裁庭应当及时宣布调解终结，迅速恢复仲裁程序，防止久调不决。

2. 调解书

调解达成协议的，仲裁庭应当制作调解书。调解书是指仲裁庭制作的记载对当事人劳动争议进行调解的过程和结果的具有约束力的法律文书。调解书不是作成后马上生效，而是要由双方当事人签收后才生效。只要一方未签收就对双方都无效，只有双方都签收，才对双方都有效。调解书一经签收，当事人不得反悔，但在签收之前应当允许当事人反悔。当事人拒绝签收调解书而使调解无效时，仲裁庭可以直接裁决。调解书应当载明仲裁请求和当事人协议的结果。调解书应当由仲裁员签名，并加盖劳动争议仲裁委员会的印章，送达双方当事人。

调解书的法律效力主要表现在：（1）使仲裁程序终结。调解书一经生效，仲裁程序即告结束，仲裁机构便不再对该案进行审理。（2）纠纷当事人的权利义务关系被确定。这是调解书在实体上的法律后果。（3）任何机关或组织都要在重新处理该案方面受调解书约束。对于仲裁机构出具了调解书的争议，任何机关或组织都不得再做处理。

高等学校法学实验教学系列教材

附　仲裁调解书（样本）：

××劳动争议仲裁委员会
仲 裁 调 解 书

×劳仲案字［20　］　号

申　请　人：
住　　　址：
委托代理人：
被申请人：
住　　　所：
法定代表人：　　　　　　职务：
委托代理人：

案由及处理过程
申请人诉称：
被申请人辩称：
本委查明：

在本委主持下，当事人达成如下调解协议：
1.
2.
本调解书送达即发生法律效力。

仲 裁 员：
年 月 日
书 记 员：

使用说明：事实清楚、争议不大的案件，"被申请人辩称"及"本委查明"的部分可省略，在写明申请人的请求事项及金额后，直接列明当事人达成的调解协议即可。

---

3. 仲裁员主导当事人调解的技巧

（1）仲裁员应充分听取双方对事实和理由的陈述。调解不等于毫无原则地和稀泥，调解也要在弄清事实、分清是非的基础上进行。只有事实清楚，矛盾焦点明确，调解工作才能做到有的放矢，纠纷才能顺利解决。因此，仲裁员应当充分听取双方当事人对事实和理由的陈述，不能只听一方，偏听偏信。由于调解是双方自愿的，调解的成功与否，在一定程度上取决于双方解决争议的诚意。因此，当事人没有证据，也不妨碍调解工作的进行。

（2）仲裁员应耐心疏导。调解工作实际上是一种说服教育工作，需要根据法律法规和政策，摆事实，讲道理，耐心疏导。这就要求仲裁员有耐心、虚心和诚心，引导双方解决纠纷。仲裁员也可以提出调解意见，但不能强迫当事人接受自己的主张。调解协议的内容必须反映双方的真实意思，是双方自愿的结果，调解内容涉及双方当事人权利义务的，仲裁员应当尊重当事人按照自己的意愿进行处理。

（3）仲裁员的言行态度必须端正。仲裁员在整个调解过程中只能作为一名主持人和协调者参与其中，其言行态度必须是中立的和客观的。事实上，调解就是一门说服的艺术。一名优秀的调解人在调解过程中能够做到完全不露痕迹地说服当事人，能够在不知不觉中改变当事人的意见并继续在当事人眼中保持其中立者的形象和地位，完全在于调解人能够熟练地运用正确有效的言语技巧，通过让当事人自己说服自己而最终实现说服的目的。具体可行的方法有：第一，仲裁员通过介绍调解所要完成的任务和实现的目标，让当事人对整个调解的进程安排和努力方向有一个明晰的了解，为随后的相互交流和沟通做铺垫。然后尽量营造一种亲和、可信的氛围，拉近彼此的心理距离，以缓解当事人的紧张、局促和不安的情绪。第二，让当事人陈述事实，表明是非。仲裁员应扮演倾听者的角色，当然，仲裁员在适当的时候应以一种中立的姿态询问一些开放性的或限定性的问题；仲裁员应观察并获取当事人的言行或身体动作所传达出的一些重要信息；在必要的时候，仲裁员应提醒当事人保持冷静；仲裁员还应客观地对当事人的陈述作出小结。

4. 注重律师参与仲裁庭调解的作用

律师作为当事人的代理人，应从当事人的利益着想，争取"和为贵"，积极促成双方当事人达成调解协议，维护劳动关系的和谐稳定。

律师在仲裁庭调解中的重要作用表现在：（1）律师的业务能力强。律师是法律职业工作者，通晓法律，易于分辨是非，容易与仲裁员沟通。而双方当事人一般积怨较深，对立情绪强烈，很难让他们坐下来进行调解。在这种情况下，如果当事人委托了律师，律师应尽量说服本方当事人以调解方式解决纠纷。还有些当事人，对调解的性质、作用和效力认识模糊，认为调解是仲裁员在"和稀泥"，或为了偏袒一方；有的当事人认为调解书没有判决书的效力强。针对这些情况，代理律师应当向当事人说明清楚，从而有利于仲裁庭调解工作的开展。（2）律师与本方当事人具有信任基础。律师与当事人有着特定的信任关系，当事人一般都对自己委托的律师寄予厚望，同理，自己代理律师的意见，当事人也容易接受。因此，正确利用律师的这一优势地位，有利于调解工作的开展和调解率的提升。

五、实验范例

1. 实验素材

马某于 2002 年 9 月到广州市恒荣公司处从事驾驶员工作，双方签订了劳动合同，合同到 2007 年 12 月届满。广州市恒荣公司未为马某缴纳社会保险。2008年后，马某继续在广州市恒荣公司上班，双方口头约定，马某的月工资为 2 500

元，广州市恒荣公司每月预支其 500 元，余款年底一次性付清。2008 年 1 月 ~ 7 月马某领取 3 500 元。2008 年 7 月 3 日，马某未到广州市恒荣公司处上班，并于 2008 年 7 月 17 日向广州市 × × 区劳动争议仲裁委员会申请劳动仲裁，要求广州市恒荣公司：（1）支付 2008 年 1 月 1 日 ~ 2008 年 7 月 3 日工资 14 000 元、拖欠工资赔偿金 7 000 元；（2）支付未签订书面劳动合同双倍工资赔偿 17 500 元；（3）补交 2002 年 9 月至今的社会保险；（4）因公司存在克扣劳动报酬的情形，要求公司支付解除劳动合同经济补偿金 15 000 元、额外经济补偿金 7 500 元；（5）支付 2006 年 6 月 1 日 ~ 2008 年 7 月 3 日加班工资 10 000 元。

2. 实验准备

（1）实验流程的准备。

首席仲裁员或独任仲裁员应当主导仲裁庭调解，促成双方当事人的达成调解协议，维护劳动关系的和谐稳定。

第一，仲裁员询问双方当事人的调解意愿。

第二，仲裁员请申请人及其代理人提出调解方案。

第三，仲裁员请被申请人及其代理人提出调解方案。

第四，在仲裁员的主导下，双方当事人进一步协商。

第五，达成调解协议并签字。

（2）法律规定的准备。

《劳动争议调解仲裁法》第十三条："调解劳动争议，应当充分听取双方当事人对事实和理由的陈述，耐心疏导，帮助其达成协议。"

《劳动争议调解仲裁法》第四十一条："当事人申请劳动争议仲裁后，可以自行和解。达成和解协议的，可以撤回仲裁申请。"

《劳动争议调解仲裁法》第四十二条："仲裁庭在作出裁决前，应当先行调解。调解达成协议的，仲裁庭应当制作调解书。调解书应当写明仲裁请求和当事人协议的结果。调解书由仲裁员签名，加盖劳动争议仲裁委员会印章，送达双方当事人。调解书经双方当事人签收后，发生法律效力。调解不成或者调解书送达前，一方当事人反悔的，仲裁庭应当及时作出裁决。"

《企业劳动争议处理条例》第四条："处理劳动争议，应当遵循下列原则：（一）着重调解，及时处理；（二）在查清事实的基础上，依法处理；（三）当事人在适用法律上一律平等。"

《企业劳动争议处理条例》第二十七条："仲裁庭处理劳动争议应当先行调解，在查明事实的基础上促使当事人双方自愿达成协议。协议内容不得违反法律、法规。"

《企业劳动争议处理条例》第二十八条："调解达成协议的，仲裁庭应当根据协议内容制作调解书，调解书自送达之日起具有法律效力。调解未达成协议或者调解书送达前当事人反悔的，仲裁庭应当及时裁决。"

《企业劳动争议处理条例》第三十一条："当事人对发生法律效力的调解书和裁决书，应当依照规定的期限履行。一方当事人逾期不履行的，另一方当事人可以申请人民法院强制执行。"

《劳动争议仲裁委员会办案规则》第二十七条："仲裁庭开庭裁决，可以根据案情选择以下程序：（一）由书记员查明双方当事人、代理人及有关人员是否到庭，宣布仲裁庭纪律；（二）首席仲裁员宣布开庭，宣布仲裁员、书记员名单，告知当事人的申诉、申辩权利和义务，询问当事人是否申请回避并宣布案由；（三）听取申诉人的申诉和被诉人的答辩；（四）仲裁员以询问方式，对需要进一步了解的问题进行当庭调查，并征询双方当事人最后意见；（五）根据当事人的意见，当庭再行调解；（六）不宜进行调解或调解达不成协议时，应及时休庭合议并作出裁决；（七）仲裁庭复庭，宣布仲裁裁决；（八）对仲裁庭难作结论或需提交仲裁委员会决定的疑难案件，仲裁庭应当宣布延期裁决。"

3. 实验结果

仲裁员主持调解：

仲裁员：依照《中华人民共和国劳动争议调解仲裁法》的规定，仲裁庭处理劳动争议应当本着自愿、合法的原则先进行调解。请问申请人是否愿意通过调解解决你与被申请人之间的争议问题？

申请人：愿意。

仲裁员：请问被申请人是否愿意以调解方式解决你与申请人之间的争议问题？

被申请人：愿意。

仲裁员：由于双方当事人均同意调解，请申请人先提出调解方案？

申请人：我让一点，请被申请人一次性支付工资、解除劳动合同经济补偿金、加班工资、社会保险等各项费用共计 50 000 元整。

仲裁员：请被申请方提出调解方案？

被申请人：我方同意支付帮你暂存的工资 14 000 元以及补交相应的社保。其他的没有办法支付。请申请人不要随意提要求。

仲裁员：由于双方不能达成一致意见，现在宣布休庭，进行庭下调解。

仲裁员：现在继续开庭，宣布仲裁庭调解结果，根据双方协商，达成如下意见：一、被申请人于 2008 年 11 月 15 日前一次性支付申请人工资、解除劳动合同经济补偿金、加班工资、社会保险等各项费用 24 000 元。二、双方当事人解除劳动关系后，申请人不再就此前的待遇与被申请人发生任何争议。如果双方对调解结果没有异议，请在调解书上签字。（申请人与被申请人在调解书上签字）

仲裁员：请双方当事人阅读庭审笔录，如无异议请签字。广州市××区劳动争议仲裁委员会就申请人马某诉广州市恒荣公司解除劳动关系争议一案调解结束，现在宣布闭庭。

当事人达成调解协议，仲裁庭制作调解书见表4-1。

表4-1　　　　　　　　仲裁调解书（范例）

广州市××区劳动争议仲裁委员会
仲裁调解书

×劳仲案字（2008）第2355号

申请人：马某，男，1973年5月生，住所：广州市××区××街××号。

委托代理人：李×，广东××律师事务所律师，广州市东风东路锦城大厦14楼。

被申请人：广州市恒荣公司，住所：广州市××区××街××号。

法定代表人：杨某。

委托代理人：陈某，广东中元律师事务所律师，广州市东风东路锦城大厦11楼。

案由：解除劳动关系

申请人马某诉广州市恒荣公司解除劳动关系争议案本委受理后，依法组成仲裁庭指派××仲裁员独任审理，于2008年10月20日对本案进行了公开审理，申请人马某、委托代理人李×和被申请人杨某、委托代理人陈某均到庭参加了庭审活动。本案现已审理终结。

经审理查明：申请人马某于2002年9月到被申请人广州市恒荣公司处从事驾驶员工作，双方签订了劳动合同，合同到2007年12月届满。被申请人未为申请人马某缴纳社会保险。2008年后，申请人马某继续在被申请人广州市恒荣公司上班，双方口头约定，申请人马某的月工资为2 500元，被申请人每月预支其500元，余款年底一次性付清。2008年1月~7月申请人马某领取3 500元。2008年7月3日，申请人马某未到被申请人广州市恒荣公司处上班，并于2008年7月17日向广州市××区劳动争议仲裁委员会申请劳动仲裁，要求被申请人广州市恒荣公司：（1）支付2008年1月1日~2008年7月3日工资14 000元、拖欠工资补偿金7 000元；（2）支付未签订书面劳动合同双倍工资赔偿17 500元；（3）补交2002年9月至今的社会保险；（4）因公司存在克扣劳动报酬的情形，要求公司支付解除劳动合同经济补偿金15 000元、额外经济补偿金7 500元；（5）支付2006年6月1日~2008年7月3日加班工资10 000元。本案审理过程中，双方当事人在仲裁员的主持调解下达成一致意见如下：

一、本调解书生效后，被申请人于2008年11月15日前一次性支付申请人工资、解除劳动合同经济补偿金、加班工资、社会保险等各项费用24 000元。

二、双方当事人解除劳动关系后，申请人不再就此前的待遇与被申请人发生任何争议。

以上协议，符合相关法律规定，本委予以确认。

本调解书，经当事人双方签收后，即具有法律效力。

仲裁员××

二〇〇八年十月二十日

书记员××

六、自主实验

素材一：2006年4月，李女士与广州市某建设工程项目管理有限公司签订

《员工聘用合同书》，合同期限为 3 年，自 2006 年 4 月 29 日至 2009 年 4 月 28 日止。该合同约定，公司安排李女士从事项目协调经理及其相关岗位的工作，公司如因工作需要，可以调换李女士的工作岗位。2006 年 12 月，公司又调任李女士为公司行政人事部经理。李女士在担任项目协调经理及行政人事部经理期间，每月工资为税前 5 500 元。2007 年 12 月，公司总经理突然发出通知，决定免除李女士行政人事经理职务，并要求李女士当日即向他人移交工作。2007 年 12 月 6 日，公司随即又发出工作调动通知，决定由李女士担任前台行政助理，并自 12 月 7 日起，李女士每月薪水调整为税前 1 600 元。这一调动后，使得李女士收入只有原来的 30%。李女士就此与公司发生争议，李女士向广州市××区劳动争议仲裁委员会申请仲裁。仲裁庭开庭审理了此案，双方当事人及其聘请的律师均出庭。庭审调查和辩论后，仲裁庭进入先行调解程序。

素材二：33 岁的小张是持有残疾人证的智残人员。2001 年 12 月，小张经××区残疾人联合会介绍进入广州市某公司餐饮部门工作，双方签订了为期一年的劳动合同，嗣后双方每年均续签劳动合同。2007 年 2 月，双方再次签订期限自 2007 年 1 月 1 日至 12 月 31 日的劳动合同。2007 年 5 月，小张以"路线远不能胜任工作"为由书面向公司提出辞职。2007 年 7 月 2 日其再次以"路线远"的理由书面提出辞职，当日公司予以同意。公司于 2007 年 7 月 15 日通知其领取退工证明，在该退工证明落款处书写时间为"2007 年 7 月"。小张辞职后，小张母亲作为监护人向单位提出异议，认为在监护人没有确认的情况下，单位不应同意限制民事行为能力的小张自行做出的辞职决定。双方为此发生了争议。2007 年 9 月 12 日，小张向广州市××区劳动争议仲裁委员会申请仲裁，请求公司以每月 1 300 余元的标准支付 5 个半月的解除劳动合同经济补偿金 7 000 余元。仲裁庭开庭审理了此案，双方当事人及其聘请的律师均出庭。庭审调查和辩论后，仲裁庭进入先行调解程序。

高等学校法学实验教学系列教材

第五部分　劳动仲裁结案与执行

劳动仲裁结案的方式有多种，主要包括：当事人撤诉结案、仲裁庭调解结案、仲裁裁决结案等。其中，裁决是非常常见的一种结案方式。按照《劳动争议调解仲裁法》的规定，仲裁裁决又分为一裁终局的裁决和非一裁终局的裁决。对于一裁终局的裁决，劳动者可以决定是否起诉，用人单位只可以向中级人民法院申请撤销仲裁裁决；对于非一裁终局的裁决，双方当事人如有不服，都可以向法院起诉。因此，不同的结案方式，对劳动仲裁的进程影响较大，对当事人在劳动争议处理的程序权利也有较大影响。而劳动仲裁的结案方式与劳动仲裁的执行也有较大关联。

实验一　仲裁裁决

一、实验目的

当事人申请劳动仲裁，其本意就是希望有一个公正的第三者对其争议居间裁断，以达到定纷止争的结果。当事人不愿调解或者经调解但未达成协议，或者调解书送达前当事人反悔的，仲裁庭应当及时裁决。因此，仲裁裁决是仲裁结案的关键手段。劳动争议仲裁委员会的仲裁裁决包括：（1）仲裁裁决；（2）部分先行裁决；（3）先予执行裁决。其中，仲裁裁决还可分为一裁终局裁决和非一裁终局的裁决。[1]

---

[1]　一裁终局裁决将在第二节作专门实验，此处仅实验非一裁终局裁决。

高等学校法学实验教学系列教材

　　通过本节仲裁裁决的实验，训练学生掌握在劳动仲裁结案阶段，作为仲裁庭的工作人员，如何对劳动仲裁案件进行裁决。学生通过模拟进行仲裁裁决的仲裁庭工作人员，熟悉和掌握仲裁裁决的相关事务，独立完成劳动仲裁案件的仲裁裁决。

二、实验要求

　　（1）在进行项目实验前，要求学生不仅复习和掌握劳动争议处理法律制度的程序性知识，熟悉《劳动争议调解仲裁法》、《企业劳动争议处理条例》、《劳动争议仲裁委员会办案规则》等重要法律法规，也要复习和掌握劳动实体法方面的知识，熟悉《劳动法》、《劳动合同法》等法律法规，以便对实验内容有清楚的认识。

　　（2）熟悉仲裁庭作出仲裁裁决的基本规定。

　　（3）了解并练习仲裁裁决书的制作。

　　（4）了解先行裁决的规定及程序。

三、实验步骤

　　（1）仲裁庭依法作出仲裁裁决。

　　（2）制作仲裁裁决书。

　　（3）仲裁庭先行裁决。

四、实验原理

1. 仲裁庭作出裁决

　　所谓仲裁裁决，是指仲裁庭依据案件事实和有关法律规定，对当事人申请仲裁的请求事项作出确认的、并对当事人之间权利义务关系有法律约束力的书面结论性判定。

　　仲裁庭作出裁决的方式应当由法律明确规定，可以按照独任仲裁员的意见处理，或经仲裁庭休庭合议，或经劳动争议仲裁委员会审批①。根据《劳动争议调解仲裁法》第四十五条的规定，仲裁裁决应当按照多数仲裁员的意见作出，少数

---

　　① 法律规定，对仲裁庭难作结论或需提交劳动争议仲裁委员会决定的疑难案件，须提交劳动争议仲裁委员会审批。

仲裁员的不同意见应当记入笔录。仲裁庭不能形成多数意见时，裁决应当按照首席仲裁员的意见作出。可见，我国劳动仲裁裁决规则复制了普通民事仲裁裁决规则，尽量减少了劳动仲裁的行政色彩，符合国际一般做法。具体如下：

（1）如果仲裁庭只由独任仲裁员组成，那么独任仲裁员的意见便是仲裁庭的裁决。而如果仲裁庭是合议庭，对于案件的处理意见，三名仲裁员意见一致的，按照该意见裁决。

（2）合议庭意见不一致，按多数仲裁员的意见作出。① 所谓多数仲裁员的意见，是指仲裁庭的三名仲裁员中至少应有两名互相赞成对方的意见。如果形成的多数意见是两名仲裁员的意见一致，首席仲裁员也应服从多数意见，其不同意见应当记入笔录。如果三名仲裁员各执己见，则无法形成多数意见，也就无法按此种方式作出裁决。

（3）三名仲裁员各执己见，按首席仲裁员的意见作出。在实践中，三名仲裁员各执己见的情况屡有发生，当裁决不能形成多数意见时，则采用按首席仲裁员的意见作出裁决的方式进行。首席仲裁员是合议庭的主持者，负责整个仲裁庭的审理工作，但在仲裁裁决的表决权方面，他与其他仲裁员是平等的，只有一票的权力，而没有优于其他仲裁员的特权。只是当无法形成多数意见时，首席仲裁员应当组织仲裁员重新对案件进行表决，以形成多数意见；当无法形成多数意见时，由首席仲裁员决定。

2. 仲裁裁决书

仲裁庭行使裁决权的结果是作出仲裁裁决，而仲裁裁决应以仲裁裁决书这一书面形式体现出来。仲裁裁决的书面形式规则排除了仲裁庭以口头方式行使仲裁裁决的可能性。需要裁决的案件，仲裁员应及时制作裁决书。

裁决书的内容主要包括对仲裁案件程序事项和实体事项所作决定的书面陈述。当然，一份完整的仲裁裁决书，还应写明仲裁机构的名称和地址、裁决书的编号、双方当事人的基本情况、代理人的情况、仲裁庭组成情况、仲裁员姓名、审理过程等。仲裁书应由仲裁员签名，加盖劳动争议仲裁委员会的印章。对仲裁裁决持不同意见的仲裁员，可以签名，也可以不签名。一旦有仲裁员不签名，仲裁庭就应在仲裁书中对这一情况作适当的说明，以此证明该仲裁员参加了审理工作。具体而言，劳动争议仲裁裁决书的格式如下：

（1）首部。首部是裁决书的开头部分，应当写明：第一，制作裁决书的劳动争议仲裁委员会的全称以及文书名称即"劳动争议仲裁裁决书"。第二，年号及

---

① 这种以多数仲裁员的意见作出裁决的方式是一种较为普遍的方式。我国《仲裁法》也规定："裁决应当按照多数仲裁员的意见作出，少数仲裁员的不同意见可以记入笔录。"

仲裁书编号。第三，双方当事人的名称和地址，当事人是法人的，应写明法人的全称、法定代表人姓名和职务。如果当事人委托了代理人的，还应写明委托代理人的姓名、职业等有关信息。

（2）正文。正文是裁决书的核心部分，应写明：第一，仲裁请求，即申请人请求劳动争议仲裁委员会通过仲裁审理所要解决的问题和达到的目的。第二，争议事实，即争议发生的经过，双方争议的焦点及各自的主张等。第三，仲裁理由，即仲裁庭作出裁决所依据的事实和所适用的法律。当事人不仅有权知道仲裁庭所作的裁决，而且也有权知道裁决是如何作出的。第四，裁决结果，即仲裁书在查清事实、分清是非、确定责任的基础上对当事人之间的争议和权利义务的承担所作的决定。

（3）尾部。尾部是裁决书的结尾部分，应由仲裁员在裁决书上签名，对裁决持不同意见的仲裁员，可以签名，也可以不签名，加盖劳动争议仲裁委员会印章，写明裁决日期。

另外，裁决书还应写明：当事人不服裁决到人民法院起诉的期限；裁决书生效后，一方不执行，另一方有申请人民法院强制执行的权利。

附　仲裁裁决书（样本）：

××劳动争议仲裁委员会
仲　裁　裁　决　书

×劳仲案字〔20　〕　号

申　请　人：
住　　　址：
委托代理人：

被 申 请 人：
住　　　所：
法定代表人：　　　　　职务：
委托代理人：

第　三　人：
住　　　所：
委托代理人：

　申请人与被申请人_____一案，本委受理后，依法组成仲裁庭，并公开开庭进行了审理，申请人_____及其委托代理人_____，被申请人_____及其委托代理人_____到庭参加仲裁，本案现已审理终结。
　申请人诉称：
　被申请人辩称：

续表

本委查明：

上述事实，有庭审笔录、当事人陈述及相关书证为凭，证据确实，足以认定。

本委认为：

根据＿＿＿＿＿＿＿＿＿＿的规定，裁决如下：

一、

二、

三、

（一裁终局适用）根据《劳动争议调解仲裁法》第四十八条的规定，劳动者对本裁决第　项不服的，可以自收到仲裁裁决书之日起十五日内向人民法院起诉，逾期不起诉的，该项仲裁裁决自作出之日起发生法律效力。

（非一裁终局适用）根据《劳动争议调解仲裁法》第五十条的规定，当事人对本裁决第　项不服的，可以自收到仲裁裁决书之日起十五日内向人民法院提起诉讼；期满不起诉的，裁决书发生法律效力。

一方当事人拒不履行生效仲裁裁决的，另一方当事人可以向人民法院申请强制执行。

首席仲裁员：

仲　裁　员：

仲　裁　员：

二〇　　年　月　日

书　记　员：

使用说明：

1. 申请人的仲裁请求事项中同时涉及《劳动争议调解仲裁法》第四十七条和第五十条规定的争议事由（一裁终局和非一裁终局事由），仲裁委员会可以在同一份仲裁裁决书中分项裁决，但应分别告知起诉权。

2. 仲裁员在裁决书原件上签名，对裁决持不同意见的仲裁员可以签名也可以不签名，裁决书原件存入仲裁正卷中保管。送达给当事人的为裁决书副本，尾页左下角空白处加盖"本件与原件核对无异"章，仲裁员不在副本中签名。裁决书副本仍由仲裁员打印署名并加盖劳动争议仲裁委员会印章。

3. 根据《劳动争议调解仲裁法》第四十四条作出的先予执行裁决，不作起诉权的告知，由仲裁机构移送人民法院执行。

3. 部分先行裁决

当事人向劳动争议仲裁委员会申请仲裁，可能有一个或者几个仲裁请求。一般情况下，在一个劳动争议案件的仲裁中，应对当事人提出的全部仲裁请求作出裁决。但是，实践中还存在这样的情况，即案件的审理已进行了一段时间，由于种种原因的限制，仲裁庭对于申请人的各项仲裁请求的相关事实，尚难以全部查清，不能一次对所有的仲裁请求作出裁决。为了防止仲裁过分迟延，及时保障当事人的合法权益，如果对一部分请求的相关事实已经查明，而且就这部分仲裁请求又需要尽快裁决，仲裁庭可以先就这部分作出裁决，其他仲裁请求待相关事实进一步查明后，通过后续裁决解决即可。

因此，所谓劳动仲裁的部分先行裁决，是指对于一些特定的情形紧急的劳动争议仲裁案件，劳动争议仲裁委员会经过初步审理后，对案件中急需处理的部分争议在终结裁决之前先行作出裁决。这适用于当事人之间权利义务关系明确，用人单位有履约能力，不先作部分裁决将严重影响劳动者一方生活的情况。由于部分先行裁决是在仲裁中遇到紧急情况时的特殊处理措施，所以一经作出，立即生效并开始执行，用人单位如不执行，劳动者可以向人民法院申请强制执行。这与一般的仲裁裁决不同。一般的仲裁裁决作出后并不立即生效，而只有在当事人未在规定期间内起诉或起诉后又撤诉或被依法驳回时才生效。

部分先行裁决的适用范围由原劳动部办公厅《关于在劳动争议仲裁程序中能否适用部分裁决问题的复函》做了规定，包括：（1）企业无故拖欠、扣罚或停发工资超过3个月，致使职工生活确无基本保障的；（2）职工因工负伤，企业不支付急需医疗费的；（3）职工患病，在规定的医疗期间内，企业不支付急需的医疗费的。

对部分先行裁决不服的，不得单独就此部分裁决向人民法院起诉，但可以向原劳动争议仲裁委员会申请复议一次，复议期间不停止部分裁决的执行。复议申请应当自部分裁决送达之日起15日内提出，超过15日的，当事人不得再申请复议；在15日内，如当事人尚未申请复议而终结裁决已作出并送达，则当事人也不得再就部分裁决申请复议。劳动争议仲裁委员会应在接到复议申请之日起7日内作出决定。部分裁决正确的，驳回复议申请；裁决不当的，撤销该部分裁决，已执行的应予返还。

4. 先予执行裁决

先予执行是指仲裁庭对某些劳动争议案件在作出裁决以前，为了满足劳动者在生活上的急需，根据劳动者的申请，裁定用人单位先给付劳动者一定数目的金钱、财物或要求用人单位停止实施某种行为的制度。

先予执行必须符合下列条件：（1）当事人之间权利义务关系明确，即劳动者有权要求用人单位履行义务；（2）如果不先予执行，劳动者的生活将受到严重影响。先予执行的着眼点是满足劳动者的迫切需要。执行本应在仲裁裁决发生法律效力之后，先予执行是为了解决一部分劳动者由于生活或生产的迫切需要，必须在裁决之前采取措施，以解燃眉之急。在此，所谓当事人之间的权利义务关系明确，是指该案件的事实十分清楚，当事人之间的是非责任显而易见。所谓不先予执行将严重影响申请人的生活，是指申请人是依靠被申请人履行义务而维持正常生活的，在仲裁庭作出裁决前，如果不裁定先予执行，申请人将难以维持正常的生活。仲裁庭审理劳动争议案件，从受理到作出仲裁裁决，从裁决生效到当事人自动履行或强制执行需要一个过程。在这段时间里，个别劳动者可能因为经济困难，难以维持正常的生活，先予执行制度就是为了在最终裁决前让被申请人先给付劳动者一定数额的款项或者财物，以维持劳动者正常的生活。

一般来说，申请先予执行应当提供担保，其目的在于保护被申请人的合法权益。当申请人申请错误使被申请人遭受损失时，对被申请人的赔偿才有保障。但在劳动仲裁案件中，劳动者生活一般面临暂时性困难，这时候再让劳动者提供担保无异于雪上加霜。因此，法律规定，劳动者申请先予执行的，可以不提供担保。

先予执行措施带有强制性，只能由人民法院采取。仲裁庭不能直接采取先予执行措施，但仲裁庭可以裁决先予执行，然后移送人民法院执行。当事人申请先予执行的，应向劳动争议仲裁委员会提出，劳动争议仲裁委员会经审查，认为事实清楚、责任明晰，不先予执行会影响当事人生活保障或及时治疗的，可作出先予执行裁决书，连同移送执行函，移送被执行人住所地基层人民法院执行。申请人或被申请人对先予执行的决定不服的，可以申请劳动争议仲裁委员会复议一次，在复议期间，不停止先予执行。

附 先予执行申请书（样本）：

先予执行申请书

申请人：×××（写明姓名、性别、年龄、民族、籍贯、职业或者工作单位和职务、住址）

被申请人：×××（写明姓名、性别、年龄、民族、籍贯、职业或者工作单位和职务、住址）

请求事项：（请求仲裁庭责令被申请人先行给付的内容，写明给付数量、金额等）

1. ……

2. ……

特此申请。

此致
××劳动争议仲裁委员会

申请人：×××（签字或者盖章）
年　月　日

五、实验范例

1. 实验素材

赵丽佳于 1995 年 2 月进入广州市盛恒有限公司工作，从事车衣工作。从那时起，赵丽佳便每周工作七天，周末没有休息，公司也没有安排补休。每天早上 7：30 上班，晚上 9 点下班。只在一些节日，例如五一、十一、春节，公司才会给员工放假休息。公司也没有给员工购买社会保险。自 2008 年以来，公司开始拖欠员工工资。到 2008 年 4 月，赵丽佳向公司提出支付 2008 年工资、支付自 1995 年以来的加班工资、购买社会保险等要求，但公司予以拒绝。赵丽佳就于 2008 年 5 月 10 日向公司提出解除劳动关系，并要求公司支付经济补偿金。公司对此没有做任何答复。2008 年 8 月 2 日，赵丽佳遂向广州市××区劳动争议仲裁委员会申请劳动仲裁。广州市××区劳动争议仲裁委员会依法组成独任仲裁庭，于 2008 年 10 月 17 日开庭审理了这一劳动争议，并在调解不成的情况下于 2008 年 10 月 22 日依法作出裁决。

2. 实验准备

（1）实验流程的准备。

该案件经开庭审理后，仲裁员主持调解不成，就应当及时裁决。在作出仲裁裁决时，需要准备以下一些实验流程：

第一，熟悉劳动仲裁裁决书的写作范式。

第二，全面审查案件（主要包括申请书、答辩书、代理意见书、开庭笔录、仲裁庭调查核准的证据等）。

第三，以事实为根据，以法律为准绳，对案件作出判断。

第四，制作完成仲裁裁决书。

（2）法律规定的准备。

《劳动争议调解仲裁法》第四十五条："裁决应当按照多数仲裁员的意见作出，少数仲裁员的不同意见应当记入笔录。仲裁庭不能形成多数意见时，裁决应当按照首席仲裁员的意见作出。"

《劳动争议调解仲裁法》第四十六条："仲裁书应当载明仲裁请求、争议事实、裁决理由、裁决结果和裁决日期。裁决书由仲裁员签名，加盖劳动争议仲裁委员会印章。对裁决持不同意见的仲裁员，可以签名，也可以不签名。"

《劳动争议调解仲裁法》第四十三条："仲裁庭裁决劳动争议案件，应当自劳动争议仲裁委员会受理仲裁申请之日起四十五日内结束。案情复杂需要延期的，经劳动争议仲裁委员会主任批准，可以延期并书面通知当事人，但是延长期限不得超过十五日。逾期未作出仲裁裁决的，当事人可以就该劳动争议事项向人民法院提起诉讼。仲裁庭裁决劳动争议案件时，其中一部分事实已经清楚，可以就该部分先行裁决。"

《劳动法》第九十一条："用人单位有下列侵害劳动者合法权益情形之一的，由劳动行政部门责令支付劳动者的工资报酬、经济补偿，并可以责令支付赔偿金：（一）克扣或者无故拖欠劳动者工资的；（二）拒不支付劳动者延长工作时间工资报酬的；（三）低于当地最低工资标准支付劳动者工资的；（四）解除劳动合同后，未依照本法规定给予劳动者经济补偿的。"

《违反和解除劳动合同的经济补偿办法》第三条："用人单位克扣或者无故拖欠劳动者工资的，以及拒不支付劳动者延长工作时间工资报酬的，除在规定的时间内全额支付劳动者工资报酬外，还需加发相当于工资报酬百分之二十五的经济补偿金。"

《劳动合同法》第八十五条："用人单位有下列情形之一的，由劳动行政部门责令限期支付劳动报酬、加班费或者经济补偿；劳动报酬低于当地最低工资标准的，应当支付其差额部分；逾期不支付的，责令用人单位按应付金额百分之五十以上百分之一百以下的标准向劳动者加付赔偿金：（一）未按照劳动合同的约定或者国家规定及时足额支付劳动者劳动报酬的；（二）低于当地最低工资标准支付劳动者工资的；（三）安排加班不支付加班费的；（四）解除或者终止劳动合同，未依照本规定向劳动者支付经济补偿的。"

《最高人民法院关于审理劳动争议案件适用法律若干问题的解释》第十五条："用人单位有下列情形之一，迫使劳动者提出解除劳动合同的，用人单位应当支付劳动者的劳动报酬和经济补偿，并可支付赔偿金：（一）以暴力、威胁或者非法限制人身自由的手段强迫劳动的；（二）未按照劳动合同约定支付劳动报酬或者提供劳动条件的；（三）克扣或者无故拖欠劳动者工资的；（四）拒不支付劳动者延长工作时间工资报酬的；（五）低于当地最低工资标准支付劳动者工资的。"

《违反和解除劳动合同的经济补偿办法》第十条："用人单位解除劳动合同后，未按规定给予劳动者经济补偿的，除全额发给经济补偿金外，还须按该经济补偿金数额的百分之五十支付额外经济补偿金。"

3. 实验结果

根据实验范例的素材撰写的仲裁裁决书见表 5－1。

表 5 - 1 仲裁裁决书（范例）

广州市××区劳动争议仲裁委员会
仲裁裁决书

×劳仲案字 ［2008］第 2756 号

申请人：赵丽佳，女，32，住所：广州市××区××街××号。

委托代理人：李伟，广东中元律师事务所律师。

被申请人：广州市盛恒有限公司，住所：广州市××区××路××号。

法定代表人：苏××，董事长。

委托代理人：罗东，广东××律师事务所律师。

案由：解除劳动关系

申请人赵丽佳诉广州市盛恒有限公司解除劳动关系纠纷争议案本委受理后，依法组成仲裁庭指派仲裁员独任审理，于 2008 年 10 月 17 日对本案进行了开庭审理，申请人赵丽佳、委托代理人李伟和被申请人的委托代理人罗东均到庭参加了庭审活动。本案现已审理终结。

申请人称：申请人于 1995 年 2 月份进入被申请人处工作，从事车衣工作。每天从早上 7：30 上班，晚上 9 点下班，周六、周日也无休息，也不安排补休。工作期间，中午吃饭 40 分钟，晚上吃饭 30 分钟。星期天上班时间从 7：30 到下午 4 点。每年只有在五一和十一时候各休息 3 天。2007 年 3 月份，由于公司的加班时间太多，员工提出抗议，后每月双休日只有 2 天休息。2006 年底和 2007 年度平均工资在 1 500 元左右。申请人在被申请人处工作期间，被申请人未按照法律规定支付申请人工资，也未按照法律规定给予申请人办理、缴纳社会保险（被申请人从 2007 年 5 月份起，未按照申请人工资总额只按照最低参保标准仅给申请人缴纳工伤、养老保险，未给申请人缴纳医疗保险和生育保险），而且拖欠申请人 2008 年 2、3、4 月份工资，并未与申请人签订书面劳动合同。鉴于被申请人的违法行为已经严重地侵犯了申请人合法权益，申请人于 2008 年 4 月 30 日书面邮寄送达解除劳动合同通知书给被申请人，要求解除劳动合同，并要求用人单位支付加班工资、经济补偿金、补交社会保险等。被申请人在收到申请人解除劳动合同通知书后，并未给予申请人答复和补偿。现申请仲裁，要求被申请人：1. 支付加班费 59 811.12 元；2. 支付拖欠加班工资经济补偿金 14 952.78 元；3. 支付经济补偿金 18 000 元；4. 支付额外经济补偿金 7 500 元；5. 支付夏季防暑降温费 2 080 元；6. 支付 2008 年 2、3、4 月份工资 4 500 元及补偿金 1 125 元；7. 按工资总额补交 1995 年 2 月份至今养老保险；8. 依法出具离职证明；9. 本案的仲裁费用由被申请人承担。

被申请人应诉后辩称：1. 加班工资，申请人主张的金额过高，并且我单位已经支付了部分加班费。2. 经济补偿金、高温费，我公司均不认可。3. 申请人 2008 年 4 月份就已离开公司，此后未来单位领取工资，但我公司承诺将按实发放申请人 2 月~4 月份工资。4. 我公司已经为申请人缴纳了社会保险。

经审理查明：申请人于 1995 年 2 月份到被申请人处工作，2007 年 4 月份起签订书面劳动合同，被申请人为申请人缴纳了社会保险。申请人月平均工资 1 344.3 元。被申请人未支付申请人 2008 年 2 月~4 月工资 3 117.2 元。2008 年 4 月 30 日申请人向被申请人邮寄送达了书面解除劳动合同通知书并从此未再上班，同年 5 月 7 日向我委申请劳动仲裁。庭审期间，申请人主张其在职期间，周一至周六每天工作 12 小时，周日工作 8 小时，2008 年 3 月起每月休息 2 天，此前除五一、十一休息 6 天、2008 年春节放假 10 天外，没有休息日。但被申请人不予认可，并提供了其单位 2008 年 2 月~4 月份指纹考勤记录和加班申报单，显示申请人 2008 年 3 月起每月有 4 天休息，平均每月有 4 天左右工作时间长达 12 小时，其余均为 8 小时。

　　以上有申、被申请人陈述、庭审笔录、申请人提供的工作牌、2008 年 3 月份考勤记录、2007 年 1 月~12 月份工资单、工资、薪金缴纳所得税、社保交纳情况、解除劳动合同通知书、邮寄凭证、加班规定、重申加班规定复印件；被申请人提供的劳动管理有关制度和规定、员工作息时间安排表、关于加班考勤加班管理的通知、关于加班费核算标准的通知、劳动合同、加班申报单复印件等证据证明。

　　本委认为：申、被申请人劳动关系建立后签订了书面劳动合同，被申请人自 2007 年 4 月起才为申请人缴纳社会保险，《劳动法》第七十二条规定："社会保险基金按照保险类型确定资金来源，逐步实行社会统筹。用人单位和劳动者必须依法参加社会保险，缴纳社会保险费。"但《劳动争议仲裁调解法》第二十七条规定："劳动争议申请仲裁的时效期间为一年。"据此，被申请人已自 2007 年 4 月份为申请人缴纳社会保险，申请人要求被申请人补缴 1995 年 2 月份至今的社会保险已经超过仲裁申诉请求，本委不予支持。对于申请人要求被申请人支付 2008 年 2 月~4 月份工资 4 500 元的申诉请求，《劳动法》第五十条规定："工资应当以货币形式按月支付给劳动者本人，不得克扣或者无故拖欠劳动者的工资。"但被申请人提供的工资单显示申请人 2008 年 2 月~4 月份工资为 3 117.2 元，据此，被申请人应当按照该标准支付给申请人工资。本案中，被申请人提供的证据证明申请人 2008 年 3 月起每月休息 4 天，平均每月有 4 天的工作时间长达 12 小时，其余均为 8 小时/天，此前申请人的工作时间周一至周六工作长达 12 小时，周日工作 8 小时，五一、十一休息 6 天，2008 年春节放假 10 天外，没有休息，被申请人未支付申请人加班工资的行为违反了国家规定，劳社部发〔2008〕3 号文件规定："月工作日：250 天÷12 个月＝20.83 天/月；工作小时数的计算：以月、季、年的工作日乘以每日的 8 小时。小时工资：月工资收入÷（月计薪天数×8 小时）；月计薪天数＝（365 天－104 天）÷12 月＝21.75 天。"根据《广东省工资支付条例》以及广东省劳动争议仲裁委员会的指导意见，用人单位应当保管 2 年的工资支付台账，劳动者可以追索 2 年以内的工资。据此，本委只支持申请人离开被申请人单位前 2 年内的加班工资。对于申请人要求被申请人支付解除劳动关系经济补偿金的申诉请求，《劳动合同法》第三十八条规定："用人单位未及时支付劳动报酬的；用人单位未依法为劳动者缴纳社会保险费的，劳动者可以解除劳动合同。"第四十六条规定："劳动者依照本法第三十八条规定解除劳动合同的，用人单位应当向劳动者支付经济补偿金。"第四十七条规定："经济补偿金按劳动者在本单位工作的年限，每满一年支付一个月工资的标准向劳动者支付。六个月以上不满一年的，按一年计算；不满六个月的，向劳动者支付半个月工资的经济补偿。"据此，由于被申请人未支付申请人加班工资和 2 月~4 月份工资，因此，申请人有权离开被申请人单位，并且被申请人应当支付申请人解除劳动关系经济补偿金。对于申请人要求被申请人支付拖欠工资、加班工资经济补偿金和额外经济补偿金以及夏季防暑降温费的申诉请求，因缺乏法律依据，本委不予支持。对于申请人要求出具离职证明的申诉请求，由于申请人已书面向被申请人提出解除劳动合同，并得到本委支持，因此被申请人应当及时为申请人办理劳动关系和档案转移手续。《劳动合同法》第五十条规定："用人单位应当在解除或终止劳动关系时出具解除或终止劳动合同的证明，并在十五天内为劳动者办理档案和社会保险关系转移手续。"据此，被申请人应在十五日内向申请人出具离职证明，并将申请人的档案和社会保险关系转出。

　　经仲裁庭调解无效，本委现依据《中华人民共和国劳动法》第十六条、第五十条、第七十二条，《劳动合同法》第三十八条、第四十六条、第四十七条、第五十条，《劳动争议仲裁调解法》第二十七条，劳社部发〔2008〕3 号等文件规定裁决如下：

　　一、本裁决书生效后十五日内，被申请人将申请人的档案和社会保险关系转出。

　　二、本裁决书生效后十日内，被申请人一次性支付申请人 65 024.55 元，其中包括：

1. 2008 年 2 月~4 月份工资 3 117.2 元;

2. 两年内的周一至周五加班工资 19 654.6 元 $[1\,334.3 \div 21.75 \div 8 \times (12-8) \times 212$（除五一 3 天、十一 3 天、春节 8 天、2008 年 3 月后每月加班 4 天）$\times 150\% \times 2]$;两年内的周六加班工资 14 462.82 元 $[1\,334.3 \div 21.75 \div 8 \times 12 \times 39$（除 2008 年 3 月份后共休息 8 天、2007 年 10 月份 4 天、春节 1 天）$\times 200\% \times 2]$;两年内的周日加班工资 9 641.88 元 $[1\,334.3 \div 21.75 \div 8 \times 39$（除 2008 年 3 月后共休息 8 天、2007 天 10 月 4 天、春节 1 天）$\times 200\% \times 2]$;

3. 解除劳动关系经济补偿金 18 148.05 元（1 344.3 × 13.5）。

三、对申请人的其他申诉请求不予支持。

当事人如对本裁决书不服,可自收到仲裁裁决书之日起十五日内向人民法院起诉。

仲裁员　曹××

二〇〇八年十月二十二日

书记员　林××

六、自主实验

素材一：孙齐于 2003 年 12 月进入广州顺意制衣有限公司工作,从事人力资源部主管。2004 年 2 月 10 日,广州顺意制衣有限公司与孙齐签订劳动合同,并于 2005 年 2 月及 2007 年 2 月续签劳动合同,合同期至 2009 年 2 月 9 日。双方约定上月工资在下月 15 号支付,任何一方违反法律法规解除劳动合同,给对方造成经济损失的,赔偿对方经济损失 500 元。2005 年 1 月,孙齐因工受伤,并由劳动行政部门认定为工伤,后经由广州市劳动能力鉴定委员会评定为九级伤残,已由社保理赔一次性残疾补助金。2007 年 10 月 8 日,孙齐接到其部门负责人将其辞退的申请书,并于次日将其办公物件交还广州顺意制衣有限公司由其部门负责人签收。

孙齐认为,广州顺意制衣有限公司于 2007 年 10 月 8 日以孙齐不符合公司的要求为由向孙齐发出辞退书,有广州顺意制衣有限公司的人力资源部的经理即孙齐的主管何伟签名确认,已发给孙齐,并且孙齐已与广州顺意制衣有限公司办理了电脑、资料等物件交接手续,其行为已构成辞退孙齐的事实。孙齐自 2003 年 12 月进入广州顺意制衣有限公司处工作,至 2007 年 10 月 8 日离职,广州顺意制衣有限公司应按孙齐的工作年限支付相当于 5 个月工资的经济补偿金给孙齐。孙齐因工伤致九级伤残,广州顺意制衣有限公司辞退孙齐,孙齐不要求回广州顺意制衣有限公司公司上班,广州顺意制衣有限公司应支付孙齐一次性伤残就业补助金及一次性工伤医疗补助金。

孙齐认为广州顺意制衣有限公司辞退其后没有按规定支付经济补偿金及工伤

高等学校法学实验教学系列教材

待遇，遂于 2007 年 11 月 2 日向广州市××区劳动争议仲裁委员会申请仲裁，请求广州顺意制衣有限公司支付：一、2007 年 10 月 1 日至 8 日的工资 1 085 元及没有及时支付此工资的经济补偿金 271 元；二、解除劳动合同代通知金 4 070 元；三、解除劳动合同的经济补偿金 16 280 元及额外经济补偿金 8 140 元；四、一次性伤残就业补助金 32 560 元及一次性工伤医疗补助金 8 140 元；五、2007 年 10 月 9 日至 10 月 22 日的工资 1 763 元及赔偿金 440 元；六、违约解除劳动合同的违约金 500 元。

孙齐向仲裁庭提交的证据有：1. 广州员工劳动合同书；2. 2007 年 10 月 8 日的广州顺意制衣有限公司部门负责人建议辞退孙齐的申请书（主管何伟林签名确认）；3. 孙齐离厂工作移交清单（主管何伟林签名确认）；4. 工资存折；5. 工伤认定书。

广州顺意制衣有限公司认为：一、广州顺意制衣有限公司的人力资源部门负责人根本没有也不可能向孙齐发辞退申请书，事实是人力资源部的负责人向公司提出辞退孙齐的建议，但孙齐却利用其担任人力资源部主管的便利条件，截获了此份建议书。将公司部门负责人向公司提出的建议辞退申请书认定为公司发出的辞退书，并将公司与公司内的部门负责人等同，是错误的。二、广州顺意制衣有限公司并无辞退孙齐，双方的劳动合同在 2007 年 10 月 8 日没有解除。根据双方当事人签订的《广州员工劳动合同书》中之约定，只有广州顺意制衣有限公司才能辞退孙齐，公司内的任何员工都无此权利。即使"员工辞退申请书"是真实的，但辞退申请书只是孙齐所在部门的负责人向公司提出的个人建议，是否辞退还得由广州顺意制衣有限公司来决定。孙齐不能仅凭其所在部门提出的辞退建议而证明双方已解除了劳动合同关系。广州顺意制衣有限公司辞退员工的一般程序是，首先由某部门的负责人向公司提出建议，其后由公司来讨论决定，同意辞退的作出辞退决定书，并向被辞退员工发解除劳动合同通知书，再通知财务部、总务部结算被辞退员工的工资和办理退宿手续，最后由员工交回工牌及签写员工离职单。经过前述程序，员工的辞退手续才真正完成。而本案中，广州顺意制衣有限公司并没有作出辞退孙齐的决定，更没有向其发出解除劳动合同通知书；相反，广州顺意制衣有限公司在得知孙齐擅自离职的事由后还向其寄送了上班通知函。于 2007 年 10 月 16 日向孙齐寄送了要求其回公司上班的通知函，该通知函明确告知孙齐公司人力资源部负责人提出的辞退建议已被否决，双方的劳动关系并未解除。孙齐拒收通知函的行为，不妨碍该通知函体现的广州顺意制衣有限公司的意志已传达至孙齐所应产生的法律效果。从以上事实可知，广州顺意制衣有限公司并无辞退孙齐，双方的劳动合同在 2007 年 10 月 8 日没有解除。

广州顺意制衣有限公司向仲裁庭提交的证据有：1. 2007 年 10 月 16 日向孙

高等学校法学实验教学系列教材

齐寄送的要求其回公司上班的通知函；2. 公司辞退员工的程序说明书（在企业规章制度和劳动合同中没有相关内容）；3. 2007 年 10 月 8 日的广州顺意制衣有限公司部门负责人建议辞退孙齐的申请书。

广州市 × × 区劳动争议仲裁委员会于 2008 年 1 月 8 日经过开庭审理，双方不愿调解，就于 2008 年 1 月 20 日作出裁决。

素材二：郭辉 1996 年入职广州市金田公司任电工。2003 年 4 月 1 日，双方签订最后一期劳动合同，期限是 2003 年 5 月 1 日至 2003 年 10 月 31 日。郭辉日常工作时间为每天 6.5 小时，通常在星期六、日休息两天，根据电工班的人数轮流值班，值班后第二天补休一天。金田公司因经营困难，欲解雇郭辉等大批工人。2003 年 7 月 24 日，郭辉向广州市 × × 区劳动监察大队投诉金田公司，要求其支付经济补偿金。2003 年 8 月 12 日，金田公司承诺对郭辉等解除劳动合同的员工，按《劳动法》的有关规定补偿，补偿标准按国家有关法规执行。2003 年 8 月 15 日，金田公司与郭辉签订《关于解除劳动合同经济补偿的协议书》，协议订明双方解除劳动关系，金田公司按国家有关法规标准补偿经济补偿金 34 984.4 元给郭辉；2003 年 9 月 1 日前支付经济补偿金 17 492.2 元，余额 17 492.2 元于 2004 年 2 月 28 日前全部付清。协议签订后，郭辉于 2003 年 8 月 15 日办理离厂手续。金田公司分别于 2003 年 8 月 29 日及 2003 年 12 月 19 日两次将经济补偿金 34 984.4 元划入郭辉在中国农业银行广州市芳村支行的存折账号内。

2003 年 9 月 24 日，郭辉向广州市 × × 区劳动争议仲裁委员会申请仲裁，请求裁决金田公司一次性支付补偿金 43 960 元、8 年加班工资 19 200 元、将 2003 年 1 月金田公司发放的节日补贴 1 210 元纳入补偿以及支付赔偿金 197 880 元等。

郭辉称：一、节日补贴 1 210 元应属于工资的组成内容。二、郭辉从 1996 年 11 月至 2003 年 7 月在电工班施行的是 24 小时工作责任制，存在超时加班的事实。而且，从金田公司提供的考勤表可以反映，郭辉每月值班的时间中有 1～3 天是属于休息日或节假日，依照《劳动法》第四十四条的规定，金田公司也应计付休息日与节假日的加班工资给郭辉。另外，根据劳动部《违反和解除劳动合同的经济补偿办法》第三条的规定，金田公司拖欠郭辉的加班工资，还应按照拖欠工资数额的 25% 计发经济补偿金。三、金田公司还存在违反《劳动法》关于解除劳动合同程序的规定，大批解除职工的劳动合同却不召开职工大会，不出具书面通知，也未提前三十天通知劳动者，不按照法律法规发放经济补偿。对其违法行为，应按照《〈劳动法〉的行政处罚办法》（劳动部第 532 号）第六条第一款第（四）项的规定，对金田公司处以经济补偿金总和三倍的罚款。

金田公司称：一、1 210 元节日补贴不应纳入工资范围，不应作为补偿金的计算基数。根据《劳动法》及劳动部相关法规，可以纳入工资范围的劳动报酬，是由法律规定或劳动合同约定的。节日补贴是金田公司支付给郭辉的一种不确定的福利费用，故不应将其纳入工资范围。二、郭辉认为从 1996 年 11 月至 2003 年 7 月 31 日工作期间有加班的事实，这个也是不可能的。郭辉每日工作时间是 6.5 个小时，在特定的时候由于工作的需要，金田公司安排郭辉周末值班，但是金田公司已依法安排郭辉进行轮休。因此，郭辉每周的工作时间不超过 40 小时，而且金田公司也发放了相应的加班工资给郭辉。

郭辉向仲裁庭提交的证据有：1. 有李棠、何雄等证人签名的《关于"节日补贴"问题》一份，拟证明公司负责人柳志军承诺节日补贴纳入补偿；2. 有谢山、郭君等证人签名的《关于超时工作问题》一份，拟证明在电工班值班工作时间为 24 小时责任制；3. 有李棠、郭君等证人签名的《违反解除劳动合同程序》一份、2003 年 7 月 24 日录制的录音资料一盒及录音摘录一份，拟证明金田公司解除职工劳动合同，并未依法召开职工大会，没有依法出具书面通知，也未提前 30 日通知劳动者。

金田公司向仲裁庭提交的证据有：1. 郭辉与金田公司于 2003 年 8 月 15 日签订的《关于解除劳动合同经济补偿的协议书》；2. 中国农业银行广州市芳村支行转账证明；3. 考勤表（从考勤表中可以计算出郭辉从 2003 年 3 月 1 日至 6 月 30 日工作时间合计为 702 小时，共 17.4 个工作周，平均每周工作时间为 40.3 小时，按每周 5 天工作日计即每天工作时间为 8 小时）。

广州市××区劳动争议仲裁委员会于 2003 年 11 月 8 日经过开庭审理，双方不愿调解，就于 2003 年 11 月 20 日作出裁决。

实验二　一裁终局裁决

一、实验目的

劳动仲裁是否一裁终局，是关乎劳动争议处理是否终结的关键所在。我国的劳动争议处理体制实行仲裁前置程序，即当事人想要到法院起诉，必先进行仲裁。但并不是对所有的仲裁案件，当事人都可以到法院去起诉。我国《劳动争议调解仲裁法》明确规定了一些劳动争议案件是一裁终局的，只有劳动者才有起诉与否的权利。

通过仲裁一裁终局的实验，训练学生掌握在劳动仲裁案件结案阶段，作为仲裁庭的工作人员和当事人的委托代理人，如何判断劳动仲裁是否一裁终局，如何处理一裁终局的劳动争议案件。学生通过模拟仲裁庭的工作人员和当事人的委托代理人的角色，全面了解和掌握仲裁一裁终局的内容，独立完成劳动仲裁一裁终局案件的处理工作。

二、实验要求

（1）在进行项目实验前，要求学生不仅复习和掌握劳动争议处理法律制度的程序性知识，熟悉《劳动争议调解仲裁法》、《企业劳动争议处理条例》、《劳动争议仲裁委员会办案规则》等重要法律法规，也要复习和掌握劳动实体法方面的知识，熟悉《劳动法》、《劳动合同法》等法律法规，以便对实验内容有清楚的认识。

（2）了解仲裁庭作出一裁终局裁决的基本规定。

（3）掌握当事人及其代理人如何处理一裁终局的仲裁。

三、实验步骤

（1）仲裁庭依法作出仲裁裁决。
（2）制作一裁终局的仲裁裁决书。
（3）掌握当事人及其代理人处理一裁终局的裁决。

四、实验原理

1. 一裁终局案件的判断

所谓一裁终局，是指劳动争议经仲裁庭裁决后即行终结的制度。根据《劳动争议调解仲裁法》第四十七条的规定，其含义主要有：第一，范围限制，一裁终局仅限于小额和标准明确的仲裁案件；第二，裁决书应当在劳动者没有起诉后发生法律效力；第三，仲裁裁决发生法律效力后，当事人不得就同一争议事项再向劳动争议仲裁委员会申请仲裁或向法院起诉；第四，仲裁裁决发生法律效力后，当事人应当依照规定的期限履行；第五，劳动者有选择是否起诉的权利，即劳动者对该仲裁裁决不服的，可以向法院提起诉讼。由此可见，一裁终局的裁决并非绝对的，仲裁是否终局由劳动者决定，而用人单位是没有决定权的。

适用一裁终局的仲裁案件有两类：

（1）小额仲裁案件。

小额仲裁案件有金额限制，即指不超过当地月最低工资标准十二个月金额的仲裁案件。目前，从各地的月最低工资水平来看，一般来讲，适用小额仲裁案件的最高金额不超过1万元。当然，当最低工资标准发生调整时，自最低工资标准公布之日起，新受理的案件应当以新标准确定裁决效力。而且，应以当事人申请仲裁时各项请求的总金额为标准来确定该申请是否属于一裁终局的事项。

这类案件具体包括：第一，追索劳动报酬的案件。根据《关于〈劳动法〉若干条款的说明》（劳办发〔1994〕289号）的解释，劳动报酬是指劳动者从用人单位得到的全部工资收入。第二，追索工伤医疗费的案件。工伤医疗费是指职工因工负伤治疗享受的工伤医疗费。主要包括工伤职工治疗工伤或者职业病所需的挂号费、住院费、医疗费、药费、就医路费，以及住院治疗的伙食补助费等。第三，追索经济补偿的案件。《劳动合同法》对用人单位应当支付经济补偿金的情形作了详细规定。用人单位解雇劳动者，除非劳动者存在过错，一般情况下都需要支付经济补偿金。劳动合同到期终止，非因劳动者的原因而没有续签的，用人单位也应支付经济补偿金。① 第四，追索赔偿金的案件。《劳动合同法》对用人单位应当支付赔偿金的情形也作了详细规定。②

（2）标准明确的仲裁案件。

标准是指国家劳动标准。国家劳动标准是指国家对劳动领域内规律性出现的事物或行为进行规范，以定量或定性形式所作出的统一规定。国家劳动标准具有以下特点：第一，通过规范性文件加以规定。第二，标准明确。往往是用定量的方式加以规定。第三，适用范围广泛。涵盖了劳动领域的主要方面。我国的劳动标准建设初步形成了以劳动法为核心的劳动标准体系，主要包括工作时间和休息休假（法定工作时间、法定休息休假、延长工作时间的法定条件及补偿）、劳动安全卫生（安全生产法和劳动安全技术规程、职业病防治法和劳动卫生技术规程、劳动安全卫生管理、女工特殊保护、未成年工特殊保护、劳动安全卫生保护监察）、劳动者人格尊严（禁止强迫劳动、禁止体罚、禁止性侵扰、禁止拘禁）、社会保险（养老保险、工伤保险、医疗保险、失业保险、生育保险）等。

虽然适用一裁终局的仲裁案件在全部劳动争议案件中所占比例较大，但是，如果当事人双方在同一起仲裁案件中的争议内容涉及多个方面，其中既包含属于法定一裁终局的争议事项，又包含非法定一裁终局劳动争议事项的，仲裁庭审理时应当如何处理，《劳动争议调解仲裁法》就没有明确规定。对此，各地有不同的规定和司法实践。例如，上海高院的意见是，该裁决一般不适用《劳动争议调解仲裁法》第四十七条、第四十八条、第四十九条关于终局裁决的规定③。当事

---

① 按照《劳动合同法》的规定，用人单位需要支付经济补偿金的情形主要有：①用人单位与劳动者可以在劳动合同中约定保守用人单位的商业秘密和与知识产权相关的保密事项。对负有保密义务的劳动者，用人单位可以在劳动合同或者保密协议中与劳动者约定竞业限制条款，并约定在解除或者终止劳动合同后，在竞业限制期限内按月给予劳动者经济补偿。②有下列情形之一的，用人单位应当向劳动者支付经济补偿：一是因用人单位过错，劳动者依照该法第三十八条规定解除劳动合同的；二是用人单位依照该法第三十六条规定向劳动者提出解除劳动合同并与劳动者协商一致解除劳动合同的；三是因劳动者患病、负伤、不能胜任工作等，用人单位依照该法第四十条规定解除劳动合同的；四是因经济性裁员，用人单位依照该法第四十一条规定解除劳动合同的；五是除用人单位维持或者提高劳动合同约定条件续订劳动合同，劳动者不同意续订的情形外，依照该法第四十四条第一项规定终止固定期限劳动合同的；六是依照该法第四十四条第四项、第五项规定因企业破产、撤销、责令关闭等情形终止劳动合同的；七是法律、行政法规规定的其他情形。

② 根据劳动合同法的规定，用人单位支付赔偿金的情形主要包括：①用人单位违反该法规定解除或者终止劳动合同，劳动者要求继续履行劳动合同的，用人单位应当继续履行；劳动者不要求继续履行劳动合同或者劳动合同已经不能继续履行的，用人单位应当依照该法第四十七条规定的经济补偿标准的二倍向劳动者支付赔偿金。②用人单位违反该法规定与劳动者约定试用期的，由劳动行政部门责令改正；违法约定的试用期已经履行的，由用人单位以劳动者试用期满月工资为标准，按已经履行的超过法定试用期的期间向劳动者支付赔偿金。③用人单位有下列情形之一的，由劳动行政部门责令限期支付劳动报酬、加班费或者经济补偿；劳动报酬低于当地最低工资标准的，应当支付其差额部分；逾期不支付的，责令用人单位按应付金额百分之五十以上百分之一百以下的标准向劳动者加付赔偿金：一是未按照劳动合同的约定或者国家规定及时足额支付劳动者劳动报酬的；二是低于当地最低工资标准支付劳动者工资的；三是安排加班不支付加班费的；四是解除或者终止劳动合同，未依照该法规定向劳动者支付经济补偿的。

③ 参见上海市高级人民法院《关于劳动争议纠纷若干程序问题的意见》（沪高法［2008］181号）。

高等学校法学实验教学系列教材

人双方不服裁决内容的，均可在法定期限内依法提起诉讼。由于绝大部分的劳动争议案件都是多种事项混合在一起的，因此在上海市，能够适用一裁终局的案件并不是太多。而广东省高院和广东省劳动仲裁委的意见则是，对于申请人的仲裁请求同时涉及仲裁终局裁决和非终局裁决事项的，处理机关则应分别就仲裁终局裁决与非终局裁决事项作出裁决①。这样在广东省，适用一裁终局的劳动仲裁案件可能会比较多。

2. 当事人及其代理人对一裁终局裁决的处理

（1）劳动者。

劳动者对起诉与否有选择权。劳动者认为仲裁裁决对其有利，可以选择让仲裁生效；认为对其不利，可以提起诉讼，从而继续劳动争议处理程序。因此，劳动者对一裁终局的裁决不服的，可以自收到仲裁裁决书之日起 15 日内向人民法院起诉。可见，一裁终局的仲裁并不是在裁决之日就可生效，而是应当等到劳动者不起诉后才生效。

（2）用人单位。

用人单位对仲裁裁决不服时，就不能向法院起诉。但法律仍然赋予用人单位一定的救济手段，即用人单位可自收到仲裁裁决书之日起 30 日内向人民法院申请撤销仲裁裁决。用人单位应向劳动争议仲裁委员会所在地的中级人民法院申请撤销仲裁裁决。在此需要注意，劳动者对裁决不服的，可以自收到仲裁裁决书之日起 15 日内向基层法院提起诉讼，用人单位不服的则可以在 30 日内向中级法院申请撤销，这些规定之间存在一定的不协调性，需要立法进一步理顺。对此，上海高院的意见是，在劳动者行使起诉权之前（即 15 日内），中级法院对于用人单位一方撤销仲裁裁决的申请不予受理，也即用人单位只有 15 日的申请期②。因为劳动者一旦起诉，仲裁裁决就不再发生法律效力，用人单位申请撤销仲裁裁决就失去意义。因此，劳动者一方起诉的，基层法院即应对整个劳动争议进行全面审理。而广东省高院和广东省劳动仲裁委的意见则是，中级人民法院在受理用人单位撤销仲裁裁决的申请后，或基层人民法院在受理劳动者对于终局裁决不服的案件后，均应在开庭审理前审查是否同时存在撤销仲裁之诉和劳动者不服终局裁决的起诉，以便两级法院就有关案件进行协调和沟通③。

如果劳动者起诉后又撤诉的，经征询用人单位一方意见，用人单位要求继续审理的，人民法院可不予准许撤诉并仍对整个案件进行审理；如果用人单位也认为不需要继续审理的，可以准许劳动者撤诉，仲裁裁决生效。

---

①③ 参见广东省高级人民法院、广东省劳动争议仲裁委员会《关于适用〈劳动争议调解仲裁法〉、〈劳动合同法〉若干问题的指导意见》（粤高法发〔2008〕13 号）。

② 参见上海市高级人民法院《关于劳动争议纠纷若干程序问题的意见》（沪高法〔2008〕181 号）。

对于一裁终局的裁决，劳动者已申请执行，而用人单位申请撤销该裁决的，法院应当停止执行。如该裁决被撤销的，法院应当裁定终结执行。如撤销裁决的申请被裁定驳回的，法院应当继续执行。

（3）用人单位申请撤销一裁终局裁决的情形。

用人单位有证据证明一裁终局裁决有下列情形的，可以自收到仲裁裁决书之日起30日内向劳动争议仲裁委员会所在地的中级人民法院申请撤销裁决：

第一，适用法律法规确有错误的。适用法律、行政法规、地方性法规错误的；适用已失效或尚未生效的法律法规的；援引法条错误的；违反法律关于溯及力规定的。

第二，劳动争议仲裁委员会无管辖权的。劳动争议由劳动合同履行地或者用人单位所在地的劳动争议仲裁委员会管辖。双方当事人分别向劳动合同履行地或者用人单位所在地的劳动争议仲裁委员会申请仲裁的，由劳动合同履行地的劳动争议仲裁委员会管辖。

第三，违反法定程序的。仲裁组织的组成不合法的；违反了有关回避规定的；违反了有关期间规定的；审理程序违法等。

第四，裁决所根据的证据是伪造的。伪造证据，是指制造虚假的证据，对证据内容进行篡改，使其与真实不符。如制造虚假的书证、物证、鉴定结论等。

第五，对方当事人隐瞒了足以影响公正裁决的证据的。足以影响公正裁决的证据包括证明案件基本事实的证据、证明主体之间权利义务关系的证据等。

第六，仲裁员在仲裁该案时有索贿受贿、徇私舞弊、枉法裁决行为的。受贿是指仲裁员利用职务上的便利，收受他人财物并为他人谋取利益的行为。索贿是受贿人以公开或暗示的方法，主动向行贿人索取贿赂，有的甚至是公然以要挟的方式，迫使当事人行贿；徇私舞弊是指仲裁员利用职务上的便利，为他人谋利；枉法裁决是指依法承担仲裁职责的人员，在仲裁活动中故意违背事实和法律作枉法裁决。

附 撤销仲裁裁决申请书（范例）：

撤销仲裁裁决申请书

申请人：广州市××公司

委托代理人：陈某，广东中元律师事务所律师

被申请人：王某

请求事项：撤销广州市××区劳动争议仲裁委员会×劳仲案字〔2008〕第112号仲裁裁决。

事实与理由：

本案仲裁庭审时间为2008年7月11日，其时《劳动争议调解仲裁法》已施行，该仲裁裁决书也说明，裁决适用的是《劳动争议调解仲裁法》。但是，仲裁庭在裁决过程中严重违反《劳动争议调解仲裁法》规定的程序：

续表

　　1. 依据《劳动争议调解仲裁法》第三十一条规定："劳动争议仲裁委员会裁决劳动争议案件实行仲裁庭制。仲裁庭由三名仲裁员组成，设首席仲裁员。"但是，本案的仲裁员为二人，严重违反法定程序。

　　2. 依据《劳动争议调解仲裁法》第四十条第二项规定："笔录由仲裁员、记录人员、当事人和其他仲裁参加人签名或者盖章。"但是，本案仲裁庭仲裁员有二人，却只有一位仲裁员在笔录上签名，严重违反法定程序。

　　3. 仲裁庭成员同时担任书记员制作笔录，导致产生自审自记自裁现象，这和人民法院审理案件时由合议庭成员兼任书记员的性质完全相同，有违公正公平原则。

　　4. 依据《劳动争议调解仲裁法》第三十八条规定："当事人在仲裁过程中有权进行质证和辩论。质证和辩论终结时，首席仲裁员或者独任仲裁员应当征询当事人的最后意见。"但是根据庭审笔录记载，庭审时仲裁庭既未组织双方对证据进行质证，也未组织双方互相辩论，更未征询当事人的最后意见，甚至没有在庭审过程中出示任何一方提交的证据，严重违反法定程序。因此，依据《劳动争议调解仲裁法》第三十九条规定："当事人提供的证据经查证属实的，仲裁庭应当将其作为认定事实的根据。"但是本案并未在庭审过程中出示、质证任何一方提交的证据，可见仲裁裁决所依据的证据均未经过查证属实，严重违反法定程序。

　　以上4点均可由《庭审笔录》和《仲裁裁决书》予以证明。

　　综上所述，广州市××区劳动争议仲裁委员会作出的×劳仲案字［2008］第112号仲裁裁决严重违反法定程序，请求广州市中级人民法院依照《劳动争议调解仲裁法》第四十九条第三项的规定撤销该仲裁裁决。

　　此致
广州市中级人民法院

申请人：广州市××公司
二〇〇八年八月七日

五、实验范例

1. 实验素材

2007年3月，于某到广州市华建有限公司上班，任前台接待，每月工资1 500元。双方签订了劳动合同，约定合同期限到2007年12月31日止。2008年1月元旦假期后，于某仍然到公司上班，公司也没有要她走人的意思。2008年1月底，于某向公司请婚假5天，公司勉强同意。在于某请假期间，公司另外找了一个人替代于某。2008年2月4日，于某度完婚假回来就接到终止劳动合同的通知。公司人事部告诉她，她的劳动合同在2007年12月31日已到期，公司也不想续签了。至于为何当时没通知她，是因为公司近来业务比较忙，忘记了。现在要求她马上办理离职手续，公司也不支付任何经济补偿。于某非常气愤，在2008年2月6日把公司告上了广州市××区劳动争议仲裁委员会，要求公司支付2008年2月的双倍工资赔偿，以及解雇的经济补偿金。2008年4月8日，广州市××

区劳动争议仲裁委员会依法由仲裁员陈××组成独任仲裁庭，开庭审理此案，作出了一裁终局的裁决。

2. 实验准备

（1）实验流程的准备。

该仲裁案经开庭审理后，仲裁员主持调解不成，作出了及时裁决。因为该案是小额仲裁案件，属于应当一裁终局的仲裁案件，需要注意以下一些实验流程：

第一，熟悉劳动仲裁裁决书的写作范式。

第二，全面审查案件，判断是否属于一裁终局的适用范围。

第三，制作完成一裁终局的仲裁裁决书。

（2）法律规定的准备。

《劳动争议调解仲裁法》第四十七条："下列劳动争议，除本法另有规定的外，仲裁裁决为终局裁决，裁决书自作出之日起发生法律效力：（一）追索劳动报酬、工伤医疗费、经济补偿或者赔偿金，不超过当地月最低工资标准十二个月金额的争议；（二）因执行国家的劳动标准在工作时间、休息休假、社会保险等方面发生的争议。"

《劳动合同法》第十条："建立劳动关系，应当订立书面劳动合同。已建立劳动关系，未同时订立书面劳动合同的，应当自用工之日起一个月内订立书面劳动合同。用人单位与劳动者在用工前订立劳动合同的，劳动关系自用工之日起建立。"

《劳动合同法》第四十七条："经济补偿按劳动者在本单位工作的年限，每满一年支付一个月工资的标准向劳动者支付。六个月以上不满一年的，按一年计算；不满六个月的，向劳动者支付半个月工资的经济补偿。"

《劳动合同法实施条例》第六条："用人单位自用工之日起超过一个月不满一年未与劳动者订立书面劳动合同的，应当依照劳动合同法第八十二条的规定向劳动者每月支付两倍的工资，并与劳动者补订书面劳动合同；劳动者不与用人单位订立书面劳动合同的，用人单位应当书面通知劳动者终止劳动关系，并依照劳动合同法第四十七条的规定支付经济补偿。前款规定的用人单位向劳动者每月支付两倍工资的起算时间为用工之日起满一个月的次日，截止时间为补订书面劳动合同的前一日。"

3. 实验结果

根据实验范例的素材撰写的仲裁裁决书见表5-2。

表5－2   仲裁裁决书（范例）

广州市××区劳动争议仲裁委员会
仲裁裁决书

×劳仲案字［2008］第1290号

申请人：于某，女，25，住所：广州市××区××街××号。

委托代理人：李晶，广东××律师事务所律师。

被申请人：广州市华建有限公司，住所：广州市××区××路××号。

法定代表人：常某，总经理。

委托代理人：黄威，广东中元律师事务所律师。

案由：终止劳动关系

申请人于某诉广州市华建有限公司终止劳动关系纠纷争议案本委受理后，依法组成仲裁庭指派仲裁员独任审理，于2008年4月8日对本案进行了开庭审理，申请人于某、委托代理人李晶和被申请人的委托代理人黄威均到庭参加了庭审活动。本案现已审理终结。

申请人称：申请人于2007年3月进入被申请人处工作，从事前台接待工作，每月工资1 500元。双方并签有劳动合同，约定合同期限到2007年12月31日届满。合同到期后，申请人继续在被申请人处工作，被申请人并没有终止劳动关系，反而继续支付其劳动报酬。只是申请人在2008年1月底因为结婚需要请假，公司非常不高兴，找人替代了申请人的工作，并以劳动合同在2007年12月31日已到期为由，要求终止劳动关系，并不支付任何经济补偿。现申请仲裁，要求被申请人：1. 支付2008年2月份没有签订书面劳动合同的双倍工资3 000元；2. 支付解除劳动关系的经济补偿金3 000元；3. 支付违法解除劳动关系的赔偿金1 500元。

被申请人应诉后辩称：1. 我公司之前已签书面劳动合同，但该合同已于2007年12月31日到期，我公司并不想与于某续签劳动合同，所以就没有签。2. 我公司与于某的劳动关系是在2007年12月31日到期终止，应当适用《劳动法》的相关规定，即劳动合同到期终止无须支付经济补偿。

经审理查明：申请人于2007年3月份到被申请人处工作，双方签订了书面劳动合同，约定申请人的工资为每月1 500元，被申请人为申请人缴纳社保，合同到2007年12月31日终止。2008年1月4日，申请人继续到被申请人处上班，被申请人并没有拒绝。2008年1月23日，申请人向被申请人请婚假，被申请人同意。但被申请人同时却另外招聘一人顶替申请人的工作岗位。2008年2月4日，申请人婚假回来上班后，被申请人即发出终止劳动关系的通知书给申请人，要求申请人从即日起办理离职手续。

以上有申请人和被申请人的陈述、庭审笔录、申请人提供的2007年4月～12月份工资单、2008年1月份工资单、社保交纳情况、终止劳动合同通知书；被申请人提供的劳动合同等证据证明。

本委认为：申、被申请人在2007年3月签订的书面劳动合同虽然约定劳动合同到2007年12月31日终止，但合同期限届满后，申请人仍然到被申请人处工作，被申请人接受，双方的劳动关系仍然继续，形成事实劳动关系。前一个劳动合同已经终止，后一个事实劳动关系也已形成。现在，被申请人要解除后一个事实劳动关系，按照《劳动合同法》第四十六条的规定，应当支付经济补偿金。对于事实劳动关系，双方都可以解除，不存在违法解除劳动关系的情形，申请人提出的要求被申请人支付违法解除劳动关系的赔偿金，于法无据。按照《劳动合同法》第十条的规定，双方应当自用工之日起一个月内订立书面劳动合同。如果不是劳动者的原因，超过一个月没有签订书面劳动合同，用人单位就应当自第二个月开始支付双倍工资。

经仲裁庭调解无效，本委现依据《劳动合同法》第十条、第四十六条的规定裁决如下：

续表

　　一、本裁决书生效后十日内，被申请人一次性支付申请人3 000元。其中：解除劳动关系经济补偿金1 500元，2008年2月双倍工资的一半1 500元。
　　二、对申请人的其他申诉请求不予支持。
　　根据《劳动争议调解仲裁法》第四十八条的规定，本裁决为终局裁决，劳动者对本裁决不服的，可以自收到仲裁裁决书之日起十五日内向人民法院起诉，逾期不起诉的，该项仲裁裁决自作出之日起发生法律效力。

仲裁员　陈××
二〇〇八年四月八日
书记员　梁××

六、自主实验

　　素材一：2007年7月，小张毕业后到广州市某公司担任销售员。双方签订了为期两年的劳动合同。合同中明确约定，"公司实行业绩考核制度，业绩考核列末位的，单位可终止劳动合同。"2008年5月，公司根据其制定的《业绩考核末位淘汰办法》对全体员工的业绩进行了考核，经职工互评、班组考评和考评组考评，小张的考评总分排在了末位。尽管小张与公司两年的合同期还没到，公司还是以"业绩考核末位"为由，向小张发出了《离职通知书》。公司没有支付经济补偿金，小张不满意，于2008年5月23日向广州市××区劳动争议仲裁委员会申请仲裁，要求公司支付一个月工资的经济补偿金。2008年7月8日，广州市××区劳动争议仲裁委员会依法由仲裁员刘××组成独任仲裁庭，开庭审理此案，作出了一裁终局的裁决。

　　素材二：高某1999年大学毕业后到广州市某公司工作，2000年结婚，与妻两地分居。根据国务院关于职工探亲待遇的规定，享受探望配偶的探亲假。2003年1月，高某曾提出要休探亲假，公司未准。2003年8月，高某再次提出休探亲假，公司让其再等一等。2003年11月，高某第三次提出休假要求，此时公司刚承接了一项十分紧急的生产任务，工作繁忙，没有批准高某的休假。高某认为个别领导故意刁难自己。高某认为，按国务院的规定其应享受每年30天的探亲假，加之探亲假一般不能跨年使用，故高某留下一张说明就擅自休假了。回来后，公司给予高某口头警告，扣发休假期间的工资，探亲路费也不予报销。对此，高某不服，多次交涉无果，于2004年4月向广州市××区劳动争议仲裁委员会申请仲裁，请求依法维护其合法权益。2008年5月8日，广州市××区劳动争议仲裁委员会依法由仲裁员李××组成独任仲裁庭，开庭审理此案，作出了一裁终局的裁决。

实验三　当事人起诉

一、实验目的

当事人起诉是劳动仲裁过程中的一个重要步骤。劳动仲裁裁决后，对于一裁终局裁决的争议，劳动者有权向法院起诉；对于非一裁终局裁决的争议，双方当事人都有权向法院起诉。因此，向法院起诉是保障当事人劳动仲裁程序性权益的重要途径。当然，当事人起诉也表明劳动争议还没终结，当事人需要继续经受诉累。当事人及其代理人应当重视并掌握劳动争议案件的起诉条件、程序和相关文书的制作。

通过本节当事人起诉的实验，训练学生掌握在劳动仲裁案件裁决后，作为当事人及其代理人，如何判断劳动仲裁是否可以起诉，以及如何起诉。学生通过模拟当事人及其代理人的角色，了解和掌握对劳动争议案件起诉的条件、程序和相关文书制作，独立完成劳动案件起诉的工作。

二、实验要求

（1）在进行项目实验前，要求学生不仅复习和掌握劳动争议处理法律制度的程序性知识，熟悉《劳动争议调解仲裁法》、《民事诉讼法》等重要法律法规，也要复习和掌握劳动实体法方面的基本知识，熟悉《劳动法》、《劳动合同法》等法律法规，以便对实验内容有清楚的认识。

（2）了解和掌握劳动争议案件起诉的基本规定。

（3）熟悉当事人及其代理人的起诉条件、程序和文书制作。

三、实验步骤

（1）当事人及其代理人判断是否可以起诉。

（2）熟悉起诉的基本条件和程序。

（3）制作劳动争议案件的民事起诉书。

四、实验原理

1. 当事人起诉的条件和程序

一裁终局的仲裁裁决，只有劳动者不服裁决才可以自收到仲裁裁决书之日起 15 日内向人民法院提起诉讼。非一裁终局的仲裁裁决，双方当事人对仲裁裁决不服的，都可以自收到裁决书之日起 15 日内向人民法院提起诉讼。即除了追索劳动报酬、工伤医疗费、经济补偿或者赔偿金，不超过当地月最低工资标准十二个月金额的争议，以及因执行国家的劳动标准在工作时间、休息休假、社会保险等方面发生的争议，对于其他的劳动争议，双方当事人不服的都可以向法院起诉。因此，当事人提起劳动诉讼的条件如下：

（1）双方的劳动争议属于非一裁终局范围。如果属于一裁终局的范围，只有劳动者才有权起诉。

（2）起诉人必须是与劳动争议有直接利害关系的劳动争议当事人，即用人单位或劳动者。当事人因故不能起诉的，可以委托代理人代为起诉。其他人员则无权起诉。

（3）必须有明确的被告。劳动争议一方当事人向人民法院提起诉讼，必须明确被告。需要注意，当事人不得将劳动争议仲裁委员会和劳动行政部门作为劳动争议诉讼案件的被告或第三人，这是因为他们不具有劳动争议诉讼法律关系的主体资格。

（4）必须有具体的诉讼请求和事实根据。具体的诉讼请求，是指原告向人民法院提起诉讼所要求解决的问题。它包括：一是给付的请求，即请求人民法院认定原告的请求权，责令对方履行义务，如给付工资、经济补偿金、缴纳劳动保险等；二是确认的请求，即请求人民法院确认原告与被告之间存在或不存在某种实体法律关系，如确认劳动合同关系有效或无效，确认职工与企业是否存在劳动关系等；三是变更的请求，即请求人民法院改变或消灭当事人之间原有的劳动法律关系，如改变劳动合同的内容，解除劳动合同或劳动关系等。另外，当事人提出的诉讼请求要有事实根据，包括劳动争议是如何发生的、争议的内容等，还包括劳动争议的证据事实，即能证明劳动争议案件的一切材料。当事人对自己提出的主张，有责任提供证据。

（5）必须经劳动争议仲裁机关仲裁。当事人不能直接向人民法院提起诉讼，只有先向劳动争议仲裁机关申请仲裁后，不服仲裁裁决的，才有权起诉。如果当事人就劳动争议问题在仲裁机关的主持下，达成调解协议并已生效，当事人也无

高等学校法学实验教学系列教材

权向人民法院提起诉讼。

（6）必须在法律规定的时效期限内提起诉讼。当事人对仲裁裁决不服的，应当自收到仲裁裁决之日起 15 日内，向人民法院起诉，超过期限的，一般不予受理。最后一天是节假日的，则顺延至节假日后的第一个工作日。如果由于不可抗力等原因造成逾期的，则应向人民法院提供证据予以说明。

需要注意，劳动争议案件由用人单位所在地或者劳动合同履行地的基层人民法院管辖，劳动合同履行不明确的，由用人单位所在地的基层人民法院管辖。

2. 当事人起诉需要提交的材料

首先，劳动者作为原告时需提供的材料包括：

（1）起诉状原件（按被告人数增加副本份数）；

（2）原告的身份证复印件一份（如果没有身份证，则需提供户口本复印件一份）；

（3）如果用人单位是经过工商登记的，用人单位作为被告，提供在工商局查询打印的被告工商登记资料一份；如果用人单位未经过工商登记的，列用人单位的负责人为被告，需提供在工商局查询打印的用人单位未登记注册的证明一份；如果用人单位是个体工商户的，列个体工商户的负责人为被告，提供个体工商户的工商登记资料一份；如果用人单位是三来一补企业，同时列用人单位以及其外方单位为共同被告，提供在工商局查询打印的被告工商登记资料一份；

（4）劳动仲裁裁决书原件（或者劳动争议仲裁委员会作出的不予受理通知书原件）、劳动争议仲裁委员会出具的送达证明原件各一份；

（5）其他与案件有关的证据材料复印件（按被告人数增加副本份数）；

（6）委托他人办理的提交授权委托书原件一份，公民代理的提供代理人身份证复印件一份；代理人是律师的，提交律师事务所函原件一份及律师执业证复印件一份。

其次，用人单位作为原告时需提供的材料包括：

（1）起诉状原件（按被告人数增加副本份数）；

（2）如果原告是法人或其他组织的，提供原告的营业执照复印件一份，法定代表人身份证明书一份；如果原告是个体工商户的，提供负责人身份证复印件一份及个体工商户营业执照复印件一份；如果原告是三来一补企业的，先列原告厂方以及外方单位为共同原告参加诉讼，同时分别提交两个原告的营业执照复印件各一份以及法定代表人身份证明书原件各一份；

（3）劳动仲裁裁决书原件（或者劳动争议仲裁委员会作出的不予受理通知书原件），劳动争议仲裁委员会出具的送达证明原件；

（4）其他与案件有关的证据材料复印件（按被告人数增加副本份数）；

（5）委托他人办理的提交授权委托书原件一份，公民代理的提供代理人身份证复印件一份；代理人是律师的，提交律师事务所函原件一份及律师执业证复印件一份。

3. 民事起诉状

民事起诉状，是公民、个人或其他组织作为民事原告在自己的民事权益受到侵害或与他人发生争议时，为维护自身的民事权益，依据事实和法律，向人民法院提起诉讼，要求依法裁判时所提出的书面请求。民事起诉状的格式主要为：

（1）首部。包括当事人（原告、被告、第三人）的基本信息。自然人要列出姓名、性别、年龄、民族、工作单位、住址。法人或其他组织要列出名称、住所地，法定代表人或负责人姓名、职务。姓名（名称）应填写准确，地址要尽量翔实，注明邮编及通讯方式。如委托律师代为起诉的，只需写明"××律师事务所律师"即可。

（2）诉讼请求。注意与劳动仲裁的衔接。一般申请劳动仲裁时没有提出的请求是不能成为诉讼请求的。

（3）事实和理由。首先是事实部分，要全面反映案件事实的客观真实情况。其次是证据部分，要列述提交的有关书证、物证以及能够证明事实真相的材料；说明证据的来源和可靠程度。再次是理由部分，要分析双方的权利义务关系，分析被告行为的违法性，说明其应当承担的民事责任，准确引用有关法律条款，为其诉讼确立法律依据。

（4）尾部。包括致送机关名称、起诉人、具状日期。当事人是自然人的，由本人签字；是法人或其他组织的，由法定代表人或负责人签字并加盖单位公章。

附　劳动争议起诉状（样本）：

民事起诉状

原告：（写明姓名、性别、出生年月、民族、籍贯、工作单位、职业、住址、联系电话）（原告为单位，写明单位名称、法定代表人姓名及职务、单位地址、联系电话）

被告：（写明姓名、性别、出生年月、民族、籍贯、工作单位、职业、住址、联系电话）（被告为单位，写明单位名称、法定代表人姓名及职务、单位地址、联系电话）

原告不服字［　］第＿＿号仲裁裁决书（或者不予受理通知书），现向法院提起民事诉讼。

诉讼请求：（写明向法院起诉所要达到的目的）

1.

2.

3.

事实与理由：（写明起诉或提出主张的事实依据和法律依据，包括证据情况和证人姓名及联系地址）

续表

此致
××人民法院

具状人：
年　月　日

附：1. 本起诉状副本__份；
　　2. _____字〔　　〕第_____号仲裁裁决书/不予受理通知书复印件一份；
　　3. _____劳动仲裁委员会送达证明原件____份；
　　4. 证据____份。

填写说明：
　　1. 原告应向法院列举所有可供证明的证据。证人姓名和住所，书证、物证的来源及由谁保管，并向法院提供复印件，以便法院调查。
　　2. 事实和理由中应写清合同签订的经过、具体内容、纠纷产生的原因、诉讼请求及有关法律、政策依据。
　　3. "原告"栏写明姓名、性别、出生年月日、民族、籍贯、职业或工作单位和职务、住址等项。被告是法人、组织或行政机关的，应写明其名称和所在地址。
　　4. 起诉状副本份数，应按被告的人数提交。

五、实验范例

1. 实验素材

钱某于 2002 年 8 月入职，成为广州市红棉有限公司职工，任保安员。双方没有签订书面劳动合同，每年口头约定延续劳动关系，一直到 2007 年。2007 年 1 月 5 日，钱某非因工受伤住院两个月，2007 年 3 月 5 日，钱某痊愈出院后，钱某的身体状况适合上班，但其并没有上班，而是向公司提出继续休养到 6 月 1 日。公司总裁在钱某提出的请假的签呈上批示："特殊个案依情况以请假方式处理。"钱某拿到批示后就不再来上班，在此期间，公司部门主管多次与钱某联系未果。2007 年 6 月 2 日，钱某才到公司上班。当日，公司以其严重违反公司规章制度为由，将钱某予以解雇。在双方办理离职手续时，钱某拒不归还公司给保安员配备的手机、传呼机等财物。同时，钱某要求公司支付其自 2002 年入职以来的加班费、公司解除劳动关系的经济补偿金、医疗期工资待遇以及放假期间的工资待遇。公司对此予以拒绝。双方发生争议，钱某于 2007 年 7 月 3 日向广州市××区劳动争议仲裁委员会申请仲裁。该仲裁委审理此案，并组成独任仲裁庭开庭审理了此案。2007 年 9 月 5 日，广州市××区劳动争议仲裁委员会作出了×劳仲案字

［2007］第 1034 号裁决书，支持了钱某的请求，要求广州市红棉有限公司支付加班费、经济补偿金和医疗期工资待遇以及放假期间的工资待遇。仲裁裁决书送达的第五天，广州市红棉有限公司对此仲裁裁决不服，欲到法院提起诉讼。

2. 实验准备

（1）实验流程的准备。

该案件经劳动争议仲裁委员会裁决后，当事人对仲裁裁决不服的，可以在收到仲裁裁决书的 15 日内向法院提起诉讼。需要注意以下一些实验流程的准备：

第一，当事人及其代理人判断是否可以起诉。

第二，了解劳动争议案件起诉的基本规定。

第三，制作劳动争议案件的民事起诉书。

（2）法律规定的准备。

《劳动争议调解仲裁法》第四十七条："下列劳动争议，除本法另有规定的外，仲裁裁决为终局裁决，裁决书自作出之日起发生法律效力：（一）追索劳动报酬、工伤医疗费、经济补偿或者赔偿金，不超过当地月最低工资标准十二个月金额的争议；（二）因执行国家的劳动标准在工作时间、休息休假、社会保险等方面发生的争议。"

《劳动争议调解仲裁法》第五十条："当事人对本法第四十七条规定以外的其他劳动争议案件的仲裁裁决不服的，可以自收到仲裁裁决书之日起十五日内向人民法院提起诉讼；期满不起诉的，裁决书发生法律效力。"

《企业劳动争议处理条例》第三十条："当事人对仲裁裁决不服的，自收到裁决书之日起十五日内，可以向人民法院起诉；期满不起诉的，裁决书即发生法律效力。"

《民事诉讼法》第一百零八条："起诉必须符合下列条件：（一）原告是与本案有直接利害关系的公民、法人和其他组织；（二）有明确的被告；（三）有具体的诉讼请求和事实、理由；（四）属于人民法院受理民事诉讼的范围和受诉人民法院管辖。"

《民事诉讼法》第一百零九条："起诉应当向人民法院递交起诉状，并按照被告人数提出副本。书写起诉状确有困难的，可以口头起诉，由人民法院记入笔录，并告知对方当事人。"

《民事诉讼法》第一百一十条："起诉状应当记明下列事项：（一）当事人的姓名、性别、年龄、民族、职业、工作单位和住所，法人或者其他组织的名称、住所和法定代表人或者主要负责人的姓名、职务；（二）诉讼请求和所根据的事实与理由；（三）证据和证据来源，证人姓名和住所。"

《劳动法》第二十五条："劳动者有下列情形之一的，用人单位可以解除劳

劳动争议仲裁实验教程

动合同：（一）在试用期间被证明不符合录用条件的；（二）严重违反劳动纪律或者用人单位规章制度的；（三）严重失职，营私舞弊，对用人单位利益造成重大损害的；（四）被依法追究刑事责任的。"

3. 实验结果

根据实验范例的素材撰写的民事起诉状见表 5-3。

表 5-3　　　　　　　　　民事起诉状（范例）

民事起诉状

　　原告：广州市红棉有限公司，广州市××区××路××号，电话：××××。
　　法定代表人：龚××，广州市红棉有限公司董事长
　　委托代理人：陈某，广东中元律师事务所律师

　　被告：钱××，男，1978 年 5 月出生，汉族，原广州市红棉有限公司员工，身份证地址：湖南省长沙县××镇××村××号，身份证码码：×××××××××，电话：××××。

　　原告不服广州市××区劳动争议仲裁委员会×劳仲案字［2007］第 1034 号仲裁裁决，现向法院提起民事诉讼。
　　诉讼请求：
　　1. 判决原告无须支付被告 2002 年 8 月至 2007 年 6 月份的加班工资人民币 11 693 元。
　　2. 判决原告无须支付被告解除劳动合同的经济补偿金人民币 20 383 元。
　　3. 判决原告无须支付被告 2007 年 3 月 5 日至 6 月 1 日的请假期间的工资人民币 2 300 元。
　　4. 判决被告立即归还公司为其配备的手机和传呼机各一台。
　　5. 判决被告承担本案全部仲裁费和诉讼费。

　　事实和理由：
　　被告是原告单位的员工，于 2002 年 8 月与原告单位建立劳动合同关系。2007 年 1 月 5 日，被告非因工受伤住院两个月，到 2007 年 3 月 5 日，被告痊愈出院后，在其身体状况适合上班的情况下，被告并没有上班，而是提出继续休养到 6 月 1 日。原告单位总裁在被告提出的请假的签呈上批示："特殊个案依情况以请假方式处理。"被告拿到批示后就不再前来上班，直到 2007 年 6 月 2 日，被告才到原告单位上班。当日，原告单位以其严重违反公司规章制度为由，将被告予以解雇。
　　1. 原仲裁裁决认定被告在 2007 年 3 月 5 日至 2007 年 6 月 1 日期间的请假书面申请已得到原告的批准是错误的。
　　原仲裁裁决称："被诉人于 2007 年 6 月 2 日发出公告，以申诉人 2007 年 3 月 5 日至 6 月 1 日期间未办理任何请假手续而不上班为由予以开除处理，而申诉人要求 2007 年 3 月 5 日至同年 6 月 1 日请假书面申请已得到被诉人总裁的批准"，这一认定是错误的。
　　根据原告单位 2003 年制定的《公司员工手册》（见证据一）第五章第三条第四项的规定："员工请假应提前一天提出并填写《休假申请单》，按照假单上的要求逐项填写、签名，如果每月请假超过 56 小时（7 天），必须得到公司人力资源部和公司总裁的批准并到公司人

力资源部备案，否则作旷工处理。"可见，原告单位员工请假的具体方式和要求都有明确规定。而 2007 年 3 月 5 日，公司总裁在被告起草的一份希望批准请假的签呈上，批示为"特殊个案依情况以请假方式处理"（见证据二）。这里，总裁的批示仅表明被告可以请假的方式回去处理事情，并不等于就是被告的请假已得到批准。其理由在于：第一，总裁的批示未表明原告已同意被告的请假申请，只是说明以请假方式处理；二、被告在请假签呈上要求"休养"，而原告总裁给他的批示"以请假方式处理"，究竟采取何种方式休假，有待被告的选择，由此可知，被告提交的希望批准休养的签呈不是《休假申请单》；三、若要请假，则要按《休假申请单》（见证据三）的要求逐项填写、签名，即按照《公司员工手册》要求履行请假的正式手续，而被告未履行这样的手续。因此，原仲裁裁决在没有任何证据证明的情况下，仅仅因为原告在被告希望批准休养的签呈上批示"以请假方式处理"，就认定原告已批准被告 2007 年 3 月 5 日至 6 月 1 日的请假是错误的。

2. 原仲裁裁决认定原告单位对被告作出解除劳动合同的决定缺乏事实依据以及要求原告支付经济补偿金的裁决是错误的。

原仲裁裁决称："被申诉人以申诉人 2007 年 3 月 5 日至 6 月 1 日期间未办理请假手续为由，对申诉人作出解除劳动合同的决定缺乏事实依据，根据被诉人的确认，申诉人在被诉人处工作已将近 5 年，故申诉人要求被诉人支付解除劳动合同的经济补偿金 5 个月的工资，本会予以支持"，这一认定是错误的。

根据《中华人民共和国劳动法》第二十五条第（二）项的规定，劳动者严重违反劳动纪律或者用人单位规章制度的，用人单位可以解除劳动合同。根据《最高人民法院关于审理劳动争议案件适用法律若干问题的解释》第十九条的规定，"用人单位根据《劳动法》第四条的规定，通过民主程序制定的规章制度，不违反国家法律、行政法规及政策规定，并已向劳动者公示的，可以作为人民法院审理劳动争议案件的依据。"被告 2007 年 3 月 5 日至 6 月 1 日期间未办理请假手续不来原告公司上班，连续旷工的行为已严重违反了原告公司的劳动纪律和规章制度。因此，2007 年 6 月 2 日，原告公司对被告作出解除劳动合同的开除决定并无不妥。被告无权要求原告支付其因违纪而被解除劳动合同的经济补偿金。

3. 原仲裁裁决认定原告单位应当支付被告加班费的裁决是错误的。

被告的岗位为保安员，原告考虑到被告工种的特殊性，双方约定了被告的工作时间（白班和晚班每天工作各 10 小时），并约定每月以工种津贴的形式支付被告加班费（从 2006 年 10 月 1 日起，原作为加班费的工种津贴正式更名为加班费）。双方的约定合情、合理、合法、有效，被告入职以来，也从未对其工资计算和支付提出过任何异议。显然，原告并不存在克扣或拖欠被告加班费的事实。

4. 原仲裁裁决认定被告 2007 年 3 月 5 日至 6 月 1 日的请假为病假，裁决原告单位应当支付被告 2007 年 3 月 5 日至 6 月 1 日期间的病假工资的裁决是错误的。

被告非因工受伤后，其医疗期是从 2007 年 1 月 5 日到 2007 年 3 月 5 日两个月，原告单位已按照劳动法的规定支付了被告医疗期的工资。被告痊愈出院后，其已不能再享有医疗期，应当回原告单位上班。但其没有回来上班，反而连续旷工将近 3 个月。被告单位不可能为没有提供正常劳动的职工支付工资。

5. 被告至今还非法占有原告单位的手机、传呼机各一台。

2006 年 8 月 25 日，由于工作需要，原告单位为所有保安人员配备了手机和传呼机。被告被原告解雇后，在原告多次催促其归还公司财物情况下拒不归还，其行为已侵犯了公司的财产所有权。

　　综上，被告的仲裁请求无事实和法律依据，仲裁裁决存在严重错误。为了维护原告的合法权益，原告依法向贵院提起诉讼，恳请贵院根据事实和法律，支持原告的诉讼请求。

　　　　此致

广州市××区人民法院

具状人：广州市红棉有限公司

2007 年 9 月 15 日

　　附：

1. 本诉状副本 1 份
2.《劳动争议仲裁裁决书》×劳仲案字［2007］第 1034 号原件 1 份
3. 证据清单一份

六、自主实验

素材一：广州市银辉金银珠宝有限公司（以下简称银辉公司）是企业法人，从事生产、加工、销售黄金制品、铂金制品、白银制品及其他首饰制品的经营活动。广州市银辉金银珠宝有限公司第三分公司（以下简称银辉公司第三分公司）是银辉公司设立并领取营业执照但不具有法人资格的分支机构。2006 年 5 月 15 日聘用武东任职镶石部技工，武东与银辉公司第三分公司约定每月工作 26 天，每天工作 8 小时，每月工资 2 000 元。其中，武东的每月劳动报酬由基本工资 600 元、工作岗位津贴 1 400 元组成。银辉公司第三分公司应当于每月以货币形式支付上月的工资给武东。2006 年 5 月 15 日武东与银辉公司第三分公司签订《试用工协议》一份，约定试用期 3 个月，银辉公司第三分公司依法制定工资分配制度，确定武东的工资为一等级计时工资。《试用工协议》第三条约定如下：银辉公司第三分公司于入职前将一切规章制度向武东陈述，并且武东已经清楚银辉公司第三分公司的一切规章制度，武东自愿严格遵照执行。《试用工协议》未列明银辉公司第三分公司告知武东的具体规章制度。

2006 年 6 月~2006 年 8 月银辉公司第三分公司计算武东应发的工资分别为 2 638 元、2 816 元、528 元。扣除武东承担的有关款项后，银辉公司第三分公司支付从 2006 年 6 月~2006 年 8 月的工资分别为 2 462 元、2 808 元、489 元给武东。

2006 年 8 月 7 日，武东填写员工离职申请表时，在离职原因栏上写上离职理由为"转换环境"。银辉公司第三分公司在员工离职申请表上加注"同意辞职"。

同日，武东在员工离职咨询表上签名，并且在合适原因中的"转到其他厂去提升工资和技术"一栏打上"√"。2006 年 8 月 7 日，武东办理离职手续。因武东与银辉公司第三分公司对是否应当给予解除劳动合同的补偿和支付加班工资的问题发生争议。

公司称：关于武东从 2006 年 6 月 1 日至 2006 年 8 月 7 日的工作时间问题。银辉公司第三分公司可以提供从 2006 年 6 月 1 日至 2006 年 8 月 7 日的工卡三份，证明武东的工作时间。工卡明确记录武东在上述期间的工作时间，武东于 2006 年 6 月份工作 270 小时、正常工作时间 167.5 小时、延长工作时间加班 36.5 小时、休息日加班 66 小时。武东于 2006 年 7 月份工作 289.5 小时、正常工作时间 166 小时、延长工作时间加班 40.5 小时、休息日加班 83 小时。武东于 2006 年 8 月份工作 55.5 小时，正常工作时间 37 小时，延长工作时间加班 10.5 小时、休息日加班 8 小时。

武东称：一、银辉公司第三分公司在厂规中的考勤管理规定第一条中明确要求每个工人月上班 208 小时，超出部分为加班。该规定足以证明公司存在着违法行为。二、从工资单上可以看出，他是被公司强迫辞职的。如果是他自己辞职，公司就不会于 2006 年 8 月 7 日支付其 8 月 7 日之前的所有工资。而且，公司提供的辞职证明上的第一点处被涂改过，第二点上供选择的理由全部是自动辞职的语句。

武东于 2006 年 9 月 3 日向广州市 ×× 区劳动争议仲裁委员会申请仲裁。2006 年 10 月 17 日，广州市 ×× 区劳动争议仲裁委员会作出了 × 劳仲案字〔2007〕第 1756 号裁决书，支持了银辉公司的意见。武东不服仲裁裁决，欲到法院提起诉讼。

素材二： 陈某系广州市某公司食堂的工作人员，该公司食堂工作人员下午的上班时间为 14 时至 19 时。2007 年 3 月 5 日 18 时 15 分左右，陈某洗好碗结束一天的工作后，与同事打好招呼，但没有请假，即驾驶二轮摩托车从公司下班。18 时 30 分左右，陈某在回家途中顺便到同事家拿东西，在路上与汽车发生碰撞，导致头部受伤，经医院诊断为重型颅脑外伤。事故发生后，陈某与公司就其受伤是否为工伤以及伤残补助发生争议。陈某于 2007 年 7 月 5 日向广州市 ×× 区劳动争议仲裁委员会申请劳动仲裁。2007 年 9 月 9 日，广州市 ×× 区劳动争议仲裁委员会作出了 × 劳仲案字〔2007〕第 1167 号裁决书，支持了陈某的请求。公司不服仲裁裁决，欲到法院提起诉讼。

高等学校法学实验教学系列教材

实验四　仲裁裁决的执行

一、实验目的

调解协议或仲裁裁决一旦生效，当事人应当依照规定的期限履行。一方当事人逾期不履行的，另一方当事人可以依照民事诉讼法的有关规定向人民法院申请强制执行。

通过仲裁裁决执行的实验，训练学生掌握在劳动仲裁结案阶段，作为当事人及其代理人，如何申请对生效的调解协议或仲裁裁决的执行。学生通过模拟申请执行的当事人及其代理人的角色，了解和掌握劳动仲裁申请执行的条件、程序和相关文书的制作，独立完成劳动仲裁申请执行的工作。

二、实验要求

（1）在进行项目实验前，要求学生不仅复习和掌握劳动争议处理法律制度的程序性知识，熟悉《劳动争议调解仲裁法》、《民事诉讼法》等重要法律法规，也要复习和掌握劳动实体法方面的基本知识，熟悉《劳动法》、《劳动合同法》等法律法规，以便对实验内容有清楚的认识。

（2）了解和掌握劳动争议案件申请的基本规定。

（3）掌握当事人及其代理人如何申请执行。

三、实验步骤

（1）当事人及其代理人判断是否可以申请执行。

（2）熟悉申请执行的基本条件和程序。

（3）制作申请执行的法律文书。

四、实验原理

1. 申请执行的立案条件

（1）可以作为执行依据的生效法律文书。

申请执行须有生效的法律文书。生效法律文书是指由有管辖权的仲裁机构依法作出的，未被当事人申请撤销的法律文书。只有这样的法律文书才能作为执行的根据。包括：第一，发生法律效力的调解书。调解书经双方当事人签收后，发生法律效力。第二，发生法律效力的裁决书。包括：一裁终局的裁决，劳动者不起诉的，裁决书自作出之日起发生法律效力；非一裁终局的裁决，当事人收到仲裁裁决书之日起十五日内不起诉的，裁决书发生法律效力。

（2）申请执行的期限。

申请执行的期限为二年。申请期限的起算日期从法律文书规定履行期限的最后一日开始计算，法律文书规定分期履行的，从规定的每次履行期间的最后一日起算；法律文书未规定履行期间的，从法律文书生效之日起计算。在执行中，当事人经协商达成和解协议后，被执行一方不按和解协议履行，申请方向法院申请恢复原法律文书执行的，申请执行期限自和解协议所定履行期限的最后一日起连续计算。申请执行时效的中止、中断，适用法律有关诉讼时效中止、中断的规定。没有正当理由超过申请执行期限的，申请人就失去了请求人民法院强制执行的权利。

（3）执行立案管辖。

根据《民事诉讼法》的规定，对依法设立的仲裁机构的裁决，一方当事人不履行的，对方当事人可以向有管辖权的人民法院申请执行。这表明：第一，执行裁决必须经当事人申请，法院不会依职权主动执行，也不接受仲裁机构的移送执行。第二，执行既是法院的权利，又是法院的义务。只有法院有权实施强制执行。第三，申请应向有管辖权的法院提出。并不是任何法院对任何人申请的案件都可以强制执行，只有被申请人的住所地或财产所在地的法院才对执行案件享有管辖权。当事人必须在两者之中选择其一。

（4）申请执行的形式。

当事人向人民法院申请强制执行，应采用书面形式。如果当事人提交书面申请有困难的，也可以提出口头申请，但要讲明申请执行的事项、理由等情况，并由执行人员记入笔录。

（5）义务人在生效法律文书确定的期限内未履行义务。

只有当义务人在法律文书规定的履行期间的最后一日还未履行义务，申请人才可以申请执行。

2. 申请执行需要提交的文件

（1）申请执行书。申请执行书中应当写明申请执行的理由、事项、执行标的，以及申请执行人所了解的被执行人的财产状况。

（2）作为执行根据的生效法律文书。

（3）申请人的身份证明。公民个人申请应当出示居民身份证，法人申请应当提交法人营业执照复印件和法定代表人身份证明，其他组织申请的，应当提交营业执照复印件和主要负责人的身份证明。

（4）如果代为申请执行还应提交授权委托书。

（5）申请执行无须预先缴纳申请执行费，但人民法院在执行到位的首批执行款中应扣除人民法院依法应收取的执行费。法院收取的执行费为：执行金额或价额在 1 万元以下的，每件交纳 50 元；1 万元至 50 万元的，按执行金额或价额的千分之五交纳；50 万元以上的，按执行金额或价额的千分之一再加 2 000 元交纳。

3. 执行申请书

（1）首部。主要指标题，写明文书名称"执行仲裁裁决申请书"，或者"申请执行书"。

（2）正文。包括：

第一，申请人、被申请人的基本情况。自然人应写明姓名、性别、年龄、民族、职业或工作单位和职务、住所。住所与经常居住地不一致的，写经常居住地；法人应写明法人名称和住所，并写明法定代表人及其姓名和职务；申请人、被申请人是不具备法人条件的组织或起字号的个人合伙的，写明其名称或字号和住所，并写明主要负责人及其姓名和职务；申请人、被申请人是个体工商户的，写明业主的姓名、性别、年龄、民族、住所。有委托律师代理人的，应写明其姓名、工作单位和职务。

第二，案由。写明当事人因为什么案件或事项，经过什么机关于何时发给什么法律文书，被申请人是全部还是部分不履行，因此申请强制执行。一般表述为："××劳动争议仲裁委员会于＿＿＿年＿＿＿月＿＿＿日作出〔＿＿＿〕字第＿＿＿号仲裁裁决，被申请人拒不遵照裁决履行。为此，特申请你院给予强制执行。现将事实、理由和具体请求目的分述如下：……"在其中的空白处写明案件性质、生效裁决的制作机关名称、制作日期以及文书编号。

第三，事实和理由。简要叙述原来的案情和处理结果，并说明现在的执行状况。对原来案情的叙写，应力求简洁，不必再详细叙述事实经过和认定事实的证据。这里需要强调申请强制执行的必要性。首先，说明被执行人应该履行，并且有能力履行却不履行，同时举出其有能力履行的根据。其次，对被执行人拒绝履行的种种借口，做出有力的驳斥。

第四，请求目的。在叙述事实、论证理由的基础上，提出具体、明确的请求目的。在此并不单纯写上"请求依法强制执行"，最好按照法律规定的几种执行措施，提出具体请求，供人民法院执行时参考。

（3）尾部。写明致送机关名称。申请人应当签名或者盖章，并注明申请执行的日期。附项中，如附送有证据，应注明证据名称和件数。

附 执行仲裁裁决申请书（样本）：

执行仲裁裁决申请书

申请人：（申请人是自然人的，写明姓名、性别、年龄、民族、职业或工作单位和职务、住所；申请人是法人的，写明法人名称和住所、法定代表人及其姓名和职务）

被申请人：（申请人是自然人的，写明姓名、性别、年龄、民族、职业或工作单位和职务、住所；申请人是法人的，写明法人名称和住所、法定代表人及其姓名和职务）

双方因_____一案，已经××劳动争议仲裁委员会于____年__月__日作出×劳仲字〔20 〕字第××号仲裁裁决，被申请人未履行裁决中规定的义务，根据《中华人民共和国民事诉讼法》有关规定，特申请你院给予强制执行。现将事实、事由和具体请求目的分述如下：

事实和理由：

请求目的：

此 致
××人民法院

申请人：（签章）
年 月 日

附：1. 书证____件；
　　2. ××劳动争议仲裁委员会所作仲裁裁决书（×劳仲字〔20 〕第××号）一份。

---

4. 法院对申请执行的审查与处理

法院对仲裁裁决执行的审查，包括两种情况：一是依职权审查。人民法院受理仲裁裁决执行申请后，应对仲裁裁决的内容是否违反社会公共利益进行审查。二是依当事人请求审查，即在被申请人提出执行抗辩的情况下进行审查。根据民事诉讼法的规定，被申请人认为仲裁裁决有法律规定的六种情形之一时，可以请求人民法院不予执行，法院应组成合议庭审查核实。这些情形主要包括：（1）裁决的事项不属于劳动争议仲裁范围，或者劳动争议仲裁机构无权仲裁的；（2）仲裁庭的组成或者仲裁的程序违反法定程序的；（3）认定事实的主要证据不足的；

（4）适用法律确有错误的；（5）仲裁员在仲裁该案时有贪污受贿、徇私舞弊、枉法裁决行为的；（6）法院认定执行该劳动争议仲裁裁决违背社会公共利益的。

经法院审查不存在上述情形，或者当事人没有提出抗辩或抗辩不成立，法院应当裁定执行。当事人、利害关系人认为执行行为违反法律规定的，可以向负责执行的法院提出书面异议。当事人、利害关系人提出书面异议的，法院应当自收到书面异议之日起十五日内审查，理由成立的，裁定撤销或者改正；理由不成立的，裁定驳回。当事人、利害关系人对裁定不服的，可以自裁定送达之日起十日内向上一级法院申请复议。

在执行中，双方当事人自行和解达成协议的，执行员应当将协议内容记入笔录，由双方当事人签名或者盖章。一方当事人不履行和解协议的，法院可以根据对方当事人的申请，恢复对原生效法律文书的执行。

在执行中，被执行人向法院提供担保，并经申请执行人同意的，法院可以决定暂缓执行及暂缓执行的期限。被执行人逾期仍不履行的，法院有权执行被执行人的担保财产或者担保人的财产。

执行完毕后，据以执行的判决、裁定和其他法律文书确有错误，被人民法院撤销的，对已被执行的财产，法院应当作出裁定，责令取得财产的人返还，拒不返还的，强制执行。

有下列情形之一的，法院应当裁定中止执行：（1）申请人表示可以延期执行的；（2）案外人对执行标的提出确有理由的异议的；（3）作为一方当事人的公民死亡，需要等待继承人继承权利或者承担义务的；（4）作为一方当事人的法人或者其他组织终止，尚未确定权利义务承受人的；（5）法院认为应当中止执行的其他情形。中止的情形消失后，恢复执行。

有下列情形之一的，法院裁定终结执行：（1）申请人撤销申请的；（2）据以执行的法律文书被撤销的；（3）作为被执行人的公民死亡，无遗产可供执行，又无义务承担人的；（4）作为被执行人的公民因生活困难无力偿还借款，无收入来源，又丧失劳动能力的；（5）法院认为应当终结执行的其他情形。

5. 律师在仲裁案件执行中的作用

律师接受当事人委托，代理申请仲裁裁决执行的，应由所在律师事务所与委托人签订委托代理协议。律师接受被执行人委托后，应审查仲裁裁决的效力和有关请求的时效，并在当事人的配合下准备有关法律文件。律师还应审查该案是否属于受案法院管辖，如发现法院管辖不当的，应及时以书面方式向法院提出异议。

若申请人申请人民法院执行劳动争议仲裁机构作出的发生法律效力的裁决书、调解书时，被申请人的代理律师经审查发现有《民事诉讼法》第二百一十七条、第二百六十条规定的不应当执行的情形，应及时写出书面材料，立即组织有关证据，申请法院不予执行。

执行结案后，律师的义务终止。包括：（1）生效仲裁或调解文书确定的内容全部履行完毕；（2）人民法院裁定执行终结；（3）人民法院裁定不予执行；（4）当事人之间达成和解或调解协议并已履行完毕。

五、实验范例

1. 实验素材

陈花丹、李瑞、张丽、李劲四人分别于1996年、1998年、2000年、2001年入职广州市恒盛有限公司，陈花丹等人与公司并没有签订书面劳动合同。到2007年12月份，公司与陈花丹等人分别签订了期限为一年的劳动合同，约定合同自2008年1月1日到2008年12月31日，陈花丹月工资为2 300元，李瑞月工资为2 280元，张丽月工资为1 800元，李劲月工资为1 750元。但公司自2008年9月起开始拖欠员工工资，陈花丹等人多次向公司要求及时足额支付工资，但公司以经营不善、资金周转困难为由拒绝支付。陈花丹等人要求解除劳动关系，并要求公司支付经济补偿金。双方发生争议，陈花丹等人为此于2008年12月10日向广州市××区劳动争议仲裁委员会申请仲裁，要求公司支付2008年9月～12月的工资，并要求解除劳动关系的经济补偿金。广州市××区劳动争议仲裁委员会审理此案，并于2009年1月10日开庭审理此案，广州市恒盛有限公司经通知无故缺席，广州市××区劳动争议仲裁委员会作出缺席裁决。由于仲裁裁决无法送达广州市恒盛有限公司，广州市××区劳动争议仲裁委员会遂发布公告如下：

广州市××区劳动争议仲裁委员会
布　告

广州市恒盛有限公司：

本委受理陈花丹、李瑞、张丽、李劲诉广州市恒盛有限公司因解除劳动关系经济补偿金等劳动争议一案（×劳仲案字［2008］第1224号），已于二〇〇九年一月十日下午3时30分在××区劳动争议仲裁庭开庭审理，你公司拒不到庭，无故缺席，同时也没有委托任何人代理此事。根据《中华人民共和国劳动争议调解仲裁法》第三十六条的规定，本委于二〇〇九年一月十五日对本案作出如下裁决：

一、由被申请人在本裁决书发生法律效力之日起5日内支付申请人陈花丹2008年9月～12月工资9 200元，解除劳动关系的经济补偿金27 600元。

高等学校法学实验教学系列教材

二、由被申请人在本裁决书发生法律效力之日起 5 日内支付申请人李瑞 2008 年 9 月~12 月工资 9 120 元，解除劳动关系的经济补偿金 22 800 元。

三、由被申请人在本裁决书发生法律效力之日起 5 日内支付申请人张丽 2008 年 9 月~12 月工资 7 200 元，解除劳动关系的经济补偿金 14 400 元。

四、由被申请人在本裁决书发生法律效力之日起 5 日内支付申请人李劲 2008 年 9 月~12 月工资 7 000 元，解除劳动关系的经济补偿金 12 250 元。

根据《中华人民共和国劳动争议调解仲裁法》第五十条的规定，本仲裁裁决为非终局裁决。当事人如不服本裁决，可自收到本仲裁裁决书之日起十五日内向人民法院提起诉讼。逾期不起诉的，本裁决书即发生法律效力。一方当事人拒不履行生效仲裁裁决书的，另一方当事人可向人民法院申请强制执行。

二〇〇九年一月十五日

公告送达后的 15 日，广州市恒盛有限公司并没有向广州市××区人民法院起诉，也没有向广州市中级人民法院申请撤销该仲裁裁决，仲裁裁决生效。陈花丹等人现欲申请执行仲裁裁决。

2. 实验准备

（1）实验流程的准备。

对于生效的仲裁裁决，当事人可以向法院申请强制执行。需要准备以下一些实验流程：

第一，当事人及其代理人应判断该仲裁裁决是否符合申请执行的条件。

第二，熟悉申请执行的条件和程序。

第三，制作申请执行的法律文书。

（2）法律规定的准备。

《劳动争议调解仲裁法》第五十条："当事人对本法第四十七条规定以外的其他劳动争议案件的仲裁裁决不服的，可以自收到仲裁裁决书之日起十五日内向人民法院提起诉讼；期满不起诉的，裁决书发生法律效力。"

《劳动争议调解仲裁法》第五十一条："当事人对发生法律效力的调解书、裁决书，应当依照规定的期限履行。一方当事人逾期不履行的，另一方当事人可以依照民事诉讼法的有关规定向人民法院申请执行。受理申请的人民法院应当依法执行。"

《企业劳动争议处理条例》第三十一条："当事人对发生法律效力的调解书和裁决书，应当依照规定的期限履行。一方当事人逾期不履行的，另一方当事人可以申请人民法院强制执行。"

《民事诉讼法》第一百零一条："发生法律效力的民事判决、裁定，以及刑事判决、裁定中的财产部分，由第一审人民法院或者与第一审人民法院同级的被执行的财产所在地人民法院执行。法律规定由人民法院执行的其他法律文书，由被执行人住所地或者被执行的财产所在地人民法院执行。"

《民事诉讼法》第一百一十二条："发生法律效力的民事判决、裁定，当事人必须履行。一方拒绝履行的，对方当事人可以向人民法院申请执行，也可以由审判员移送执行员执行。调解书和其他应当由人民法院执行的法律文书，当事人必须履行。一方拒绝履行的，对方当事人可以向人民法院申请执行。"

《民事诉讼法》第一百一十三条："对依法设立的仲裁机构的裁决，一方当事人不履行的，对方当事人可以向有管辖权的人民法院申请执行。受申请的人民法院应当执行。被申请人提出证据证明仲裁裁决有下列情形之一的，经人民法院组成合议庭审查核实，裁定不予执行：（一）当事人在合同中没有订有仲裁条款或者事后没有达成书面仲裁协议的；（二）裁决的事项不属于仲裁协议的范围或者仲裁机构无权仲裁的；（三）仲裁庭的组成或者仲裁的程序违反法定程序的；（四）认定事实的主要证据不足的；（五）适用法律确有错误的；（六）仲裁员在仲裁该案时有贪污受贿，徇私舞弊，枉法裁决行为的。人民法院认定执行该裁决违背社会公共利益的，裁定不予执行。裁定书应当送达双方当事人和仲裁机构。仲裁裁决被人民法院裁定不予执行的，当事人可以根据双方达成的书面仲裁协议重新申请仲裁，也可以向人民法院起诉。"

3. 实验结果

本案仲裁裁决已经生效，被申请人拒不执行，所以陈花丹等人申请法院强制执行符合条件。现律师制作执行仲裁裁决申请书见表5-4。

表5-4　　　　　　　　　**执行仲裁裁决申请书（范例）**

执行仲裁裁决申请书
申请人： 陈花丹：女，35岁，汉族，广州市恒盛有限公司职工，住所：广州市××区××街××号，联系电话：87×××××× 李瑞：女，32岁，汉族，广州市恒盛有限公司职工，住所：广州市××区××街××号，联系电话：87×××××× 张丽：女，28岁，汉族，广州市恒盛有限公司职工，住所：广州市××区××街××号，联系电话：87×××××× 李劲：男，30岁，汉族，广州市恒盛有限公司职工，住所：广州市××区××街××号，联系电话：87×××××× 委托代理人：李某，广东中元律师事务所律师 被申请人： 广州市恒盛有限公司，广州市××区××路××号，电话：68×××××× 法定代表人：孙×，职务：董事长 双方因解除劳动关系一案，已经广州市××区劳动争议仲裁委员会于2009年1月15日

作出×劳仲案字［2008］第1224号仲裁裁决，被申请人未履行裁决中规定的义务，根据《中华人民共和国民事诉讼法》有关规定，特申请你院给予强制执行。

事实和理由：

申请人陈花丹、李瑞、张丽、李劲四人皆为被申请人广州市恒盛有限公司职工。被申请人应当按照劳动合同约定支付工资，但自2008年9月~12月，被申请人无故拖欠申请人工资，经申请人请求却拒不支付。申请人以被申请人没有及时足额支付工资为由要求解除劳动关系并支付经济补偿金，完全符合《劳动合同法》第三十八条的规定。

申请人的仲裁请求经广州市××区劳动争议仲裁委员会于2009年1月15日作出×劳仲案字［2008］第1224号仲裁裁决，裁决被申请人支付申请人陈花丹2008年9月~12月工资9 200元，解除劳动关系的经济补偿金27 600元；支付申请人李瑞2008年9月~12月工资9 120元，解除劳动关系的经济补偿金22 800元；支付申请人张丽2008年9月~12月工资7 200元，解除劳动关系的经济补偿金14 400元；支付申请人李劲2008年9月~12月工资7 000元，解除劳动关系的经济补偿金12 250元。该仲裁裁决现已生效，但被申请人完全没有履行义务。虽然现在被申请人已经停产，公司也已人去楼空，但是，被申请人仍然有部分机器设备存留在厂房中，其租赁的厂房也没有到期，还可能有银行存款，这表明可以通过对被申请人实施强制执行措施来履行仲裁裁决。

请求目的：

1. 请求人民法院依法查封、扣押、拍卖、变卖被申请人存留在厂房内的机器设备。

2. 请求人民法院依法处理被申请人租赁的厂房。

3. 请求人民法院依法向被申请人开户行（中国工商银行广州市分行××分理处）查询、冻结、划拨被申请人的存款。

此　致
广州市××区人民法院

申请人：陈花丹

李瑞

张丽

李劲

2009年2月20日

附：广州市××区劳动争议仲裁委员会所作仲裁裁决书（×劳仲案字［2008］第1224号）一份。

六、自主实验

素材一：刘波于2002年3月份进入广州市环宇集团下属全资子公司空调公司工作，双方没有签订书面劳动合同。2003年1月1日，环宇集团聘请刘波为空调公司常务副总经理，任期为一年，亦没有签订书面劳动合同。2003年1月18日，刘波以空调公司的负责人名义与环宇集团签订2003年度经营目标责任书。刘波在空调公司任职期间，2003年1月~6月份，空调公司的产值分别为

高等学校法学实验教学系列教材

789 108.2元、760 772.67元、508 423.82元、3 450 172.35元、3 900 778.3元、3 935 138.4元，均未达到2003年度经营目标责任书的要求。由于刘波属于环宇集团下属子公司负责人，所以其工资由环宇集团直接发放，工资发放的周期是每月28日至下个月5日前发放上个月的工资。2003年1月份~6月份，环宇集团委托中国工商银行向刘波发放的工资均为2 500元，但2003年6月份工资2 500元，环宇集团并没有发放到刘波的原有账户中，而是以刘波名义于2003年7月28日另行在中国工商银行开具账户，但该存折并没有交付给刘波。

　　2003年7月3日，环宇集团以刘波未达到2003年度经营目标责任书中规定的产值标准及违反2003年度薪资管理办法中规定的工资管理，免去刘波空调公司常务总经理的职务，并将刘波调往环宇集团属下另一全资子公司环宇电器公司任鼓风机项目负责人。刘波对此决定不服，没有到环宇电器公司报到上班，亦没有回原空调公司上班。环宇集团遂于2003年7月19日，通过邮政快递邮寄通知要求刘波上班，并于2003年7月22日在企业公告栏上公告，要求刘波于2003年7月25日上班，但刘波没有上班，且于2003年7月26日回宿舍收拾了行李离开。

　　刘波于2003年7月21日向广州市××区劳动争议仲裁委员会提出劳动仲裁，要求：1.解除劳动关系；2.环宇集团立即支付克扣工资15 000元及经济补偿金3 750元；3.环宇集团支付6、7月份工资12 000元；4.环宇集团支付销售提成10 433元；5.环宇集团支付经济补偿金2个月的工资12 000元。

　　2003年9月1日，广州市××区劳动争议仲裁委员会作出了×劳仲案字〔2003〕第325号仲裁裁决。裁决送达环宇集团15日内，环宇集团没有向广州市××区人民法院起诉，仲裁裁决生效。刘波几次要求环宇集团履行义务，但都被环宇集团拒绝。现履行期限已过，2004年5月9日，刘波欲向法院申请执行仲裁裁决。

　　素材二：朱某原系广州市凯越有限公司员工。凯越公司于2003年5月20日经工商登记成立。2007年8月，朱某为社会保险费、工资等事宜向广州市××区劳动和社会保障局投诉，经该局劳动监察大队处理，凯越有限公司向朱某补发了2005年6月~2007年5月期间的加班工资3 000元和最低工资补差2 500元。2008年3月，朱某向广州市××区劳动争议仲裁委员会申请仲裁，要求凯越有限公司给付其1998年3月~2005年5月期间的最低工资补差人民币16 800元、双休日加班工资人民币23 000元、法定节假日加班工资人民币2 250元及解除劳动合同经济补偿金人民币7 980元，合计人民币50 030元。经××区劳动争议仲裁委员会主持调解，双方达成调解协议。协议内容为：一、凯越有限公司同意一次性支付朱某人民币26 000元，自收到调解书一周内付清；二、双方于2008年3

月 19 日终止劳动关系，以后无其他纠葛；三、双方就本案请求事项无其他争议；四、本案仲裁费人民币 300 元由凯越有限公司承担。2008 年 3 月 18 日，××区劳动争议仲裁委员会制作了×劳仲案字［2008］第 826 号调解书，双方当事人都在调解书上签字盖章。但是，凯越公司收到调解书 10 日后，却一直没有履行义务。到 2008 年 5 月 20 日，朱某欲向法院申请执行仲裁调解。

附　　录

中华人民共和国劳动争议调解仲裁法

（2007 年 12 月 29 日第十届全国人民代表大会常务委员会第三十一次会议通过）

目　　录

第一章　总　　则

第一条　为了公正及时解决劳动争议，保护当事人合法权益，促进劳动关系和谐稳定，制定本法。

第二条　中华人民共和国境内的用人单位与劳动者发生的下列劳动争议，适用本法：

（一）因确认劳动关系发生的争议；

（二）因订立、履行、变更、解除和终止劳动合同发生的争议；

（三）因除名、辞退和辞职、离职发生的争议；

（四）因工作时间、休息休假、社会保险、福利、培训以及劳动保护发生的争议；

（五）因劳动报酬、工伤医疗费、经济补偿或者赔偿金等发生的争议；

（六）法律、法规规定的其他劳动争议。

第三条 解决劳动争议，应当根据事实，遵循合法、公正、及时、着重调解的原则，依法保护当事人的合法权益。

第四条 发生劳动争议，劳动者可以与用人单位协商，也可以请工会或者第三方共同与用人单位协商，达成和解协议。

第五条 发生劳动争议，当事人不愿协商、协商不成或者达成和解协议后不履行的，可以向调解组织申请调解；不愿调解、调解不成或者达成调解协议后不履行的，可以向劳动争议仲裁委员会申请仲裁；对仲裁裁决不服的，除本法另有规定的外，可以向人民法院提起诉讼。

第六条 发生劳动争议，当事人对自己提出的主张，有责任提供证据。与争议事项有关的证据属于用人单位掌握管理的，用人单位应当提供；用人单位不提供的，应当承担不利后果。

第七条 发生劳动争议的劳动者一方在十人以上，并有共同请求的，可以推举代表参加调解、仲裁或者诉讼活动。

第八条 县级以上人民政府劳动行政部门会同工会和企业方面代表建立协调劳动关系三方机制，共同研究解决劳动争议的重大问题。

第九条 用人单位违反国家规定，拖欠或者未足额支付劳动报酬，或者拖欠工伤医疗费、经济补偿或者赔偿金的，劳动者可以向劳动行政部门投诉，劳动行政部门应当依法处理。

第二章　调　解

第十条 发生劳动争议，当事人可以到下列调解组织申请调解：

（一）企业劳动争议调解委员会；

（二）依法设立的基层人民调解组织；

（三）在乡镇、街道设立的具有劳动争议调解职能的组织。

企业劳动争议调解委员会由职工代表和企业代表组成。职工代表由工会成员担任或者由全体职工推举产生，企业代表由企业负责人指定。企业劳动争议调解委员会主任由工会成员或者双方推举的人员担任。

第十一条 劳动争议调解组织的调解员应当由公道正派、联系群众、热心调解工作，并具有一定法律知识、政策水平和文化水平的成年公民担任。

第十二条 当事人申请劳动争议调解可以书面申请，也可以口头申请。口头申请的，调解组织应当当场记录申请人基本情况、申请调解的争议事项、理由和时间。

第十三条　调解劳动争议，应当充分听取双方当事人对事实和理由的陈述，耐心疏导，帮助其达成协议。

第十四条　经调解达成协议的，应当制作调解协议书。

调解协议书由双方当事人签名或者盖章，经调解员签名并加盖调解组织印章后生效，对双方当事人具有约束力，当事人应当履行。

自劳动争议调解组织收到调解申请之日起十五日内未达成调解协议的，当事人可以依法申请仲裁。

第十五条　达成调解协议后，一方当事人在协议约定期限内不履行调解协议的，另一方当事人可以依法申请仲裁。

第十六条　因支付拖欠劳动报酬、工伤医疗费、经济补偿或者赔偿金事项达成调解协议，用人单位在协议约定期限内不履行的，劳动者可以持调解协议书依法向人民法院申请支付令。人民法院应当依法发出支付令。

第三章　仲　裁

第一节　一般规定

第十七条　劳动争议仲裁委员会按照统筹规划、合理布局和适应实际需要的原则设立。省、自治区人民政府可以决定在市、县设立；直辖市人民政府可以决定在区、县设立。直辖市、设区的市也可以设立一个或者若干个劳动争议仲裁委员会。劳动争议仲裁委员会不按行政区划层层设立。

第十八条　国务院劳动行政部门依照本法有关规定制定仲裁规则。省、自治区、直辖市人民政府劳动行政部门对本行政区域的劳动争议仲裁工作进行指导。

第十九条　劳动争议仲裁委员会由劳动行政部门代表、工会代表和企业方面代表组成。劳动争议仲裁委员会组成人员应当是单数。

劳动争议仲裁委员会依法履行下列职责：

（一）聘任、解聘专职或者兼职仲裁员；

（二）受理劳动争议案件；

（三）讨论重大或者疑难的劳动争议案件；

（四）对仲裁活动进行监督。

劳动争议仲裁委员会下设办事机构，负责办理劳动争议仲裁委员会的日常工作。

第二十条　劳动争议仲裁委员会应当设仲裁员名册。

仲裁员应当公道正派并符合下列条件之一：

（一）曾任审判员的；

高等学校法学实验教学系列教材

（二）从事法律研究、教学工作并具有中级以上职称的；

（三）具有法律知识、从事人力资源管理或者工会等专业工作满五年的；

（四）律师执业满三年的。

第二十一条 劳动争议仲裁委员会负责管辖本区域内发生的劳动争议。

劳动争议由劳动合同履行地或者用人单位所在地的劳动争议仲裁委员会管辖。双方当事人分别向劳动合同履行地和用人单位所在地的劳动争议仲裁委员会申请仲裁的，由劳动合同履行地的劳动争议仲裁委员会管辖。

第二十二条 发生劳动争议的劳动者和用人单位为劳动争议仲裁案件的双方当事人。

劳务派遣单位或者用工单位与劳动者发生劳动争议的，劳务派遣单位和用工单位为共同当事人。

第二十三条 与劳动争议案件的处理结果有利害关系的第三人，可以申请参加仲裁活动或者由劳动争议仲裁委员会通知其参加仲裁活动。

第二十四条 当事人可以委托代理人参加仲裁活动。委托他人参加仲裁活动，应当向劳动争议仲裁委员会提交有委托人签名或者盖章的委托书，委托书应当载明委托事项和权限。

第二十五条 丧失或者部分丧失民事行为能力的劳动者，由其法定代理人代为参加仲裁活动；无法定代理人的，由劳动争议仲裁委员会为其指定代理人。劳动者死亡的，由其近亲属或者代理人参加仲裁活动。

第二十六条 劳动争议仲裁公开进行，但当事人协议不公开进行或者涉及国家秘密、商业秘密和个人隐私的除外。

第二节　申请和受理

第二十七条 劳动争议申请仲裁的时效期间为一年。仲裁时效期间从当事人知道或者应当知道其权利被侵害之日起计算。

前款规定的仲裁时效，因当事人一方向对方当事人主张权利，或者向有关部门请求权利救济，或者对方当事人同意履行义务而中断。从中断时起，仲裁时效期间重新计算。

因不可抗力或者有其他正当理由，当事人不能在本条第一款规定的仲裁时效期间申请仲裁的，仲裁时效中止。从中止时效的原因消除之日起，仲裁时效期间继续计算。

劳动关系存续期间因拖欠劳动报酬发生争议的，劳动者申请仲裁不受本条第一款规定的仲裁时效期间的限制；但是，劳动关系终止的，应当自劳动关系终止之日起一年内提出。

第二十八条 申请人申请仲裁应当提交书面仲裁申请，并按照被申请人人数提交副本。

仲裁申请书应当载明下列事项：

（一）劳动者的姓名、性别、年龄、职业、工作单位和住所，用人单位的名称、住所和法定代表人或者主要负责人的姓名、职务；

（二）仲裁请求和所根据的事实、理由；

（三）证据和证据来源、证人姓名和住所。

书写仲裁申请确有困难的，可以口头申请，由劳动争议仲裁委员会记入笔录，并告知对方当事人。

第二十九条　劳动争议仲裁委员会收到仲裁申请之日起五日内，认为符合受理条件的，应当受理，并通知申请人；认为不符合受理条件的，应当书面通知申请人不予受理，并说明理由。对劳动争议仲裁委员会不予受理或者逾期未作出决定的，申请人可以就该劳动争议事项向人民法院提起诉讼。

第三十条　劳动争议仲裁委员会受理仲裁申请后，应当在五日内将仲裁申请书副本送达被申请人。

被申请人收到仲裁申请书副本后，应当在十日内向劳动争议仲裁委员会提交答辩书。劳动争议仲裁委员会收到答辩书后，应当在五日内将答辩书副本送达申请人。被申请人未提交答辩书的，不影响仲裁程序的进行。

第三节　开庭和裁决

第三十一条　劳动争议仲裁委员会裁决劳动争议案件实行仲裁庭制。仲裁庭由三名仲裁员组成，设首席仲裁员。简单劳动争议案件可以由一名仲裁员独任仲裁。

第三十二条　劳动争议仲裁委员会应当在受理仲裁申请之日起五日内将仲裁庭的组成情况书面通知当事人。

第三十三条　仲裁员有下列情形之一，应当回避，当事人也有权以口头或者书面方式提出回避申请：

（一）是本案当事人或者当事人、代理人的近亲属的；

（二）与本案有利害关系的；

（三）与本案当事人、代理人有其他关系，可能影响公正裁决的；

（四）私自会见当事人、代理人，或者接受当事人、代理人的请客送礼的。

劳动争议仲裁委员会对回避申请应当及时作出决定，并以口头或者书面方式通知当事人。

第三十四条　仲裁员有本法第三十三条第四项规定情形，或者有索贿受贿、徇私舞弊、枉法裁决行为的，应当依法承担法律责任。劳动争议仲裁委员会应当将其解聘。

高等学校法学实验教学系列教材

第三十五条　仲裁庭应当在开庭五日前，将开庭日期、地点书面通知双方当事人。当事人有正当理由的，可以在开庭三日前请求延期开庭。是否延期，由劳动争议仲裁委员会决定。

第三十六条　申请人收到书面通知，无正当理由拒不到庭或者未经仲裁庭同意中途退庭的，可以视为撤回仲裁申请。

被申请人收到书面通知，无正当理由拒不到庭或者未经仲裁庭同意中途退庭的，可以按缺席裁决。

第三十七条　仲裁庭对专门性问题认为需要鉴定的，可以交由当事人约定的鉴定机构鉴定；当事人没有约定或者无法达成约定的，由仲裁庭指定的鉴定机构鉴定。

根据当事人的请求或者仲裁庭的要求，鉴定机构应当派鉴定人参加开庭。当事人经仲裁庭许可，可以向鉴定人提问。

第三十八条　当事人在仲裁过程中有权进行质证和辩论。质证和辩论终结时，首席仲裁员或者独任仲裁员应当征询当事人的最后意见。

第三十九条　当事人提供的证据经查证属实的，仲裁庭应当将其作为认定事实的根据。

劳动者无法提供由用人单位掌握管理的与仲裁请求有关的证据，仲裁庭可以要求用人单位在指定期限内提供。用人单位在指定期限内不提供的，应当承担不利后果。

第四十条　仲裁庭应当将开庭情况记入笔录。当事人和其他仲裁参加人认为对自己陈述的记录有遗漏或者差错的，有权申请补正。如果不予补正，应当记录该申请。

笔录由仲裁员、记录人员、当事人和其他仲裁参加人签名或者盖章。

第四十一条　当事人申请劳动争议仲裁后，可以自行和解。达成和解协议的，可以撤回仲裁申请。

第四十二条　仲裁庭在作出裁决前，应当先行调解。

调解达成协议的，仲裁庭应当制作调解书。

调解书应当写明仲裁请求和当事人协议的结果。调解书由仲裁员签名，加盖劳动争议仲裁委员会印章，送达双方当事人。调解书经双方当事人签收后，发生法律效力。

调解不成或者调解书送达前，一方当事人反悔的，仲裁庭应当及时作出裁决。

第四十三条　仲裁庭裁决劳动争议案件，应当自劳动争议仲裁委员会受理仲裁申请之日起四十五日内结束。案情复杂需要延期的，经劳动争议仲裁委员会主任批准，可以延期并书面通知当事人，但是延长期限不得超过十五日。逾期未作出仲裁裁决的，当事人可以就该劳动争议事项向人民法院提起诉讼。

仲裁庭裁决劳动争议案件时，其中一部分事实已经清楚，可以就该部分先行裁决。

第四十四条　仲裁庭对追索劳动报酬、工伤医疗费、经济补偿或者赔偿金的案件，根据当事人的申请，可以裁决先予执行，移送人民法院执行。

仲裁庭裁决先予执行的，应当符合下列条件：

（一）当事人之间权利义务关系明确；

（二）不先予执行将严重影响申请人的生活。

劳动者申请先予执行的，可以不提供担保。

第四十五条　裁决应当按照多数仲裁员的意见作出，少数仲裁员的不同意见应当记入笔录。仲裁庭不能形成多数意见时，裁决应当按照首席仲裁员的意见作出。

第四十六条　裁决书应当载明仲裁请求、争议事实、裁决理由、裁决结果和裁决日期。裁决书由仲裁员签名，加盖劳动争议仲裁委员会印章。对裁决持不同意见的仲裁员，可以签名，也可以不签名。

第四十七条　下列劳动争议，除本法另有规定的外，仲裁裁决为终局裁决，裁决书自作出之日起发生法律效力：

（一）追索劳动报酬、工伤医疗费、经济补偿或者赔偿金，不超过当地月最低工资标准十二个月金额的争议；

（二）因执行国家的劳动标准在工作时间、休息休假、社会保险等方面发生的争议。

第四十八条　劳动者对本法第四十七条规定的仲裁裁决不服的，可以自收到仲裁裁决书之日起十五日内向人民法院提起诉讼。

第四十九条　用人单位有证据证明本法第四十七条规定的仲裁裁决有下列情形之一，可以自收到仲裁裁决书之日起三十日内向劳动争议仲裁委员会所在地的中级人民法院申请撤销裁决：

（一）适用法律、法规确有错误的；

（二）劳动争议仲裁委员会无管辖权的；

（三）违反法定程序的；

（四）裁决所根据的证据是伪造的；

（五）对方当事人隐瞒了足以影响公正裁决的证据的；

（六）仲裁员在仲裁该案时有索贿受贿、徇私舞弊、枉法裁决行为的。

人民法院经组成合议庭审查核实裁决有前款规定情形之一的，应当裁定撤销。

仲裁裁决被人民法院裁定撤销的，当事人可以自收到裁定书之日起十五日内就该劳动争议事项向人民法院提起诉讼。

第五十条 当事人对本法第四十七条规定以外的其他劳动争议案件的仲裁裁决不服的，可以自收到仲裁裁决书之日起十五日内向人民法院提起诉讼；期满不起诉的，裁决书发生法律效力。

第五十一条 当事人对发生法律效力的调解书、裁决书，应当依照规定的期限履行。一方当事人逾期不履行的，另一方当事人可以依照民事诉讼法的有关规定向人民法院申请执行。受理申请的人民法院应当依法执行。

第四章 附　　则

第五十二条 事业单位实行聘用制的工作人员与本单位发生劳动争议的，依照本法执行；法律、行政法规或者国务院另有规定的，依照其规定。

第五十三条 劳动争议仲裁不收费。劳动争议仲裁委员会的经费由财政予以保障。

第五十四条 本法自 2008 年 5 月 1 日起施行。

参 考 文 献

[1] 王全兴：《劳动法》（第二版），法律出版社2004年版。

[2] 郑尚元：《劳动争议处理程序法的现代化——中国劳动争议处理制度的反思与前瞻》，中国方正出版社2004年版。

[3] 信春鹰：《中华人民共和国劳动争议调解仲裁法释义》，法律出版社2008年版。

[4] 北京市律师协会劳动和社会保障法专业委员：《中华人民共和国劳动争议调解仲裁法释义》，中国法制出版社2008年版。

[5] 杨景宇、李飞：《中华人民共和国劳动争议调解仲裁法释义》，中国市场出版社2008年版。

[6] 刘焱白、黄东伟、吴让炜：《劳动合同法重点解读与操作实务》，广东人民出版社2008年版。

[7] 北大法律信息网（北大法宝），http：//vip. chinalawinfo. com/case/。

[8] 中国法院网，http：//www. chinacourt. org。